A reinvenção do automóvel

William J. Mitchell, Christopher E. Borroni-Bird e Lawrence D. Burns

A reinvenção do automóvel
Mobilidade urbana pessoal para o século XXI

Tradução de Eric R. R. Heneault

São Paulo
2010

Copyright © 2010 Massachusetts Institute of Technology
Copyright © 2010 Alaúde Editorial Ltda.

Título original: *Reinventing the Automobile: Personal Urban Mobility for the 21st Century*

Todos os direitos reservados. Nenhuma parte deste livro poderá ser reproduzida, de forma alguma, sem a permissão formal por escrito da editora e do autor, exceto as citações incorporadas em artigos de crítica ou resenhas.

1ª edição em setembro de 2010 – Impresso no Brasil

PRODUÇÃO EDITORIAL
Editora Alaúde

REVISÃO TÉCNICA
José D'Elia Filho

REVISÃO
Beatriz C. Nunes de Sousa

CAPA
Squared Design Lab

IMPRESSÃO E ACABAMENTO
Ipsis Gráfica e Editora S/A

Dados Internacionais de Catalogação na Publicação (CIP)
(Câmara Brasileira do Livro, SP, Brasil)

Mitchell, William J.
　A reinvenção do automóvel : mobilidade urbana pessoal para o século XXI / William J. Mitchell, Christopher E. Borroni-Bird e Lawrence D. Burns ; tradução de Eric R. R. Heneault. -- São Paulo : Alaúde Editorial, 2010.

　Título original: Reinventing the automobile : personal urban mobility for the 21st century.

　Bibliografia.
　ISBN 978-85-7881-036-8

　1. Automóveis elétricos - Inovações tecnológicas 2. Sistemas inteligentes de transportes 3. Transporte automotivo 4. Transportes urbanos I. Borroni-Bird, Christopher E.. II. Burns, Lawrence D.. III. Título.

10-09788 　　　　　　　　　　　　　　　　　　　　　　　　　　CDD-629.2

Índices para catálogo sistemático:
1. Automóveis elétricos : Engenharia automotiva 629.2

Alaúde Editorial Ltda.
Rua Hildebrando Thomaz de Carvalho, 60
CEP 04012-120 – São Paulo – SP – Brasil
Tel.: (11) 5572-9474 / 5579-6657
www.alaude.com.br
alaude@alaude.com.br

Sumário

Prefácio da edição brasileira 8

Prefácio 12

1 **Introdução** 16

2 **O novo DNA do automóvel** 24

3 **A internet da mobilidade** 52

4 **A reinvenção do automóvel para uso urbano** 68

5 **Fornecimento de energia inteligente e limpa** 100

6 **Infraestrutura de recarregamento** 112

7 **A integração dos veículos às redes elétricas inteligentes** 130

8 **Novos mercados de mobilidade** 146

9 **A mobilidade pessoal em um mundo mais urbanizado** 172

10 **A concretização da proposta** 204

Notas 214

Agradecimentos 218

Bibliografia 222

Crédito das imagens 228

Índice remissivo 232

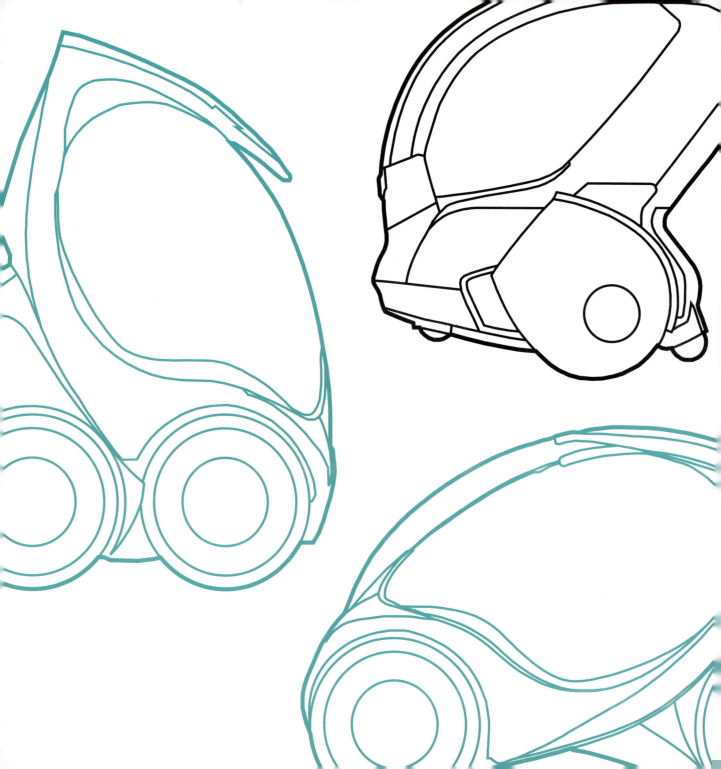

Prefácio da edição brasileira

Quando surgiu, no final do século XIX, o automóvel representou uma solução inestimável para a questão da mobilidade, facilitando o acesso a bens e serviços e desempenhando papel crucial no desenvolvimento das nações. Tornou-se objeto de desejo e de culto – e até mesmo uma prova de *status* social. Cem anos depois, porém, quando as questões sobre a sustentabilidade do planeta, a ecologia e a qualidade de vida passaram a ser ampla e continuamente discutidas, ele se transformou em uma preocupação: sorve com avidez os recursos não renováveis do planeta, faz barulho e polui. E, como se não bastassem os graves problemas ambientais, os habitantes das grandes cidades precisam ainda enfrentar o pesadelo diário dos congestionamentos causados pelo excesso de veículos.

Os números impressionam e assustam. A população do planeta está próxima dos 7 bilhões de habitantes. Atualmente, 26 cidades ao redor do mundo são megalópoles com mais de 10 milhões de moradores – São Paulo entre elas –, e estima-se que em 2030 cerca de 80% da riqueza mundial estará concentrada nas áreas urbanas. Para transportar tanta gente e suas mercadorias, existem 850 milhões de carros e caminhões movidos por trilhões de litros de combustíveis fósseis, que despejam na atmosfera quase 3 bilhões de toneladas de dióxido de carbono.

O caos urbano provocado pelos engarrafamentos tem levado os governantes a buscar soluções. Curitiba, no Paraná, é um exemplo de como organizar o transporte público de forma a melhorar a mobilidade pessoal. Contudo, a melhor solução para uma localidade pode não ser suficiente em outra. Londres possui o mais antigo sistema de metrô do mundo e conta com um ótimo serviço de trens e ônibus, mas ainda assim a cidade viu-se obrigada a adotar o pedágio urbano como medida para desafogar o trânsito no centro, apostando na ideia de que quem causa o problema – ou seja, o motorista que decidiu sair de casa com o carro – deve arcar com seus custos. Paris preferiu investir em um sistema de compartilhamento de bicicletas.

A reinvenção do automóvel, trabalho conjunto de três renomados pesquisadores, avança um pouco mais nessa discussão ao propor nada menos que a reinvenção radical da mobilidade urbana pessoal. Saem de cena os automóveis convencionais, com motor de combustão interna e transmissão mecânica, e surgem os pequenos e flexíveis veículos elétricos. Motoristas isolados em suas "bolhas" dão lugar a condutores que podem até abdicar de dirigir o veículo para se conectar às suas redes sociais. Grandes espaços antes destinados a servir de vagas de estacionamento – públicas ou privadas – são devolvidos aos cidadãos.

A imensa originalidade desta proposta está em sua abrangência, no fato de ela integrar soluções de engenharia, design, telemática e urbanismo. A tecnologia necessária à transformação da mobilidade urbana pessoal já está disponível, mas, por si só, não é suficiente. O desafio maior é construir um consenso produtivo entre todos os envolvidos na questão, cujos interesses são muitas vezes conflitantes. Com a publicação deste livro, esperamos estar contribuindo de forma significativa para esse debate fundamental.

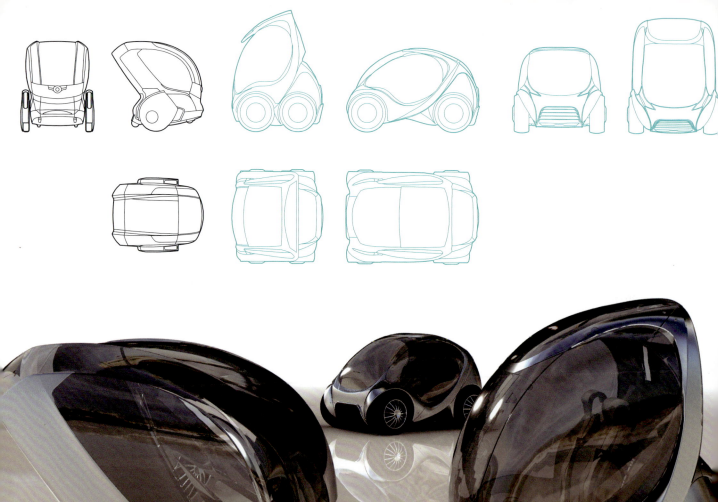

Prefácio

Imagine-se na sua cidade, dirigindo um dos veículos apresentados na capa deste livro – simultaneamente conectado às suas redes sociais e às suas fontes de informação e diversão preferidas, utilizando o tempo de maneira eficiente e gastando apenas energia renovável. Este livro apresenta quatro grandes ideias que vão tornar esse cenário possível. Juntas, elas proporcionam uma visão abrangente do futuro dos automóveis, dos sistemas pessoais de mobilidade e das cidades em que funcionarão.

A primeira ideia é transformar o DNA – isto é, os princípios que fundamentam o design – dos veículos. O DNA dos carros e dos caminhões atuais depende do petróleo como fonte de energia, de um motor de combustão interna para movimentá-los, de controles manuais e de uma operação individual e isolada. O novo DNA automotivo baseia-se na energia elétrica e na comunicação sem fio. Ele permitirá também que os veículos do futuro sejam mais leves e limpos, que andem sozinhos quando necessário, evitando acidentes, e que sejam agradáveis e modernos.

A segunda ideia é a internet da mobilidade. Trata-se de um desenvolvimento lógico de suas predecessoras – a internet via computador, a internet via telefone celular e a "internet das coisas", que se tornou possível graças a marcadores e sensores eletrônicos. A internet da mobilidade permitirá que os veículos coletem, processem e compartilhem grande quantidade de dados para prever e administrar melhor o trânsito, reduzindo o tempo de viagem. Ela também possibilitará aos motoristas permanecerem ininterruptamente conectados às suas redes sociais.

A terceira ideia consiste em integrar os veículos elétricos a redes elétricas inteligentes, que utilizem fontes limpas e renováveis de energia – em especial a solar, a eólica, a hídrica e a geotérmica – a preços competitivos. Mais do que apenas fornecer energia limpa aos veículos, trata-se também de garantir que as redes funcionem de maneira mais eficiente e que o uso de fontes renováveis de energia se torne efetivo. Aproveitando a capacidade de armazenamento dos veículos elétricos e utilizando indicadores de preço para regular a demanda e amenizar a oscilação do abastecimento de muitas fontes renováveis, as redes inteligentes podem equilibrar o fornecimento e a demanda de eletricidade da melhor forma possível.

A quarta ideia é permitir o controle em tempo real da mobilidade urbana e dos sistemas de energia. Para tanto, é necessário estabelecer mercados competitivos não só para a eletricidade, mas também para o espaço transitável, para as áreas de estacionamento e, em determinados contextos, para o compartilhamento de veículos. Nossa proposta de conectividade sem fio e computadores de bordo nos automóveis permite que eles respondam de maneira apropriada aos indicadores de preço desses mercados. Ela proporciona o equilíbrio entre oferta e procura, a diminuição dos congestionamentos nas ruas e nos estacionamentos e um aumento do nível de utilização dos veículos disponíveis.

Por que essas ideias ainda não foram implementadas em conjunto nas cidades? Muitos de seus elementos, de fato, não são novos. A resposta é que as tecnologias que as tornam viáveis não só precisavam ser desenvolvidas, como tinham de ser agrupadas para se tornarem efetivas. Agora que isso foi feito, temos a possibilidade de reinventar os fundamentos do automóvel e dos sistemas de mobilidade urbana pessoal (e não apenas melhorá-los de forma pontual), exatamente o que precisávamos para poder enfrentar os urgentes desafios de sustentabilidade.

Essa reinvenção fundamental permitirá criar automóveis que pesarão menos de 500 kg, terão menos de 2,5 m de comprimento e poderão percorrer mais de 85 km por litro de gasolina ou o equivalente em outras fontes de energia. E esses automóveis vão proporcionar mobilidade urbana pessoal adequada e segura por 40% do custo por quilômetro rodado dos carros atuais, utilizando cerca de um quinto do espaço hoje necessário para estacionar nas cidades, melhorando de forma significativa o trânsito de ruas e estradas e eliminando a emissão de carbono.

A reinvenção do automóvel terá os mais profundos efeitos sobre as cidades e as aglomerações urbanas, onde mais de metade da população do planeta vive e onde 80% da riqueza do mundo se concentrará em 2030. As cidades continuam atraindo as pessoas porque geram recursos e oportunidades. Contudo, é nelas também que se acumulam os problemas de energia, meio ambiente, segurança, tráfego e espaço criados pelos carros atuais. A reinvenção do automóvel dará às cidades a oportunidade de se tornarem mais habitáveis, adequadas e sustentáveis.

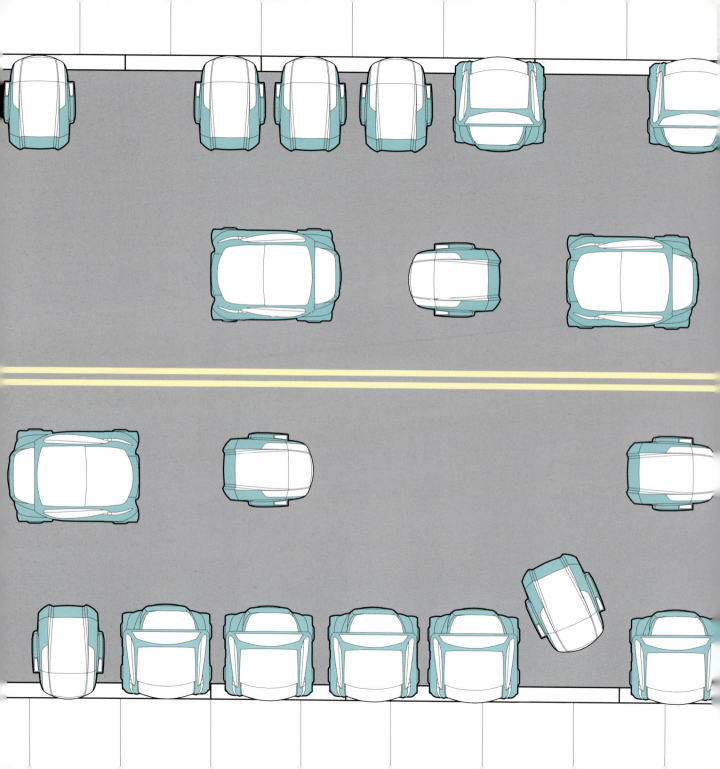

Introdução

Há um século o automóvel oferece liberdade de movimento economicamente acessível nas cidades, onde a maior parte da população mundial hoje vive, trabalha, se diverte e procura construir sua vida social e cultural. O automóvel permite o acesso a todas as oportunidades que a cidade oferece; é um objeto de desejo; e tem papel crucial nos Estados Unidos e em outros países. Mas agora ele precisa ser radicalmente reinventado.

Por um complexo processo coevolucionário – que envolve interdependências entre engenharia automotiva e soluções de design, sistemas de abastecimento de energia, infraestrutura viária, padrões de utilização das áreas urbanas, incentivos econômicos e políticas governamentais –, o automóvel tornou-se parte do urgente problema que as cidades enfrentam.

Elas consomem em excesso os recursos não renováveis da Terra, e isso não é viável a longo prazo. Suas linhas de abastecimento são pouco seguras e suscetíveis a interrupções. As cidades são ainda excessivamente congestionadas pelos veículos – estacionados ou em circulação – para serem seguras, acessíveis e agradáveis. E produzem mais dejetos, inclusive os gases estufa associados ao aquecimento global, do que os sistemas naturais da Terra podem absorver sem sofrer danos em quantidade inaceitável.

Este livro sustenta que a reinvenção do automóvel pode ajudar a resolver grande parte desses problemas. Ao mesmo tempo que mantêm e até melhoram os atuais níveis de mobilidade pessoal nas cidades, os novos tipos de automóvel e de sistemas de mobilidade pessoal, que descreveremos adiante, prometem:

reduzir a necessidade global de energia e de materiais dos sistemas de mobilidade; facilitar a transição das fontes de energia não renováveis para fontes renováveis e limpas; eliminar a emissão dos escapamentos; aumentar a segurança energética; e, de forma geral, melhorar a qualidade de vida urbana.

Esses automóveis são projetados também para atrair o consumidor – para ser prazerosos, modernos e acessíveis. Isso é crucial: apenas sendo aceitos em massa é que os automóveis reinventados e os novos sistemas de mobilidade poderão contribuir em grande escala para a sustentabilidade urbana de que necessitamos, criar novas e estimulantes oportunidades para a indústria automobilística e ajudar a estabelecer uma economia limpa e ecológica para as próximas décadas.

A necessidade de mobilidade pessoal sustentável

Os automóveis respondem ao nosso desejo de locomoção e interação. Desde os tempos em que nossos ancestrais saíram da África, a mobilidade pessoal é reconhecida como uma necessidade básica do homem. O transporte de pessoas e objetos e a criação de sistemas para se mover livremente de um lugar para outro fazem parte da história da humanidade desde a pré-história.

Dos clãs às cidades, das cavernas aos arranha-céus, da marcha à cavalgada, das sandálias aos carros, a humanidade tem uma rica história de descobrir meios de fazer crescer a população e a riqueza, aumentando a mobilidade e o acesso aos mais variados recursos. A invenção da roda permitiu a criação de carroças puxadas à mão ou por animais, e a domesticação dos cavalos aumentou o número de viajantes. Os cavalos permaneceram como o principal meio de transporte até serem suplantados, há cem anos, pelos automóveis, fabricados em massa.

Ao mesmo tempo que o transporte por automóvel aumentou consideravelmente a mobilidade pessoal e ajudou a concretizar as aspirações de crescimento e prosperidade, provocou também preocupantes efeitos colaterais. Os benefícios trazidos pela liberdade e pela prosperidade foram substanciais, permitindo maior acesso ao trabalho, aos bens e aos serviços, viagens mais seguras e confortáveis, e a possibilidade de ir a qualquer lugar, a qualquer hora, transportando o necessário. Por outro lado, os efeitos colaterais também são significativos e crescentes. Em nossa busca de mobilidade pessoal, danificamos o meio ambiente, consumimos os recursos naturais, perdemos tempo no trânsito, ferimos uns aos outros em acidentes e criamos disparidades entre os que têm e os que não têm. A extrapolação desses efeitos colaterais torna ainda mais relevantes as questões sobre a sustentabilidade do sistema de transporte automobilístico atual. Felizmente, tecnologias novas e convergentes prometem reduzir – e em certos casos erradicar – os efeitos negativos e ao mesmo tempo aumentar nossa liberdade. Este livro proporciona uma visão abrangente do futuro do automóvel e da mobilidade urbana pessoal com base nessa promessa.

Os números são assustadores. Quase 7 bilhões de pessoas vivem na Terra, mais da metade em áreas urbanas. Há 26 cidades cuja população ultrapassa 10 milhões de habitantes.[1] Existem 850 milhões de carros e caminhões, quase todos movidos por motores de combustão interna e alimentados com petróleo – o que representa um veículo motorizado para cada oito pessoas. Se fossem estacionados em fila, dariam a volta no planeta cem vezes.

Nos Estados Unidos, 85% das pessoas se locomovem de carro. Os americanos percorrem cerca de 5 trilhões de km por ano, em 6,5 milhões de km de ruas e estradas, consumindo 681 bilhões de litros de gasolina por ano, distribuídos por 170.000 postos de combustível.[2] Além do mais, podemos esperar aumentos significativos do número de carros vendidos nos mercados emergentes. Com uma taxa de vendas que cresce a 3% ao ano, o número de veículos da China deve ultrapassar o dos Estados Unidos até 2030.[3] E a Índia vem apresentando um crescimento econômico de tal ordem que parece seguir as pegadas da China.

Em todo o mundo, os veículos consomem 18 milhões de barris de petróleo por dia. Eles jogam no ar 2,7 bilhões de toneladas de dióxido de carbono por ano.[4] Os acidentes de trânsito custam 1,2 milhão de vidas anualmente.[5] Nos mais importantes centros urbanos, a média de velocidade hoje é inferior a 16 km/h.[6]

Será que chegamos ao ponto de abdicar da mobilidade pessoal e da prosperidade econômica trazidas pelo automóvel para atenuar seus efeitos colaterais negativos? Ou podemos aproveitar a convergência das tecnologias do século XXI com soluções de design mais arrojadas para reduzir os efeitos colaterais de forma a preservar e aumentar nossa liberdade de movimento e de interação? Este livro opta pela segunda alternativa. Junta quatro grandes ideias que, combinadas, prometem a utilização sustentável dos automóveis, mesmo nas mais densas megalópoles. Embora alguns elementos dessas ideias não sejam novos, acreditamos que agora é necessário – e possível – desenvolvê-las e juntá-las de maneira radicalmente nova.

Quatro ideias: um resumo

A primeira ideia, detalhada no capítulo 2, é adotar um novo DNA automotivo, que transforme os princípios do design que fundamentam os automóveis atuais. Como resumido na figura 1.1, os carros e os caminhões têm tração mecânica, são movidos por motores de combustão interna alimentados com petróleo, são controlados mecanicamente e operados como aparelhos isolados. De fato, em essência eles têm a mesma "composição genética" dos primeiros

DNA atual	Novo DNA
Tração mecânica	Tração elétrica
Motor de combustão interna	Motor elétrico
Alimentado com petróleo	Alimentado com eletricidade e hidrogênio
Controlado mecanicamente	Controlado eletronicamente
Operado isoladamente	Computadorizado e interconectado

Figura 1.1
O novo DNA automotivo.

automóveis projetados por Karl Benz, Ransom Olds e Henry Ford há mais de um século.

O novo DNA automotivo é criado pelo casamento da tração elétrica com a tecnologia de conectividade veicular. Baseia-se apenas na tração elétrica, é acionado por motores elétricos, usa eletricidade como combustível (e seu parente próximo, o hidrogênio) e tem componentes eletrônicos nos controles. Há veículos elétricos a bateria, veículos elétricos híbridos e veículos elétricos de célula a combustível. Esses três tipos de veículo têm um importante papel a desempenhar no futuro e diferem dos atuais veículos híbridos, bem conhecidos, que combinam bateria e motor elétrico para melhorar a eficiência dos carros de tração mecânica.

O novo DNA automotivo permite também que os veículos se comuniquem sem fio entre si e com a infraestrutura viária e tudo o que acontece em torno dela. Com a tecnologia GPS (Global Positioning System) e os mapas digitais ricos em informações, os carros "inteligentes" saberão exatamente onde se encontram em relação a qualquer coisa em volta. Mesmo no atual estágio tecnológico, a comunicação veículo a veículo (V2V) e o GPS permitem que se calcule a proximidade de dois veículos com margem de erro de menos de 1 m e que se preveja onde eles estarão nos próximos 20 microssegundos. Graças a essas habilidades, a tecnologia de conectividade veicular proporcionará carros que andam sozinhos e previnem acidentes. Ao mesmo tempo, a diminuição da necessidade de equipamentos de proteção contra colisões deixará os carros mais leves, tornando-os mais apropriados para a tração elétrica e consequentemente encorajando o uso de fontes renováveis de energia para o transporte pessoal.

O que também significa que dirigir esses carros poderá ser mais prazeroso e proporcionar maior liberdade de expressão e personalização.

A segunda ideia, a internet da mobilidade, será analisada no capítulo 3. Ela fará pelos veículos o que já fez pelos computadores. Permitirá que os automóveis compartilhem grande quantidade de dados de localização em tempo real, de modo que o trânsito seja controlado de forma otimizada e que o tempo de viagem seja reduzido e previsível. Assim como os servidores de internet gerenciam uma extraordinária quantidade de e-mails em trânsito, os servidores da internet da mobilidade vão gerenciar o trânsito de veículos, que se integrarão assim à internet das coisas.[7] Os automóveis vão se tornar os nós das redes móveis.

Graças à internet da mobilidade, os motoristas também poderão compartilhar informações e permanecer o tempo todo conectados com suas redes sociais, pessoais e profissionais. Em breve isso será possível aos passageiros. E, quando os automóveis começarem a circular de modo autônomo, até mesmo os condutores poderão utilizar o tempo de viagem como quiserem e de maneira segura, porque a "distração na direção" não mais ocorrerá.

Nas áreas urbanas, a combinação do novo DNA automotivo com a internet da mobilidade permitirá a reinvenção dos sistemas de mobilidade pessoal do século XXI. Os veículos projetados para as cidades ocuparão menos espaço, lançarão menos carbono no ar e terão custo de aquisição e de manutenção muito menores. Adiante apresentamos dois conceitos de mobilidade pessoal baseados no novo DNA automotivo. Esses conceitos procedem de trabalhos realizados no MIT e na General Motors e ilustram apenas duas variedades de projeto e estilo possíveis para carros elétricos conectados e capacitados a evitar acidentes e circular de modo autônomo. Eles são extremamente adequados em termos de volume, espaço e energia. Fornecem proteção para todos os tipos de clima, são confortáveis e possibilitam aos seus ocupantes socializar-se física e virtualmente. São obras em andamento, e não produtos totalmente desenhados e fabricados, mas demonstram de forma clara suas potencialidades. São analisados no capítulo 4.

A terceira ideia, o uso de energia limpa e inteligente, é exposta do capítulo 5 ao 7. Ela resulta da combinação de veículos elétricos com estruturas que utilizam menos energia e redes inteligentes para criar sistemas eficientes de distribuição de energia. Esses sistemas permitirão o uso de diversas fontes renováveis (porém intermitentes) de energia. Além disso, como a eletricidade e o hidrogênio são intercambiáveis, e o hidrogênio pode armazenar energia de maneira mais densa do que as baterias, os sistemas inteligentes de energia permitirão a mescla otimizada de baterias de células a combustível para facilitar o uso da eletricidade com o veículo parado ou em movimento. Isso requer a capacidade de distribuir de forma eficiente pequenas quantidades de energia exatamente quando e onde necessárias.

A última ideia é desenvolver mercados eletronicamente administrados e dinamicamente apreçados (analisados no capítulo 8) para a eletricidade, o espaço rodoviário, as vagas de estacionamento e os veículos. Esses mercados são hoje subdesenvolvidos, mas a conectividade no carro parado ou em movimento pode ajudar a entender o potencial que têm. Eles vão depender de medições e observações permanentes, deverão utilizar potentes processadores de dados, providenciar indicadores de preço e incentivos para regular a oferta e a procura, e estimular a definição de padrões de atividade sustentável nas cidades.

A combinação de ideias transformadoras

Vistas isoladamente, cada uma dessas quatro ideias oferece significativos benefícios pessoais e sociais. Cada uma pode ser implantada mais ou menos separadamente, mas juntas é que têm mais impacto. Elas podem transformar radicalmente a mobilidade urbana pessoal. Para ilustrar seu poder, o capítulo 9 estuda o efeito de sua combinação sobre as cidades, onde, em 2030 (segundo a Organização das Nações Unidas), se concentrará a maior parte da população do planeta e 80% da riqueza mundial. As cidades continuarão a atrair pessoas porque fornecem maior acesso aos recursos e às oportunidades. Entretanto, elas se constituem também nos lugares em que todos os efeitos colaterais do automóvel são ampliados.

Quando efetivamente integradas, as ideias que embasam esta reinvenção prometem aumentar nossa liberdade e estimular o crescimento econômico e a prosperidade, ao mesmo tempo em que eliminam muitos, se não todos, os efeitos colaterais do sistema de transporte automotivo atual. A figura 1.2 resume essa possibilidade.

As tecnologias que viabilizam essas ideias apenas recentemente amadureceram e começaram a convergir; ainda precisam alcançar as condições necessárias para uma aplicação mais abrangente

Ideias convergentes		Mudanças na mobilidade pessoal		Benefícios
Novo DNA automotivo (elétrico + conectado) + Internet da mobilidade + Energia limpa e inteligente + Mercados dinamicamente avaliados	=	Emissão zero de carbono Energia renovável Eliminação de acidentes Acesso seguro às redes sociais quando em movimento Direção divertida e direção autônoma (se desejada) Vários projetos Tempos de viagem menores e mais previsíveis Melhoria no tempo e no espaço do estacionamento Aumento do rendimento da malha viária Cidades mais tranquilas Pedestres e ciclistas mais seguros Acesso mais democrático Custo reduzido	=	Aumento da liberdade + Mobilidade sustentável + Crescimento econômico e prosperidade sustentáveis

Figura 1.2
O todo é maior que a soma das partes.

e em larga escala. Temos diante de nós a oportunidade de reinventar a essência do automóvel e dos sistemas de mobilidade pessoal, e não apenas incrementá-los, e também de resolver os urgentes desafios de sustentabilidade.

Implementação

O capítulo 10 termina com uma análise do que deve ser feito para concretizar essa proposta. O bem-sucedido desenvolvimento da internet demonstrou que é possível criar redes de grande porte e realizar a integração necessária entre diferentes produtos e negócios. Existem muitas lições úteis a extrair desse exemplo.

Vários facilitadores tecnológicos já foram testados em "bases" do mercado. Outros ainda precisam de testes, e todos devem amadurecer para promover uma "virada" no mercado. Devido à interdependência entre automóveis, infraestrutura energética, infraestrutura de comunicação e governos, será necessário alinhar incentivos, formar alianças de investidores e criar um amplo consenso em torno de uma visão comum do futuro da mobilidade urbana pessoal. Essa visão comum deve ser construída com um "sistema dos sistemas", com padrões amplamente aceitos que permitam interfaces e a maior valorização de um sistema pelo usuário conforme cresça seu uso (situação conhecida como "fatores externos positivo da rede"), motivando investimentos e favorecendo o rápido crescimento do sistema. Novas formas de parceria público-privada e novos modelos de negócio serão necessários para viabilizar os custos públicos e privados embutidos nessa visão e para compartilhar os riscos e as recompensas. Finalmente, é preciso despertar a imaginação dos cidadãos, mostrar claramente o que está em jogo e o que é possível e incentivar o apoio político e a demanda do consumidor.

Um dos primeiros passos nessa direção é o desenvolvimento de projetos-piloto criativos e cuidadosamente concebidos. Eles devem ser feitos em escala suficiente e com níveis suficientes de investimentos para permitir a integração das ideias-chave. Esses projetos demonstrarão a possibilidade de reinventar o automóvel e os sistemas de mobilidade urbana pessoal, ilustrarão as realidades operacionais e experimentais cotidianas, fornecerão oportunidades para os testes e experimentações necessários, ampliarão a coleta e a análise de dados e proporcionarão a experiência e a aprendizagem necessárias para a sua realização em larga escala.

A estrada adiante

Para chegar aonde precisamos, teremos de percorrer uma longa e difícil jornada (lembre-se de que os primórdios da internet remontam ao final dos anos 1960). Mas os resultados podem significar cidades muito mais habitáveis e limpas, crescimento econômico baseado em tecnologias limpas e ecológicas, e prosperidade e liberdade para as futuras gerações.

O novo DNA do automóvel

O atual formato dos carros está relacionado à localização do motor (sob o capô); trata-se de uma evolução natural de sua predecessora, a carruagem puxada a cavalos. Esse arranjo favoreceu a transição natural da potência do cavalo do século XIX para a potência mecânica do século XX.

No século XXI, veremos uma nova transição, da potência mecânica para a potência elétrica. À medida que um número crescente de veículos passe a ter tração elétrica, haverá mais liberdade para inovar o design do automóvel. O chassi-skate elétrico, apresentado na figura 2.1, é uma demonstração pioneira desse processo.

Quando dispuserem dos computadores e da conectividade sem fio necessários, os veículos do futuro poderão andar sozinhos e terão grande capacidade de evitar acidentes. Não se trata de ficção científica, mas de tecnologia solidamente demonstrada, que está à espera apenas de uma redução de custos e de tamanho para ser utilizada da forma apropriada. Haverá mais liberdade para simplificar e repensar estruturas e interiores. O novo DNA do automóvel, oriundo dessas mudanças, anuncia o renascimento do design de veículos. Ele vai abrir espaço para a pesquisa de possibilidades de desenho que até agora não foram seriamente consideradas.

A evolução do automóvel e seu DNA

Embora Leonardo da Vinci, no século XV, já tivesse previsto conduções motorizadas, o primeiro veículo realmente movido de maneira autônoma foi

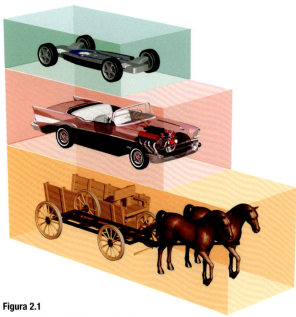

Tração elétrica

Tração mecânica

Tração animal

Figura 2.1
A evolução do DNA do automóvel desde
o cavalo até a tração mecânica e a tração elétrica.

criado apenas em 1769, quando o engenheiro francês Nicolas-Joseph Cugnot acoplou uma máquina a vapor a uma carroça de artilharia do exército francês. Um ano depois, ele construiu o primeiro carro movido a vapor, um veículo de três rodas que transportava quatro passageiros. Isso foi apenas o começo. Apenas cinco anos depois, engenheiros, mecânicos e operários do mundo todo trabalhavam em projetos de "carruagens sem cavalos".

Hoje, o design dos automóveis parece algo inevitável, mas no começo era bastante incerto. Havia uma grande variedade de propostas de energia – como máquinas a vapor, motores elétricos e baterias, motores a combustão interna –, e não estava muito claro se os veículos precisavam ter duas, três ou quatro rodas.

A máquina a vapor foi uma opção de propulsão popular entre os primeiros desenvolvedores por ser uma tecnologia conhecida, que tinha aplicações industriais havia mais de cem anos. Entretanto, os primeiros "veículos a vapor" apresentavam alguns pontos negativos. Demoravam de 30 a 45 minutos para "pegar" e percorriam cerca de 50 km antes de serem novamente abastecidos com água. Embora a caldeira tubular de água e o condensador finalmente acabassem por resolver essas desvantagens, as inovações chegaram tarde demais para salvar os carros movidos a vapor.[1]

As baterias e os motores elétricos logo despertaram interesse. Os primeiros veículos elétricos foram construídos nos anos 1830 por Robert Anderson, na Escócia, e Sibrandus Stratingh e Christopher Becker, na Holanda. Os avanços de Gaston Plante e Camille Faure aumentaram a capacidade de armazenamento de energia das baterias, o que levou à comercialização de carros elétricos a bateria na França e na Grã-Bretanha no começo dos anos 1880 e nos Estados Unidos nos anos 1890. Os carros elétricos a bateria eram silenciosos, limpos e fáceis de dirigir, mas as baterias demoravam a recarregar, custavam caro em caso de troca e tinham autonomia limitada. Consequentemente, assim como os veículos movidos a vapor, eles eram essencialmente veículos "urbanos".[2]

O motor de combustão interna era a terceira opção de sistema de propulsão e, assim como os demais, trazia benefícios e desvantagens. Seus primeiros defensores achavam que eles ofereciam força incomparável, velocidade e autonomia, mas também eram complexos, barulhentos e sujos. Exigiam o perigoso manuseio de uma manivela para dar a partida, precisavam de um sistema de marchas para transmitir a força do motor, utilizavam combustível e produziam fumaça fétida pelo escapamento. Apesar desses problemas, os inventores foram em frente. Em 1885, Karl Benz projetou, construiu e patenteou na Alemanha um veículo de três rodas que hoje é reconhecido como o primeiro carro com motor a gasolina, enquanto veículos similares eram desenvolvidos em toda a Europa e nos Estados Unidos.[3]

Considerando os inconvenientes dos primeiros automóveis, na virada do século XX ainda havia hesitação quanto ao sistema de propulsão mais adequado ao transporte motorizado. O motor de combustão interna estava ganhando o apoio dos círculos de engenharia, mas nos Estados Unidos a maior parte dos veículos ainda eram a bateria ou a vapor.

Logo, porém, a notável convergência de tecnologias, métodos de fabricação, conhecimento de mercado, abastecimento de energia, desenvolvimento de estradas, políticas públicas e demanda dos consumidores faria com que o motor de combustão interna se tornasse o sistema de propulsão automotiva predominante, dando início a uma dinâmica de crescimento econômico que afinal ajudaria a propiciar enorme prosperidade.

Um dos fatores tecnológicos mais importantes nesse sentido foi a invenção do motor de arranque elétrico por Charles Kettering, que eliminou a manivela e fez com que os veículos de combustão interna se tornassem mais fáceis de ligar, mais seguros e mais acessíveis.[4] Outro acontecimento importante foi a grande melhoria das estradas americanas, que possibilitou que os veículos pudessem transportar passageiros e cargas cada vez mais longe. Além disso, a descoberta de grandes reservas de petróleo nos estados de Oklahoma e Texas, aliada à sua densidade energética, tornou o petróleo prontamente disponível e a gasolina menos cara que os demais combustíveis. Outro elemento-chave foi a implementação, por Ransom Olds e Henry Ford, das linhas de montagem automotivas e da produção em massa, barata, que fizeram com que os automóveis de combustão interna se tornassem economicamente acessíveis para um grande número de pessoas.[5] Finalmente, em 1914, a introdução do pagamento de um salário de US$ 5 por dia, realizada por Ford, permitiu que os operários comprassem os produtos que fabricavam e ajudou a criar as condições para o crescimento da classe média.

O restante da história é bem conhecido. O motor de combustão interna tornou-se a casa de força que transformou o automóvel no principal meio de locomoção pessoal. Ele levou ao crescimento da indústria automotiva e do setor petrolífero e à construção de estradas, que em última instância culminaram com a ideia de "um veículo para cada bolso e propósito" e o sistema de rodovias interestaduais. Esse processo favoreceu os subúrbios modernos, criou um estilo de vida novo para os americanos e os habitantes de outros países e estimulou um século de prosperidade econômica. Quando concebido, o motor de combustão interna talvez não fosse a opção ideal, mas era a solução mais aceitável na época.

O crescimento do número de automóveis, que começaram a ser comercializados nas primeiras décadas do século XX, foi alimentado pelo desejo universal de maior liberdade, de perseguir e realizar aspirações individuais e de ir a qualquer lugar, a qualquer hora – e fertilizado pela sinergia entre automóveis, malha viária e postos de combustível.

Atualmente, pelo menos 14 milhões de postos de trabalho nos Estados Unidos são direta ou indiretamente vinculados à produção e à prestação de serviços no setor automotivo, à construção e à manutenção de ruas e estradas, ao abastecimento de combustível e à administração dessa infraestrutura. Tudo isso faz do transporte individual um motor econômico da maior importância para os Estados Unidos. De fato, cerca de 20% das vendas de varejo do país dizem respeito aos automóveis, e o setor automobilístico responde por 20% da produção industrial. O custo para o consumidor também não é irrelevante – cerca de US$ 0,35 por quilômetro para um carro sedã de tamanho médio, como o Chevrolet Malibu,

Categorias de custo	Custo anual (sedã de tamanho médio)
Gasolina	US$ 1.851
Manutenção	US$ 701
Pneus	US$ 127
Custos operacionais	US$ 2.679
Seguro	US$ 907
Licenciamento, registro e impostos	US$ 562
Depreciação	US$ 3.355
Financiamento (abatimento de 10%, empréstimo de 5 anos com juros de 6% ao ano)	US$ 770
Custos de propriedade	US$ 5.594
Total dos custos	US$ 8.273

Figura 2.2
Em 2008, dirigir um sedã de tamanho médio por 24.000 km custava cerca de US$ 0,35 por quilômetro, considerando o preço da gasolina a US$ 0,77 o litro.

o Toyota Camry ou o Honda Accord, segundo o estudo *Custo anual do trânsito*, da AAA (American Automobile Association), em 2008 (figura 2.2).[6] Sem levar em conta os custos de estacionamento.

Problemas e oportunidades emergentes

Nos últimos cem anos, sucessivos avanços tecnológicos tornaram os veículos mais potentes, mais fáceis de dirigir e controlar e mais adequados ao meio ambiente. Enquanto as melhorias foram revolucionárias, as inovações foram amplamente evolucionárias. De fato, o DNA básico do automóvel não mudou. Assim como os primeiros automóveis produzidos em massa, nossos veículos continuam sendo movidos por motor de combustão interna alimentados com petróleo, dirigidos e controlados mecanicamente e operados como aparelhos isolados.

Hoje, entretanto, há uma percepção crescente de que o DNA original do automóvel, de 120 anos, não é mais sustentável. Embora a dimensão e o alcance do sistema de transporte automotivo e a liberdade e a prosperidade que ele proporciona sejam impressionantes, é preciso questionar com seriedade se o atual sistema pode ser mantido no contexto de um futuro em que a população aumenta e os recursos diminuem – especialmente nas áreas urbanas. Os veículos atuais são projetados para responder a todas as necessidades concebíveis do transporte de pessoas e cargas por distâncias curtas ou longas, mas essa incrível flexibilidade embute alto custo e ineficiência (volume, espaço e energia) e tem um importante papel na série de dificuldades relacionadas: à dependência do petróleo; à poluição do ar e à emissão de gases estufa; aos acidentes, que podem ser fatais tanto para os motoristas como para os passageiros, os pedestres e outros usuários da malha viária; aos engarrafamentos; à ocupação pouco eficaz do solo; e às desvantagens do sistema de acesso para quem não tem carro. Essas dificuldades são ampliadas nas cidades, onde os congestionamentos são maiores, o número de vagas de estacionamento é limitado e os acidentes com pedestres e ciclistas são um sério problema. Nesse meio ambiente específico, em que a maior parte dos veículos circula, o automóvel, em sua configuração atual, é superdimensionado.

Hoje, um carro típico pesa pelo menos vinte vezes mais que seu motorista, pode rodar perto de 480 km sem precisar reabastecer, alcança velocidade superior a 160 km/h, necessita de mais de 10 m^2 para estacionar e fica parado mais de 90% do tempo. A menos que um automóvel seja utilizado por um grande número de pessoas ou para cargas pesadas a maior parte do tempo, estará muito além do necessário para fornecer mobilidade pessoal segura e adequada nas cidades. Ao projetar especificações que se ajustem melhor às necessidades da mobilidade urbana pessoal, pode-se reduzir o volume e o material utilizados, o que poupa espaço e energia.

Felizmente, assim como há cem anos, encontra-se ao nosso alcance uma notável transformação da mobilidade urbana pessoal – com potencial de catapultar a liberdade de movimento para um novo patamar, de gerar crescimento econômico e prosperidade ainda maiores, tudo de maneira sustentável em termos de energia, meio ambiente, segurança e congestionamento. Não é preciso inventar coisa alguma para que isso aconteça. Basta agir com vontade coletiva para acelerar a implementação daquilo que já é tecnicamente realizável e promete ser comercialmente viável.

O primeiro passo consiste em criar um novo DNA automotivo. Com ele, os veículos terão tração elétrica, serão alimentados com eletricidade e hidrogênio, controlados eletronicamente, e funcionarão como os nós de uma rede de transporte interligada. Serão capazes de se comunicar sem fio entre si, com a infraestrutura viária e com tudo o que acontece ao redor dela. Saberão também com precisão onde se encontram em relação a outros veículos e ao mapa do local, e serão capazes de se conduzir sozinhos e evitar acidentes e engarrafamentos.

No que diz respeito à eletrificação, esse novo DNA automotivo vai além da reinvenção do automóvel, como descrito por Lawrence Burns, J. Byron McCormick e Christopher Borroni-Bird na *Scientific American* de outubro de 2002 ("Vehicle of Change"). A eletrificação permitirá que os veículos sejam energeticamente eficientes, mais limpos, seguros e agradáveis de dirigir, mas será preciso também haver conectividade entre eles para melhorar sua coordenação nas ruas, reduzir os acidentes e administrar os engarrafamentos. Se os veículos operarem mais efetivamente como um sistema, haverá melhorias adicionais em termos de eficiência energética e qualidade do ar. É a combinação da eletrificação com a conectividade que promete revolucionar a mobilidade pessoal. E a tecnologia necessária para tanto já está disponível.

Essa transformação do DNA do automóvel será similar ao que já aconteceu com os computadores e as comunicações. Os veículos atuais são análogos aos computadores individuais e isolados dos anos 1980. Os veículos de amanhã serão análogos aos atuais aparelhos portáteis e conectados à internet: menores, porém, em vários aspectos importantes, mais eficientes e flexíveis.

O novo DNA (1ª parte): eletrificação

O novo DNA do automóvel será baseado na tração elétrica. Os automóveis convencionais têm tração mecânica. Os carros híbridos, ou mesmo os híbridos plug-in, combinam o sistema mecânico com o sistema elétrico, e essa complexidade adicional torna o carro mais caro e volumoso. Como os automóveis convencionais movidos a gasolina, os veículos elétricos terão um único sistema de propulsão, mas que será posto em movimento eletricamente, com um motor, e não mecanicamente, com motor e caixa de câmbio.

O interesse crescente por veículos elétricos é motivado pelas recentes melhorias nas baterias de íons-lítio e nas células a combustível de hidrogênio. A composição das novas baterias garante células mais estáveis, com mais energia e maior densidade energética. Hoje, essas células são desenvolvidas em invólucros seguros que têm energia suficiente não apenas para proporcionar autonomia, mas também aceleração – tudo isso em um tamanho adequado a carros compactos.

Com esses progressos, os fabricantes de carros e os desenvolvedores de baterias estão formando parcerias para criar uma linha de veículos elétricos. Muitas companhias, e não apenas as empresas automobilísticas, vêm anunciando exibições e a produção de veículos elétricos (alguns são apresentados na figura 2.3) que poderão criar e armazenar eletricidade de maneira integrada e serão movidos apenas a eletricidade.

Exemplos desses novos tipos de veículo:

- Veículos elétricos a bateria (VEB), como o Think City, o Tesla Roadster, o BMW MINI E, o Daimler Smart Fortwo e o Mitsubishi iMIEV, cuja autonomia pode variar de 80 a 385 km.
- Veículos elétricos híbridos plug-in (VEHP), como as versões do Toyota Prius e do Ford Escape, que logo estarão à venda e funcionam apenas a bateria por um percurso de 16 a 65 km.

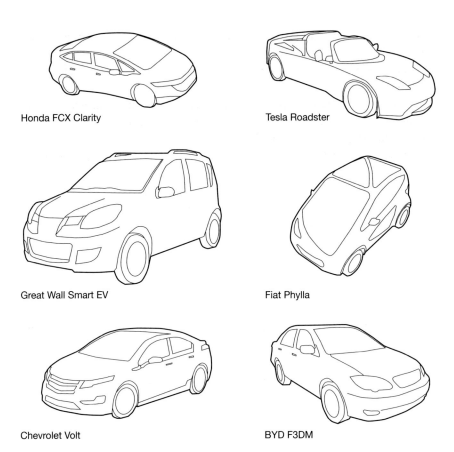

Figura 2.3
Alguns exemplos de veículos elétricos.

- Veículos elétricos com autonomia estendida (VEAE), como o Chevrolet Volt, o BYD F3DM e o Daimler Blue Zero E-Cell, que terão autonomia de 65 km apenas a bateria, o que satisfaz as necessidades diárias de três quartos dos habitantes das cidades.
- Veículos elétricos de célula a combustível (VECC), como o Honda FCX Clarity e o Chevrolet Equinox Fuel Cell, que podem percorrer pelo menos 320 km com hidrogênio sem precisar reabastecer.

Os veículos elétricos a bateria não produzem emissões e prometem ser a solução mais acessível do ponto de vista econômico para o uso urbano em pequenos trajetos. Eles ficam ainda mais atraentes se considerarmos que a bateria de íon-lítio pode ser recarregada em menos de três horas em tomadas elétricas de 240 V, ou de um dia para o outro, em cerca de oito horas, em tomada de 110 V. O custo do recarregamento é muito baixo, cerca de US$ 0,013 por

	Veículo elétrico a bateria	**Veículo elétrico com autonomia estendida**	**Veículo elétrico de célula a combustível**
Tamanho do veículo	≤ Pequeno	≤ Compacto	≤ Familiar
Tempo de recarregamento/ reabastecimento	Horas	Horas (carregando bateria)	Minutos
Autonomia (km)	160+	65 (bateria)/ 480+ (em geral)	480-650
Desempenho	Excelente	Excelente	Excelente
Emissão de poluentes	Zero	Zero para 65 km por dia	Zero
Fonte de energia	Diversas/ Sem petróleo	Diversas/petróleo Só com ampliação da autonomia	Diversas/ Sem petróleo
Infraestrutura de recarregamento/ reabastecimento	Já disponível em casa	Já disponível em casa e nos postos de gasolina	Precisa ser desenvolvida

Figura 2.4
Características dos veículos com tração elétrica.

quilômetro, ou US$ 0,50 por dia – muito menos que o custo de uma xícara de café. Esse valor representa também de um terço a um sexto do custo operacional de um veículo similar movido a gasolina, conforme a variação do preço do litro, de US$ 0,50 a US$ 1.

Os veículos elétricos com autonomia estendida, como o Chevrolet Volt sedã para quatro ocupantes, têm um motor/gerador que, nos dias em que mais de 65 km já foram percorridos, ainda funciona normalmente. Essa extensão da autonomia pode ser conseguida com gasolina ou biocombustível, e permite que o carro percorra centenas de quilômetros a mais, diminuindo a ansiedade provocada pelos veículos alimentados apenas a bateria. No entanto, isso torna o carro mais complexo e caro.

Nos carros convencionais de tamanho familiar, somente as células a combustível de hidrogênio associam a comodidade da autonomia e do tempo de reabastecimento com as vantagens energéticas e ambientais dos veículos elétricos movidos apenas a bateria. Além do mais, a infraestrutura do hidrogênio traz mais diversidade à rede elétrica, pois o gás natural reformado ou a biomassa são excelentes fontes de hidrogênio, e o hidrogênio, gerado por eletrólise da água, é uma excelente maneira de armazenar a eletricidade produzida a partir de fontes renováveis, como o vento e o sol.

Na última década, a General Motors, a Daimler, a Honda, a Toyota e a Ford vêm trabalhando no desenvolvimento de células a combustível como uma opção viável de propulsão automotiva. Em conjunto, essas empresas elaboraram uma impressionante lista de dados relativos a desempenho, segurança, autonomia, velocidade, capacidade de arranque a frio, durabilidade e funcionalidade dos veículos de célula a combustível.

A figura 2.4 faz uma comparação entre três tipos de veículo elétrico, mostrando o desempenho deles em relação a uma série de indicadores e evidenciando o fato de que cada um tem uma "proposta de valor" única, que justifica que continuem sendo desenvolvidos.

Os veículos elétricos a bateria, os elétricos com autonomia estendida e os elétricos de célula a combustível são complementares; todos têm futuro promissor e oferecem uma gama de valores para os usuários, ao mesmo tempo em que diversificam o uso de energia e aumentam de maneira significativa a eficiência dos veículos e da emissão de gases "do poço às rodas".

O papel que os veículos elétricos podem desempenhar em cada segmento da indústria automotiva está ilustrado na figura 2.5. Entre os veículos de tamanho familiar, existe um grande potencial de fazê-los percorrer longos trajetos sem poluir, com reabastecimento rápido, se o sistema de células a combustível de hidrogênio for o escolhido. No outro extremo, as baterias podem fornecer eletricidade para pequenos veículos urbanos com autonomia limitada. Os veículos elétricos com autonomia estendida ocupam o nicho entre os dois primeiros e poderiam ser a melhor opção para os sedãs de tamanho familiar.

Outra característica dos veículos elétricos é que eles tanto podem utilizar motores centrais – que são suficientes na maioria dos casos – quanto motores situados nas rodas, dos dois lados. Os motores nas rodas são mais indicados para os carros urbanos, que precisam ser compactos e por isso têm menos espaço para um motor central.

Figura 2.5
Algumas aplicações dos veículos elétricos.

O novo DNA do automóvel

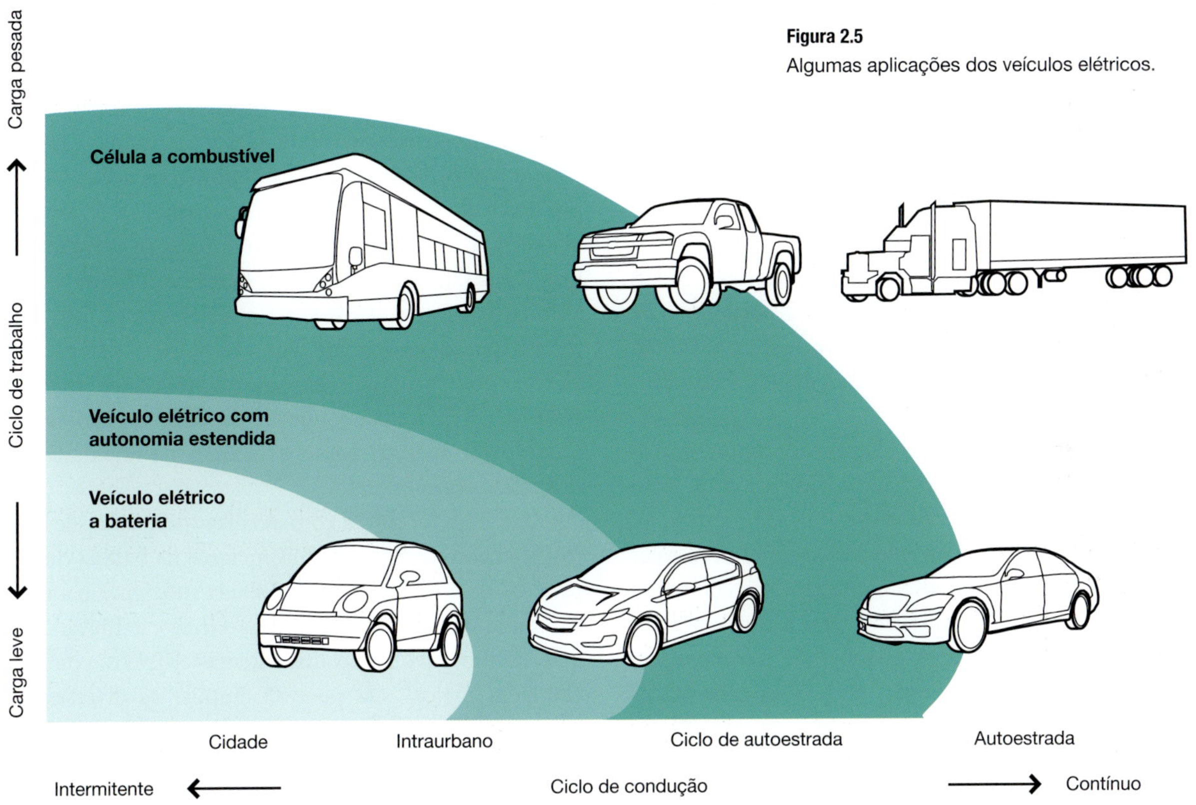

A tração elétrica também serve de princípio para a eletrificação de outros sistemas do veículo, como o do chassi eletrônico, que segue rigorosamente os comandos do motorista. O Chevrolet Sequel (figura 2.6) foi um dos primeiros veículos a demonstrar a total eletrificação dos sistemas automotivos (tração elétrica, com motores nas rodas de trás, freios e direção controlados eletronicamente).

Os sistemas eletrônicos também trazem benefícios no que diz respeito ao design, à fabricação e ao desempenho. Por exemplo, o freio eletrônico libera espaço dentro do carro ao eliminar o cilindro-mestre de freio, o hidrovácuo, o circuito hidráulico e o freio de mão. Do ponto de vista da fabricação, o freio eletrônico simplifica a montagem dos módulos de suspensão e reduz o tempo de montagem dos subsistemas do freio. E isso traz melhorias em termos de desempenho. Por exemplo, quando o pedal do freio é pressionado, o carro responde como quando se liga um interruptor de luz, parando mais rapidamente. Isso pode ajudar a reduzir a distância de frenagem e evitar acidentes. Outros benefícios são a capacidade de regular o pedal de freio e de integrá-lo com o acelerador, a suspensão e a direção eletrônica para obter maior estabilidade e segurança, evitando acidentes.

O sistema de direção eletrônica proporciona os mesmos benefícios do sistema eletrônico de freio (design, fabricação e desempenho). Por exemplo, ao eliminar o eixo intermediário, ele oferece mais flexibilidade ao acondicionamento no compartimento frontal. A montagem entre a carroceria e o chassi é simplificada. A estabilidade e o manuseio melhoram, porque as rodas podem ser controladas separadamente umas das outras e do volante. O sistema de direção eletrônico é mais adaptável do que a direção convencional. Assim, ela é muito sensível dentro de um estacionamento e mais estável na estrada (ou seja, é sensível à velocidade). Ademais, os ruídos e as vibrações são reduzidos graças ao fato de o volante ser isolado por uma filtragem inteligente das condições da via.

Os controles eletrônicos podem ser aprimorados por meio de softwares para os consumidores que desejem obter um chassi com maior desempenho ou um novo design de carroceria. Por exemplo, as mudanças feitas pelo software podem permitir que as regulagens (sensibilidade do pedal de freio, esforço de direção, maciez da suspensão) sejam automaticamente ajustadas para as diferentes carrocerias que cabem em um mesmo chassi ou de acordo com as preferências do motorista. As regulagens preferidas podem ser carregadas on-line a partir de uma lista de calibragens acessível por meio de telefone celular. A personalização do chassi fará com que os carros elétricos se tornem populares não apenas entre os defensores do meio ambiente, mas também entre aqueles que se interessam por desempenho. Por exemplo, o sistema elétrico pode produzir eletronicamente certos sons para se adequarem ao humor de cada motorista quando ele acelera, como os toques de chamada dos telefones celulares.

Até hoje foi difícil comercializar os chassis eletrônicos porque o DNA convencional da bateria de partida, de 12 V, não tem potência suficiente para alimentar os sistemas que ativam o freio e a direção; mas, com o novo DNA dos sistemas elétricos, com voltagem maior, será possível ampliar as diversas vantagens oferecidas pelos chassis eletrônicos.

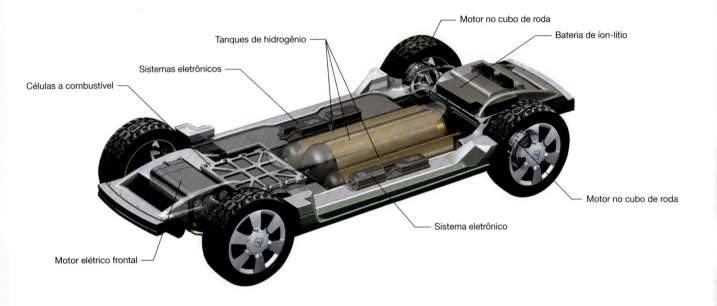

Figura 2.6
O chassi-skate do Chevrolet Sequel, totalmente eletrificado e eletrônico.

O novo DNA do automóvel

O novo DNA (2ª parte): conectividade

Outro fator que viabiliza o novo DNA automotivo é a conectividade entre os veículos. Pense nos automóveis do futuro como plataformas de direção "envenenadas", integradas a computadores de bordo conectados em redes sem fio. Esses veículos poderão ser localizados com precisão graças à tecnologia GPS. Serão capazes de sentir os objetos ao seu redor. Utilizarão sistemas sem fio para se comunicar com os demais veículos e com a infraestrutura ao redor. Poderão até mesmo andar sozinhos e evitar acidentes.

Pode-se fazer uma analogia entre os aparelhos de mobilidade pessoal em rede e os computadores pessoais em rede. Desde que passaram a ser comercializados, no começo dos anos 1980, os computadores pessoais melhoraram em todos os sentidos, mas foi graças à interconectividade por meio de uma infraestrutura (a internet) que eles aumentaram de maneira expressiva sua funcionalidade e seu apelo.

Parte das tecnologias necessárias à conectividade abrangente dos veículos já existe e é comercializada. Há sistemas telemáticos como o OnStar, que associam GPS, mapas digitais e comunicação sem fio e fornecem equipamentos como telefones com fone de ouvido, navegação em tempo real e informações de trânsito, diagnósticos remotos, aviso automático de acidente – para poder notificar as autoridades em caso de emergência, mesmo que o motorista esteja incapacitado – e desaceleração de veículo roubado. Paralelamente ao desenvolvimento da conectividade veicular, estão sendo instalados diversos sensores nos veículos, como o sistema de alerta de ponto cego, que sente os objetos que não são normalmente visíveis para o motorista e o avisa de sua presença, e o sistema de monitoramento da faixa de rodagem, que mantém o veículo na posição lateral, de modo que ele não saia involuntariamente de sua pista.

O que pode ser alcançado com a utilização conjunta de GPS, mapas digitais e sistemas de sensores foi demonstrado em novembro de 2007, quando onze veículos autônomos competiram com sucesso no Desafio Urbano da Agência de Projetos de Pesquisa Avançada em Defesa (DARPA), uma corrida para veículos sem motorista. O vencedor está na figura 2.7. Como uma das regras da competição proibia a tecnologia de comunicação (que poderia ser bloqueada em caso de confronto militar), os veículos só podiam contar com o GPS e os sensores para reconhecer as condições ambientais e evitar acidentes. Mesmo com essa limitação, quatro equipes conseguiram completar a corrida de 96 km em um ambiente urbano simulado em que circulavam também veículos convencionais dirigidos por pessoas.

Os veículos que participaram do Desafio Urbano DARPA eram grandes e caros. Entretanto, existem várias possibilidades de reduzir o volume e o custo dos sistemas eletrônicos. Futuramente, os veículos autônomos serão menores e produzidos em grande escala.

Graças a sensores (como o radar, por exemplo), um veículo pode saber a localização e a velocidade de outro que esteja se aproximando. Uma solução alternativa consiste em se comunicar sem fio e trocar informações com o veículo que se aproxima. A comunicação veículo a veículo (V2V) é essencialmente formada por um GPS e um sensor sem fio de detecção dos objetos ao redor, que dão ao veículo um "sexto sentido". Com essa tecnologia, todo veículo informa sua posição e velocidade aos "vizinhos" e monitora continuamente a situação de todos os que se encontram em um raio de 400 m. Dessa forma, o automóvel conta com um "conjunto extra de olhos" para enxergar o entorno e detectar a situação do trânsito até dez veículos à frente. Protótipos de sistemas de comunicação V2V demonstraram que suportam sistemas de segurança automatizados, como o monitoramento da faixa de rodagem, o alerta de ponto cego, o sistema de parada imediata, o aviso de acidente com freada automática e o aviso de colisão em cruzamento. Todos tiveram ótimo desempenho e mostraram-se imunes a condições climáticas extremas.

Os sensores e os sistemas de comunicação têm vantagens e inconvenientes. Os sensores significam volume e custos adicionais para o veículo, que pode nem sempre perceber um objeto em caso de pouca visibilidade ou um veículo que se aproxime em uma curva. Para que a comunicação seja confiável, é preciso que o veículo ou o objeto próximo respondam. Mais uma vez, as duas estratégias são complementares e talvez precisem ser combinadas para fornecer a melhor e mais consistente solução custo-benefício para uma aplicação mais ampla em condições reais. A figura 2.8 compara a estratégia atual de prevenção de acidentes, baseada em sensores, com a versão do futuro, que combina comunicação sem fio e sensores para fornecer um sistema de segurança mais prático e barato.

No futuro, sistemas de comunicação veículo a veículo e veículo a infraestrutura mais sofisticados possibilitarão uma condução cooperativa e automa-

Figura 2.7
O veículo autônomo Chevrolet Tahoe "Boss", vencedor do Desafio Urbano DARPA de 2007. O carro foi apresentado por uma equipe da Carnegie Mellon University.

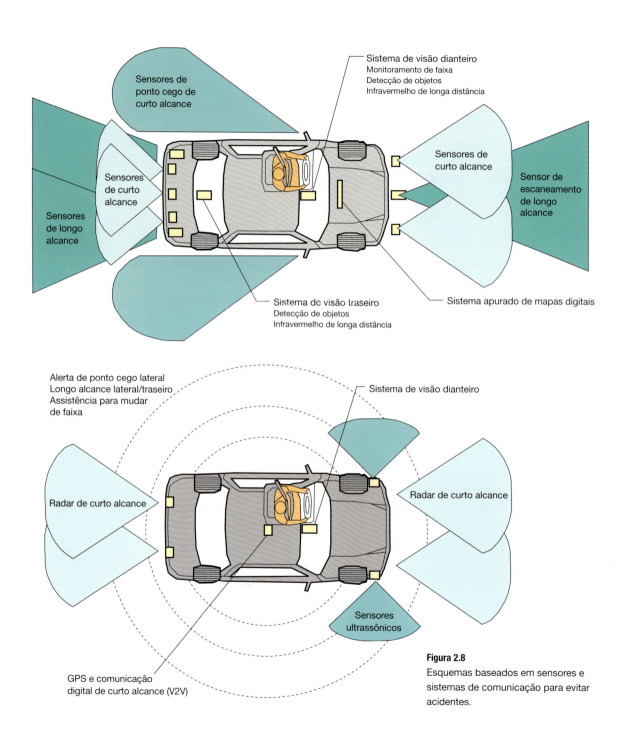

Figura 2.8
Esquemas baseados em sensores e sistemas de comunicação para evitar acidentes.

tizada. Os veículos serão localizados com precisão graças à tecnologia GPS e serão capazes de perceber objetos à sua volta por meio de uma combinação de sensores e comunicação sem fio. Poderão se comunicar também com a infraestrutura ao redor e até andar sozinhos. Graças a transponders sem fio, esses veículos autônomos poderão perceber o que está ao redor e até evitar acidentes, ou desacelerar de maneira que os eventuais impactos não sejam prejudiciais para pedestres, ciclistas e ocupantes dos veículos. O transponder (um protótipo já foi feito pela General Motors) continua encolhendo e já chegou ao ponto de caber no bolso. Do tamanho de um telefone celular, ele pode ser carregado por pedestres e ciclistas, para aumentar a segurança desses usuários, mais vulneráveis, nas ruas. Esse recurso pode eliminar a maioria dos acidentes com prejuízos materiais ou danos físicos (figura 2.9).

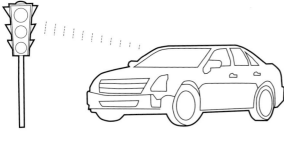

Veículo a infraestrutura

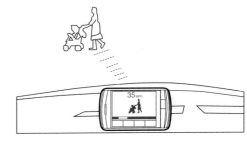

Veículo a pedestre (com transponder)

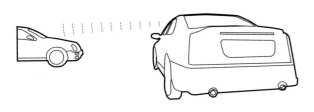

Veículo a veículo

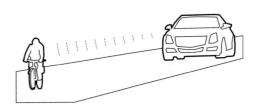

Veículo a ciclista (com transponder)

Figura 2.9
V2X inclui comunicação veículo a veículo (V2V), veículo a infraestrutura (V2I) e veículo a pedestre e ciclista (V2P).

Sinergias entre eletrificação e conectividade

Separadamente, os veículos eletrificados e os equipados com sistemas de comunicação oferecem benefícios atraentes no que tange à sustentabilidade, que são ainda maiores quando combinados. A eletrificação tem atuação precisa e reativa, enquanto a conectividade fornece uma percepção da situação. Ambas são apoiadas por um potente sistema de processamento de dados, e, como um todo, esse novo DNA oferece um sistema de percepção, processamento e atuação muito superior ao DNA dos veículos atuais. Graças a ele pode-se melhorar a eficiência do design e fazer com que, no futuro, o formigueiro de carros se pareça mais com os enxames altamente eficientes que vemos na natureza.

A liberdade de design resultante da capacidade da conectividade de eliminar acidentes oferece várias oportunidades de reduzir os custos e o volume dos veículos, já que não serão mais necessários os equipamentos de proteção contra colisões. As estruturas, que já terão se tornado mais leves por só precisarem sustentar um sistema simples de propulsão, poderão ser ainda mais reduzidas se não tiverem de fornecer todos os equipamentos tradicionais de resistência a acidentes. Será possível reduzir o volume do veículo em 20% se os equipamentos de segurança forem eliminados, o que se traduzirá em uma economia de combustível de cerca de 10%. Embora essa redução de volume também se aplique aos veículos convencionais, no caso do novo DNA o nível mais baixo do consumo de energia é mais importante, porque reduz o custo e o volume da bateria, do tanque de hidrogênio e do motor elétrico, o que, por sua vez, reduz o volume do veículo como um todo. O menor volume traz também vantagens em termos de segurança, pela maior receptividade e menor impacto inercial entre veículos de tamanho similar. Além do mais, a liberdade de apresentação, associada à tração elétrica (sem compartimento para o motor) e à supressão dos acidentes (estrutura mínima dianteira e traseira de proteção contra acidentes), pode ajudar a tornar os veículos bem menores (portanto, mais leves), o que seria particularmente útil em áreas nas quais as vagas de estacionamento são limitadas e caras.

A sinergia aparece também de outra maneira. Um dos desafios dos veículos elétricos a bateria e dos com célula a combustível diz respeito à disponibilidade inicialmente limitada de postos para o recarregamento da bateria ou o abastecimento de hidrogênio. A conectividade pode fornecer aos motoristas informações em tempo real sobre os postos disponíveis e, dessa forma, exercer um papel importante para que os motoristas se sintam mais atraídos pela aquisição e pela utilização de veículos elétricos.

Já se sabe que a conectividade pode ser empregada para amenizar a lentidão do trânsito. O sistema de pedágio "sem parar" reduz a necessidade de parar e partir de novo. A coordenação do tempo dos sinais de trânsito é outro exemplo das vantagens que uma infraestrutura inteligente pode trazer, reduzindo a frequência das paradas, aumentando a velocidade média e, consequentemente, a economia de combustível dos veículos em mais de 10%.

Dirigir conhecendo melhor o ambiente externo graças à comunicação sem fio melhora o fluxo do trânsito, reduz o número de acidentes, a poluição do ar e o consumo de energia. Tudo está inter-

-relacionado: a redução dos acidentes aumenta o fluxo do trânsito, que por sua vez reduz o tempo ocioso e aumenta a eficiência energética. A melhoria da eficiência, facilitada pela conectividade e pela computação, mais tarde pode reduzir o tamanho, o peso e o custo do tanque de hidrogênio, das células a combustível e da bateria.

Os veículos também podem formar um pelotão, utilizando um sistema de comunicação sem fio para manter uma distância constante entre si. Alguns testes realizados nos anos 1990, na Universidade da Califórnia, em Berkeley, concluíram que, ao reduzir os coeficientes de arrasto (em até 25%) e a operação transiente, a eficiência energética poderia aumentar de 10 a 20% em distâncias de menos de 10 m (comprimento equivalente a dois veículos). Os veículos poderiam andar juntos como um sistema, mas os ocupantes de cada veículo ainda estariam livres para se desconectar quando quisessem.

A estrutura em equipe permite também uma nova forma de composição do veículo. Se comparados com os pequenos carros familiares convencionais, por exemplo, dois veículos menores para dois passageiros oferecem a uma família maior liberdade de movimento. Além disso, é mais fácil encontrar vagas de estacionamento para dois veículos pequenos do que para um maior, ainda que o tamanho total seja idêntico.

A conectividade traz mais informações sobre o andamento da viagem (uma colina, um sinal de trânsito ou a chegada em casa), o que pode garantir economia de combustível até para os carros convencionais. Em ambiente urbano, grande quantidade de combustível pode ser consumida na procura de uma vaga de estacionamento, e o fato de saber onde encontrar vagas livres pode reduzir o tempo desnecessário de procura e aumentar o tempo de uso do veículo. Conhecer as condições de trânsito em tempo real permite ao motorista, em caso de engarrafamentos no trajeto habitual, ficar alerta e escolher uma rota alternativa mais rápida para evitar os congestionamentos; quanto mais cedo o motorista for alertado, maior será a possibilidade de economia de combustível. Com um veículo elétrico, a possibilidade de melhorar a economia de combustível, que já existe, torna-se ainda maior, porque há mais flexibilidade para transportar a energia entre a bateria e o motor/gerador ou a célula a combustível. Por exemplo, se o veículo tiver um sistema de navegação e souber que está voltando para casa, ou subindo uma colina que logo em seguida vai descer, então o sistema de controle de propulsão poderá autorizar um desgaste maior da bateria do que normalmente autorizaria, porque sabe que a bateria logo será recarregada, seja em casa, seja ao descer a colina.

A conectividade pode aumentar a economia de combustível não só pela melhoria do fluxo do trânsito, mas também informando sobre como dirigir de forma mais eficiente, comparando o desempenho atual com o do mês anterior ou o de outras pessoas que dirigem em ruas similares. As duas estratégias podem aumentar a eficiência em pelo menos 10%.

Em resumo, a eletrificação e a conectividade vão proporcionar uma experiência melhor e mais personalizada de mobilidade pessoal, com viagens mais rápidas e menor variação do tempo de percurso, facilitando a maneabilidade e o estacionamento. Ao melhorar o fluxo do trânsito e diminuir os engarrafamentos, a tecnologia tornará o tempo de viagem mais previsível e aumentará a velocidade média

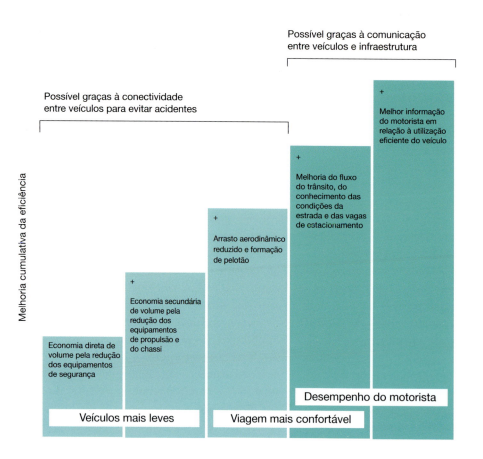

Figura 2.10
Benefícios da eficiência energética gerada pela sinergia entre eletrificação e conectividade.

e a eficiência energética, tornando-as mais favoráveis ao veículo elétrico, às baterias e ao tanque de hidrogênio. Por sua vez, a liberdade de design proporcionada pela tração elétrica e pelo fato de os veículos não colidirem tornará possível projetar carros menores, mais leves e eficientes, que, além do mais, terão preços mais em conta. A figura 2.10 apresenta um resumo qualitativo dos benefícios da eficiência energética alcançada quando se combinam eletrificação e conectividade.

O nascimento da revolução da mobilidade pessoal

Assim como na revolução digital, a revolução da mobilidade pessoal se dará pela convergência de uma série de tecnologias emergentes, e não apenas por uma única inovação tecnológica. E assim como a internet não favorece um fabricante em relação a outro, mas torna todos os computadores mais funcionais, o mesmo acontecerá com essa rede de mobilidade mais inteligente. O novo DNA do automóvel, integrado nesse sistema, tornará o ato de dirigir mais prático e agradável e fará com que o automóvel do futuro seja um objeto de desejo que proporciona estilo, status e uma resposta emocional.

Principalmente, o novo DNA transforma o automóvel de um simples meio de ir de A a B no nó de uma rede global que integra fluxos de veículos, informações e poder. A transformação do automóvel de um aparelho autônomo essencialmente mecânico em um aparelho elétrico conectado será, em todos os sentidos, tão capital quanto a transição do cavalo para o cavalo-vapor, que aconteceu há cem anos.

A possibilidade de renascimento do design

Para ter sucesso em grande escala, o veículo do futuro precisa parecer uma novidade desejável. Ninguém pensa no iPod como um aparelho estéreo menor, e ninguém deverá pensar que o veículo elétrico inteligente é apenas um entediante mas valioso "carro econômico". Para alcançar o nível de eficiência desejado, os automóveis precisam ter uma arquitetura que, apoiando-se no DNA que apresentamos, desloque o máximo de volume possível do veículo em movimento para a infraestrutura fixa e aproveite a possibilidade de miniaturizar e tornar mais leves os equipamentos, utilizando programas mais rápidos quando for possível e combinando sistemas para eliminar redundâncias. Como vimos, os elementos-chave dessa nova arquitetura serão a eletrificação e a conectividade. Há várias oportunidades de introduzir novos materiais e detalhes. Os automóveis com a nova arquitetura podem ter muito menos material e superfície externa. Assim, o emprego de materiais mais leves e de alto desempenho, ainda que mais caros, torna-se viável. As placas de metal pintadas não são mais um fato consumado.

Uma arquitetura como a que propomos cria oportunidades para os novos projetistas. Quando os produtos são altamente desenvolvidos, regulados e comercializados em condições de competição acirrada de preços – como acontece hoje com os carros comuns –, as chances de apresentar grandes inovações de design são limitadas. Criar um lindo design exige sutileza e talento, mas ele em geral não passa de uma variação de tipos bem definidos e estabelecidos. Porém, quando surge uma arquitetura radicalmente nova, sempre há espaço para explorar soluções tecnológicas e formas inovadoras. Com a reinvenção do DNA do automóvel, são criadas as condições para um renascimento do design do automóvel.

O conceito do chassi-skate elétrico

Uma característica essencial à nova arquitetura que propomos é o chassi-skate elétrico, decorrente da eliminação do motor e dos sistemas de transmissão tradicionais e de uma nova maneira de acondicionar baterias e células a combustível de hidrogênio.

O automóvel substituiu os cavalos da carruagem por um tanque de combustível e um sistema de transmissão mecânico, e as rédeas por controles mecânicos e hidráulicos. Atualmente, os veículos elétricos híbridos ou a bateria mudaram a forma de propulsão, mas mantêm basicamente a mesma arquitetura. Embora assim se mantenham baixos os custos de desenvolvimento e fabricação, o resultado final é que os automóveis parecem todos bastante iguais, diferenciando-se entre si apenas no que diz respeito à quantidade de combustível consumida e à quantidade de poluentes que saem pelo escapamento. Até mesmo os veículos que já nasceram elétricos, como o EV1, da General Motors, adotaram o mesmo DNA básico dos carros convencionais, com compartimento dianteiro (motor), painel, pedais de freio e volante, bancos fixos, freios e direção hidráulicos, etc.

Em um futuro próximo, quando as baterias e as células a combustível de hidrogênio substituírem o motor a gasolina, os fabricantes de carros desenharão veículos a partir desses equipamentos eletroquímicos (assim como os veículos de hoje foram projetados a partir de um motor que remete à época dos cavalos e das carruagens). O que isso quer dizer na prática?

A tração elétrica dá mais liberdade aos projetistas porque, se comparada aos motores de combustão, proporciona mais flexibilidade no desenho das baterias e das células a combustível. Por exemplo, eles podem projetá-las na forma de cilindros ou caixas (uma "maleta" ou um retângulo longo, talvez), e essa flexibilidade dá mais opções aos engenheiros e aos projetistas de colocá-las no melhor lugar para aperfeiçoar o estilo do carro e todos os aspectos de seu desempenho. Se esses equipamentos eletroquímicos forem montados sob o chão do veículo, os projetistas podem criar uma base plana, como uma prancha de skate, que ofereça uma superfície limpa para o design externo, já que qualquer forma acima do chassi rolante passa a ser possível, como mencionado na figura 2.11. A supressão do motor e de seu compartimento permite imaginar novas formas e proporções. Ao colocar o sistema de propulsão totalmente dentro da estrutura do chassi, pode-se fazer com que o motorista fique sentado como nos carros do tipo SUV, enquanto desfruta de uma segurança que em geral se encontra em veículos com centro de gravidade muito mais baixo.

O conceito "AUTOnomy", da General Motors, incorporou a eletrificação e o chassi-skate, mas manteve a configuração convencional de quatro rodas. O chassi-skate pode ser usado com outras configurações de rodas, como em veículos de três rodas ou de duas rodas em tandem (alinhadas uma atrás da outra) – as bicicletas e as motonetas são um exemplo. Ele também torna possíveis novas características, como mecanismos para "dobrar" o carro (figura 2.12).

Os automóveis com chassi-skate eletrônico dispensam a coluna de direção mecânica e os sistemas de freio hidráulico convencionais, que obrigam os veículos atuais a ter um local determinado para o volante e os pedais (ou uma interface homem-máquina, para utilizar o jargão técnico), em um design interno que pouco mudou nos últimos cem anos. Por outro lado, os sistemas eletrônicos podem ser facilmente interligados, da mesma maneira que os cabos de um computador ou televisão. Isso pode tornar mais fácil combinar os controles do motorista com a personalização do design. Em outros termos, se um veículo evoca um avião a jato, então talvez seja desejável uma maneira de acelerar empurrando o volante e de frear puxando-o de encontro ao peito. Generalizando, o motorista de um carro esportivo pode querer uma maneira de dirigir, frear e acelerar diferente daquela do proprietário de um veículo mais luxuoso e conservador. Até agora não era fácil concretizar essa ideia, mas com os sistemas eletrônicos isso vai mudar.

A outra vantagem do chassi-skate eletrônico é o conforto do passageiro. Na maior parte dos veículos atuais, os bancos de trás têm pouco espaço para as pernas, enquanto o motorista fica confinado, porque seu pé direito fica "preso" aos pedais, o volante está posicionado na frente de sua barriga e sua cabeça quase encosta no teto. Os sistemas eletrônicos podem eliminar os pedais e permitir controles manuais, de forma que as

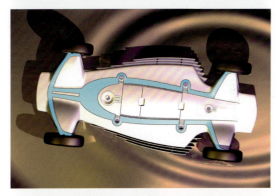

Figura 2.11
A carroceria e o chassi-skate do AUTOnomy.

O novo DNA do automóvel 45

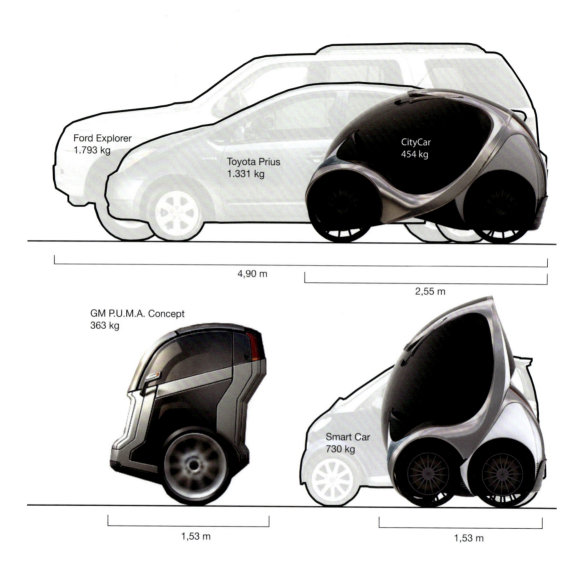

Figura 2.12
O veículo pode ser "dobrado".

pernas possam ser estendidas e movimentadas livremente. A supressão do compartimento do motor pode aumentar o espaço interno e o lugar para as pernas entre os bancos.

Como nessas configurações o motorista não precisa olhar para um painel de instrumentos ou o compartimento do motor, e porque as pernas não precisam ficar praticamente na posição vertical (já que não há pedal de freio), ele vai poder reclinar mais o banco. Os assentos reclináveis permitirão abaixar a altura dos carros e criar designs mais aerodinâmicos e formas bem arrojadas. Todas essas ideias, junto com uma coluna do volante que pode se mover do lado esquerdo para o direito (com possibilidade de direção à esquerda e à direita) foram implantadas no Hy-wire, veículo apresentado durante o Salão do Automóvel de Paris de 2002 (figura 2.13). Esse veículo, o primeiro carro de passeio a associar tração elétrica com chassi-skate eletrônico, demonstrou amplamente que há potencial para repensar o espaço interno do automóvel.

Embora o chassi-skate elétrico possibilite imensa flexibilidade na estilização da carroceria do veículo, os controles eletrônicos podem oferecer ainda mais. A redução do número de conexões entre o interior e o chassi rolante permite que se troquem as carrocerias de um mesmo veículo, o que facilita as melhorias e as reconfigurações.

Quando os automóveis com chassi-skate não precisarem mais ser projetados para resistir a colisões em alta velocidade, haverá a possibilidade de se repensar a estrutura, a superfície e o envidraçamento. A carroceria poderá ser construída a partir de uma estrutura de metal ou poderá ser um

Figura 2.13
A configuração interna do Hy-wire, mostrando o controle a partir do assento esquerdo e do direito.

exosqueleto combinado com um painel mais leve de policarbono, por exemplo, em vez de folhas de metal e vidro. Esse painel poderá ser colorido ou de vidro poroso para reduzir a transmissão de luz e calor, e também adaptar-se às condições externas por meio de sensores e LEDs, um material fotocromático que escurece de acordo com a luminosidade do sol e um material eletrocromático com transparência digitalmente controlável. Isso resultará na redução da necessidade de sistemas de aquecimento e refrigeração da cabine e levará à futura redução do volume do automóvel.

No interior da cabine, equipamentos de segurança como airbags, superfícies internas acolchoadas e bancos fixados no chão poderiam ser simplificados ou eliminados, permitindo futura redução de peso. Os bancos poderiam ser muito mais leves, e o painel poderia ser diminuído ou até eliminado. O sistema de ar-condicionado poderia ser significativamente menor e mais eficiente porque não precisaria refrigerar um ambiente interno tão amplo e volumoso quanto o dos automóveis convencionais.

Maneiras diferentes de entrar e sair

A arquitetura básica de um automóvel determina como as pessoas entram e saem dele. Pode-se entrar em um carro padrão dos dois lados. Mas não se pode sair pela frente por causa do motor. Mesmo nos carros com motor traseiro, normalmente não se pode entrar pela frente porque o volante e o painel ocupam o espaço – a não ser por algumas raras exceções, como o Isetta. Outra possibilidade, raramente encontrada em carros de passageiros por razões óbvias, é entrar pela parte de cima, como nos aviões de caça ou nos cockpits dos carros de corrida. A configuração padrão permite estacionar com a parte dianteira contra a parede, mas exige que os acessos laterais e traseiro estejam livres. Ela autoriza também o estacionamento paralelo à calçada, mas com a desvantagem de que as portas do lado do motorista abrem para a rua – de forma que os passageiros, ao saírem, devem ficar atentos ao fluxo de carros e bicicletas.

Como não têm motor central e podem substituir os volantes e painéis tradicionais por equipamentos eletrônicos menos obstrutivos, os futuros automóveis permitirão a entrada e a saída pelos quatro lados. Entretanto, essa solução aumentaria a complexidade, o custo e a necessidade de espaço.

Uma solução mais atraente consiste em associar a entrada ou a saída frontal dos passageiros com a entrada ou saída traseira da bagagem – e dos próprios passageiros em situações de emergência –, como se vê na figura 2.14. Nas ruas, graças à diminuição do comprimento e ao aumento da maneabilidade, os carros poderão estacionar com a parte dianteira contra a calçada. O espaço lateral poderá ser mínimo. Assim, mais do que o triplo de carros poderá ser estacionado diante de uma calçada sem que seja preciso aumentar o tamanho da área de estacionamento. A comodidade e a segurança também serão aprimoradas, já que o motorista poderá descer diretamente na calçada. No caso de garagens e estacionamentos particulares, os veículos poderão estacionar com a frente para a passagem de pedestres ou poderão girar o carro e estacioná-lo de ré, para minimizar o espaço de estacionamento.

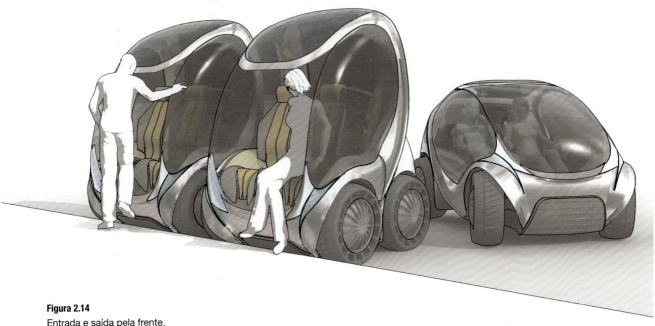

Figura 2.14
Entrada e saída pela frente.

O novo DNA do automóvel

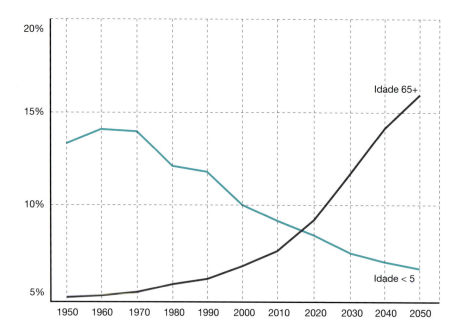

Figura 2.15
O envelhecimento da população mundial.

Entrar e sair do carro pela frente deveria ser uma experiência muito mais fácil do que entrar em um carro sedã. Isso é particularmente importante para os idosos, ou seja, para um número cada vez maior de pessoas, já que a população mundial está envelhecendo. Em 2025, mais de um terço dos japoneses terão mais de 60 anos, e haverá 290 milhões de pessoas na China com mais de 60 anos – quase o mesmo número que a atual população dos Estados Unidos. Na próxima década, o número de pessoas com 65 anos ou mais deverá ultrapassar o número de pessoas com menos de 5 anos pela primeira vez na história, como mostra a figura 2.15. Os motoristas mais idosos também apreciarão a independência que os veículos autônomos poderão lhes dar.

Não há mais motivo para que a tração mecânica dite a maneira como entramos e saímos dos carros. Em vez disso, podemos desenvolver sistemas para entrar e sair com base na ergonomia e no design urbanístico.

Resumo: a reinvenção do automóvel

Durante os cem primeiros anos, o automóvel fez mais do que revolucionar o transporte; traçou também os contornos da nossa sociedade. Em seu segundo centenário, mesmo que modelemos nossos veículos às exigências da sociedade, eles continuarão dirigindo o futuro. Com a eletrificação e a conectividade, haverá a oportunidade de criar carros "urbanos" para os moradores das cidades, veículos autônomos para todas as idades e veículos eficientes e limpos, que reduzam drasticamente os problemas de energia, meio ambiente e engarrafamento. O novo DNA permitirá a transformação dos automóveis em nós interligados em redes de transporte, sociais, de poder e informação que trarão novas opções e oportunidades de negócios, dando impulso ao crescimento econômico sustentável no mundo todo.

Assim como na revolução digital, a revolução da mobilidade pessoal será realizada por meio da convergência de um conjunto de novas tecnologias, e não por uma única solução tecnológica. E assim como a internet não favorece nenhum fabricante de PC em relação aos demais, embora torne todos os computadores mais funcionais, o mesmo acontecerá com o futuro sistema de mobilidade. O novo DNA do automóvel, integrado a esse sistema, tornará mais prático, agradável e compensador para todos dirigir esses veículos.

O novo DNA terá um incrível potencial comercial porque vai oferecer a oportunidade de dirigir automóveis inovadores – inteligentes, atraentes, sensíveis e prazerosos. Eles serão mais simples e terão menos peças, o que os tornará mais acessíveis que os carros e caminhões atuais. E serão mais seguros, limpos e eficientes energeticamente.

A internet da mobilidade

Há mais de meio século o ato de aprender a guiar um automóvel é considerado um rito de passagem. Ele simboliza a descoberta da liberdade das pessoas de ir aonde quiserem, quando quiserem e com quem quiserem. Nos últimos anos, outro produto de consumo alcançou status semelhante: o telefone celular. Os pré-adolescentes o desejam pelos mesmos motivos que, depois, os levam a querer um carro: a oportunidade de se conectar com os amigos a qualquer momento e em qualquer lugar.

Embora a convergência das tecnologias de telecomunicação (como os novos telefones celulares, os assistentes digitais pessoais, o sistema de navegação GPS, os tocadores de MP3, etc.) esteja bem adiantada e proporcione níveis de conectividade nunca antes vistos, existe ainda uma importante lacuna, que se torna crítica ao volante de um carro. Ironicamente, mesmo quando a conectividade onipresente do telefone celular se junta à liberdade de locomoção garantida pelo automóvel, ainda *falta* algo, porque o telefone celular distrai os motoristas e aumenta a probabilidade de acidentes. Entretanto, as restrições legais ao uso do celular (como as leis que proíbem a troca de mensagens de texto ou as chamadas pelo fone de ouvido) acabam sendo impopulares porque limitam nossa liberdade de fazer o que queremos, quando queremos. A extensão da internet aos automóveis inteligentes poderá corrigir essa situação (e outros problemas e limitações atuais): os veículos e seus ocupantes se conectariam de maneira segura e eficiente uns com os outros, com a infraestrutura viária e com os servidores.

Vamos chamar a isso de internet da mobilidade. Assim como a internet que conhecemos hoje, ela transmitirá grande quantidade de dados em tempo real por amplas áreas, mas coordenará também os movimentos das pessoas, dos veículos e dos objetos. Os veículos se tornarão nós da rede sobre rodas; eles vão coletar, processar, utilizar e transmitir informações relativas às suas funções individuais, assim como as do sistema de mobilidade como um todo; e serão eficientemente direcionados de um lugar para outro, assim como os arquivos de dados que transitam pela internet.

Existem vários precursores da internet da mobilidade. Navios, aviões e automóveis foram os primeiros a se beneficiar da tecnologia sem fio – seja ela apenas transmissora ou transmissora e receptora. O telefone celular logo encontrou seu lugar no automóvel. O sistema de navegação GPS depende de conexão sem fio com satélites. Os sistemas de pedágio eletrônico utilizam transponders e leitores digitais. Um sistema como o OnStar, da GM, proporciona segurança, resposta em caso de emergência, diagnóstico e outros serviços por uma conexão sem fio com a central de serviços. Mas esses recursos não passam de acessórios em automóveis que foram projetados independentemente deles e podem funcionar muito bem sem eles. Assim como a internet se tornou absolutamente comum, a internet da mobilidade vai se tornar o mecanismo de entrega unificada de dados e serviços que antes viviam separados. O design dos veículos vai se apropriar e depender dessa inteligência associada com a sofisticada conectividade móvel. Todos esses recursos facilitarão a integração dos automóveis a uma rede urbana de controle e processamento de dados. Essa rede poderá administrar eficientemente o trânsito, a segurança, o estacionamento, as frotas de veículos e o abastecimento de energia.

A internet da mobilidade apresenta dois aspectos distintos, porém interligados: uma rede de controle e processamento de dados para os veículos e redes sociais para seus ocupantes. Vamos analisá-los em seguida.

Rede de controle e processamento de dados

Existem vários desafios tecnológicos na implantação de uma rede de controle e processamento de dados para automóveis e sistemas de mobilidade pessoal, mas soluções tecnológicas efetivas estão aparecendo e convergindo.

O primeiro e mais óbvio desafio é fornecer conexão rápida e segura o bastante para o grande número de automóveis que circula em pontos geográficos dispersos. Uma possibilidade é utilizar as redes de telefonia celular, mas essa solução é cara em larga escala. Outra possibilidade, que surgiu mais recentemente, é a criação em toda a cidade de uma rede à qual os veículos em movimento possam conectar-se entre si aproveitando os pontos de conexão sem fio situados em prédios ou infraestruturas fixas.[1] Esse tipo de conexão é transitória e intermitente, mas não é cara, pode fornecer banda larga e ser administrada com protocolos e softwares apropriados.

O segundo maior desafio é o do dimensionamento. Tecnicamente, trata-se de conectar diretamente alguns veículos e coletar seus dados, mas o ambiente urbano moderno pode conter milhões de veículos, telefones celulares inteligentes e sensores de estacionamento. Potencialmente, todos podem ser utilizados para coletar dados sobre o movimento de carros e de pedestres, a situação das ruas, as condições meteorológicas, etc. O resultado é um enorme fluxo de dados – bilhões de leituras de sensores com menção da hora e da localização – que devem ser enviados para servidores, inseridos em bases de dados, consultados, processados e respondidos em tempo real. Os procedimentos padrão das bases de dados não estão preparados para essa tarefa.

O terceiro desafio diz respeito à distribuição maciça de dados. Os veículos recebem, processam e trabalham com dados coletados dos sensores, de outros veículos e de servidores distantes. Simultaneamente, os servidores recebem dados de veículos dispersos, processam-nos e enviam sinais de volta para os veículos. A tudo isso deve ser acrescentado um sistema de controle em tempo real eficiente e efetivo para os sistemas de mobilidade pessoal. Como veremos adiante (especialmente no capítulo 8), esses sistemas podem se mostrar muito eficientes ao atenuar o tráfego e regular a oferta e a procura de espaço nas ruas, de vagas de estacionamentos, de veículos e de eletricidade.

Finalmente, existe o desafio de realizar tudo isso preservando a liberdade de ir e vir. Os motoristas desejam os benefícios da rede de controle e processamento de dados, mas não querem abrir mão de sua privacidade. Felizmente, isso não deverá ser necessário. Se essa rede incorporar protocolos criptográficos apropriados, deverá ser capaz de cumprir suas funções sem violar a liberdade de movimento.

Tempo de viagem e congestionamentos

A necessidade da rede de controle e processamento de dados existe principalmente porque os veículos não operam isolados uns dos outros (o veículo solitário em uma rua é um caso muito raro). Em geral, eles formam fluxos. Além do mais, esses fluxos se cruzam, se subdividem e se juntam de forma complexa. Em condições ideais, os fluxos de veículos correm de maneira tranquila, mas quando o volume de carros alcança a capacidade máxima das ruas ou quando há um bloqueio, eles apresentam um comportamento caótico e instável, com várias paradas e partidas, momentos de redução da velocidade e engarrafamentos.

O problema de manter distância e velocidade ótimas é difícil de resolver se deixado sob a responsabilidade dos motoristas, porque o ser humano tem capacidade limitada de processar informações, pode facilmente se distrair e reage de maneira psicologicamente complexa ou até irracional. O problema se torna ainda maior com as exigências criadas por situações como mudar de faixa, entrar numa rua, aproximar-se de cruzamentos e reagir a obstruções inesperadas.

Estudos detalhados do trânsito mostraram que até pequenas variações e interrupções, em especial quando multiplicadas em caso de trânsito intenso, podem propagar ondas que refluem por quilômetros. E quando os engarrafamentos começam a se formar, tendem a piorar quando muitos carros procuram escapar por ruas pequenas demais. Esse caos gera perda de tempo, de espaço e de energia. E é perigoso, pois provoca acidentes, ferimentos e mortes.

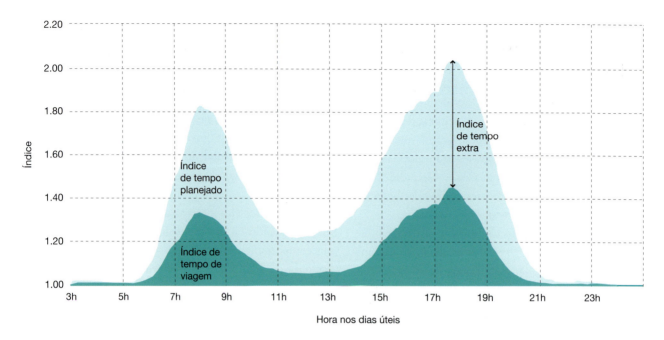

Figura 3.1
Previsão de tempo "extra" de viagem.

Os congestionamentos são um fardo tanto pelo tempo extra de viagem quanto pela imprevisibilidade de sua duração, o que quer dizer que costuma-se reservar mais tempo do que o normal para qualquer trajeto. Como mostra a figura 3.1, ao trafegar nos horários de pico, as pessoas costumam prever o dobro do tempo que o mesmo percurso levaria em condições normais de trânsito, enquanto, estatisticamente, apenas 50% de tempo de percurso a mais deveria ser previsto nessas condições.

A coreografia das autoestradas

Será que a rede de controle e processamento de dados pode cuidar das causas dos congestionamentos de forma que o trânsito seja administrado com mais eficiência e os acidentes sejam evitados ou eliminados? Pode ela ser utilizada para otimizar o tráfego de modo a reduzir esse tipo de variação e desgaste? A estratégia mais eficiente consiste em utilizar equipamentos eletrônicos e softwares e seguir o exemplo dos enxames de formigas, dos rebanhos de carneiros ou até dos pedestres em um cruzamento.

O cruzamento de Shibuya, em Tóquio, deve ser o mais movimentada do mundo em matéria de pedestres, mas é raro que as pessoas colidam ao atravessá-lo, mesmo que a multidão seja tão grande que cubra toda a superfície da rua. Em três dimensões, pode-se também admirar a maneira como os gafanhotos conseguem formar enxames sem bater uns nos outros. O que esses exemplos mostram é que, na natureza, a capacidade de sentir, processar e agir existe para prevenir os acidentes que habitualmente acontecem com os veículos.

Os veículos do futuro vão se aproximar do que a natureza realiza e de maneira análoga, graças a um maior poder de compreensão, de bandas de comunicação e processamento aumentadas e mais precisas. As ruas e as estradas serão eletronicamente coreografadas graças ao uso de sistemas GPS muito mais precisos e outras tecnologias de localização, sensores nos veículos e comunicação sem fio.

Faixas reservadas aos veículos inteligentes

Mas será possível alcançar esse nível de coordenação apenas criando veículos mais inteligentes? O que aconteceria se um Corvette dos anos 1950 surgisse no meio dos veículos do futuro? O que aconteceria quando houvesse gelo na pista? Ou se uma criança aparecesse do nada no meio da rua?

Esses cenários, assim como vários outros, justificam que haja tipos distintos de tráfego, pelo menos por um curto período (figura 3.2). Autoridades do mundo todo estão cada vez mais cientes disso e vêm criando faixas especiais, às vezes protegidas, para dar aos ciclistas mais segurança em relação aos automóveis. Faixas especiais também podem ser destinadas aos automóveis (HOV – High Occupancy Vehicle[2], ou HOT – High Occupancy Toll[3]), ou aos ônibus (BRT – Bus Rapid Transit[4]). A cidade planejada de Masdar, em Abu Dabi, está indo ainda mais longe e incorporando uma rede projetada especificamente para o PRT (Personal Rapid Transit[5]). Entretanto, as vantagens da separação do tráfego devem ser confrontadas com as desvantagens, pois as faixas exclusivas demandam ruas mais amplas – o que nem sempre é possível – e criam complexidade nos cruzamentos.

Figura 3.2
Via urbana com separação para pedestres,
bicicletas e veículos leves, carros e ônibus.

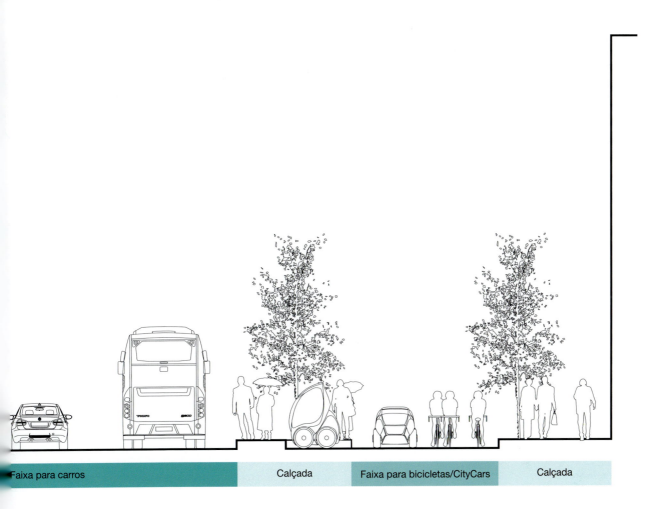

A internet da mobilidade

Nos locais em que existem faixas e zonas exclusivas, os veículos inteligentes poderiam identificar-se eletronicamente e ser autenticados antes de acessá-las. Seriam então protegidos dos outros usuários por barreiras físicas. Essas faixas não somente forneceriam mais ambientes controlados, como também uma infraestrutura eletrônica especializada e até faixas de recarregamento (ver capítulo 6). Com o decorrer do tempo, a porcentagem de carros inteligentes nas ruas aumentaria, assim como o número de faixas a eles reservadas, enquanto aquelas reservadas aos veículos convencionais diminuiria proporcionalmente.

Sistemas de alerta

Caso sistemas de comunicação e sensores sejam instalados em pontos-chave ao longo da rua, como nos cruzamentos ou em locais que exijam mais atenção – trechos de pista com gelo ou molhada, por exemplo –, muitos acidentes poderão ser evitados. Nos Estados Unidos, estima-se que a economia sofra um impacto de US$ 3 bilhões por ano apenas porque alguns motoristas distraídos ignoram o sinal vermelho e causam acidentes. Esse tipo de colisão pode ser evitada se o cruzamento, como mostrado na figura 3.3, enviar um sinal ao veículo e alertar o motorista de forma clara de que o semáforo está fechado (ou que a parada é obrigatória) cerca de 200 m antes do cruzamento. Se o motorista ignorar a informação e seguir em frente, então um alarme sonoro pode ser emitido para que ele tenha tempo suficiente de acionar o freio de emergência.

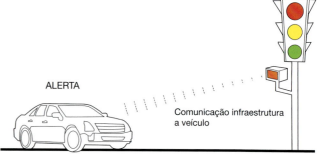

Equipamento de bordo alerta o motorista em caso de desrespeito à sinalização.

Figura 3.3
A comunicação infraestrutura a veículo (I2V) pode melhorar a segurança nas ruas.

Os mesmos transponders que se encontrariam nos cruzamentos e dentro dos veículos também poderiam ser vendidos diretamente para pedestres, ciclistas e motociclistas. Como já dissemos, eles têm o tamanho de um telefone celular e podem sinalizar sua presença a veículos por meio de comunicação sem fio, evitando acidentes ou reduzindo sua gravidade. Isso pode diminuir de maneira significativa o número de mortes no trânsito, porque, como mostra a figura 3.4, a maior parte das vítimas desse tipo de acidente são usuários vulneráveis da via (pedestres, ciclistas e motociclistas).

Serviços baseados na localização

A rede de controle e processamento de dados também pode fornecer muitos serviços valiosos

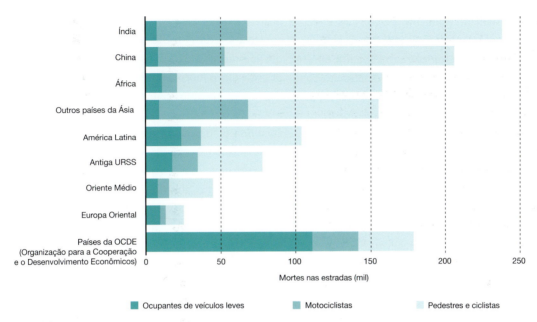

Figura 3.4
Mortes no trânsito em diferentes países e regiões.

baseados na localização, como facilitar a busca de uma vaga de estacionamento. Sensores instalados nos estacionamentos podem monitorar as vagas disponíveis e enviar essa informação aos veículos que circulam nos arredores. Assim, não apenas se reduziria a frustração do motorista, como se poupariam tempo e energia. Além disso, tirando rapidamente das ruas os veículos que procuram uma vaga para estacionar, os congestionamentos seriam reduzidos. Como veremos no capítulo 8, essa solução proporcionaria um sistema sofisticado de alocação e cobrança de vagas de estacionamento.

Diferentes tipos de sensores nas ruas e estradas podem monitorar o volume do trânsito e fornecer uma base para reduzir os engarrafamentos com um mecanismo de tarifação dinâmica das vias, que será analisado a fundo no capítulo 8. (Essas informações também podem ser obtidas com sistemas de navegação por GPS nos veículos.)

A rede de controle e processamento de dados pode também proporcionar uma nova abordagem, potencialmente mais justa, para os seguros de automóveis: com a devida proteção de privacidade, os valores podem ser calculados a partir do rastreamento das distâncias realmente percorridas e do comportamento dos motoristas. Por outro lado, e de forma mais controversa, esse rastreamento também pode permitir que se detecte o desrespeito ao limite de velocidade, ao sinal de trânsito, etc. e que se apliquem as devidas multas automaticamente (o que já existe em muitos lugares).

A integração eletrônica de diferentes sistemas de mobilidade pode trazer ainda outros benefícios. Ela poderia, por exemplo, tornar o sistema de transporte público mais eficiente, facilitando o planejamento das viagens e a coordenação dos meios de transporte utilizados. Assim, quem utiliza o trem para ir ao trabalho e tem de ir até a estação de carro pode ser informado das condições do trânsito ou de possíveis atrasos dos trens de maneira a adequar seu trajeto, melhorar a administração do tempo e reduzir o estresse.

De volta à inteligência do cavalo

No capítulo 2, vimos que o novo DNA levaria os carros a se distanciarem da arquitetura cavalo e carruagem e do cavalo-vapor como unidade de medida. Entretanto, pode-se dizer que o automóvel reinventado mantém uma ligação com a época dos cavalos e das carruagens, e ela diz respeito à inteligência do animal.

Os filmes de faroeste, nos quais o caubói chama seu cavalo, pula em cima dele e é levado para onde quer, mesmo que dormindo sobre a sela, dá uma boa ideia do que perdemos com o surgimento do automóvel. No século XX, o motorista tinha que ir até o veículo para entrar nele, e depois tinha de controlá-lo e dirigi-lo até seu destino. O novo DNA do automóvel inclui a condução autônoma, que permite que o motorista chame o veículo estacionado para vir buscá-lo. Como acontecia com o cavalo, o veículo poderá, sozinho, transportar o motorista até o destino desejado e depois estacionar.

Com frequência, esquecemos o tempo perdido para procurar uma vaga de estacionamento e, depois, para voltar até o lugar onde o carro foi deixado.[6] Alguns estudos estimam o tempo médio de procura em oito minutos em ambientes urbanos densos. Isso contribui para o aumento do tempo de percurso porta a porta quando se utiliza o carro, fazendo do BRT uma opção mais rápida, principalmente em percursos de mais de 8 km (figura 3.5). Além do mais, uma proporção significativa do combustível consumido em congestionamentos urbanos é gasta na procura de uma vaga para parar o carro. Conectividade (saber onde está a vaga livre mais próxima) e estacionamento automatizado (o veículo vai sozinho até a vaga) poderão ser associados para poupar tempo e energia, trazendo benefícios pessoais e sociais e ajudando a acelerar a comercialização desses veículos.

Customização eletrônica

A vida parece suspensa quando se está dirigindo. É o que muitas pessoas sentem ao perder tempo atrás do volante. Obviamente isso não vale para todos – e nem o tempo todo. No entanto, à medida que os congestionamentos pioram e que as obras

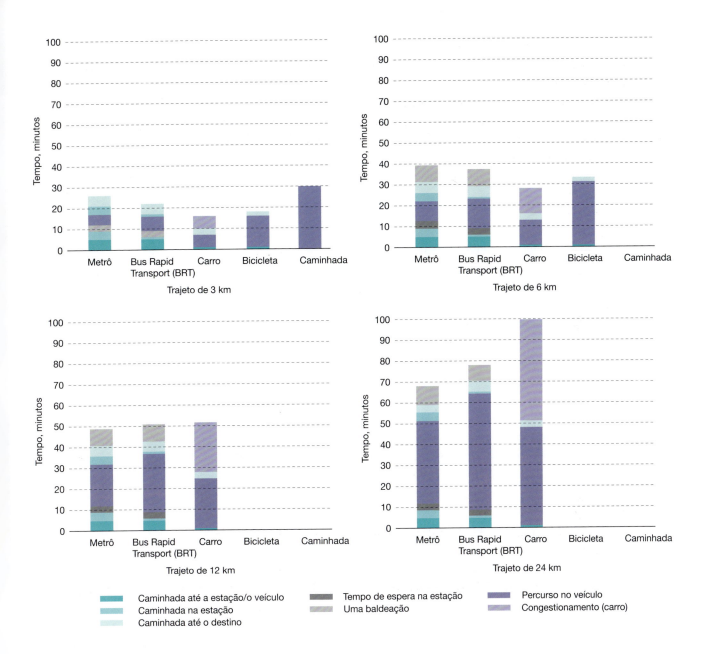

Figura 3.5
Simulação de tempo porta a porta para vários tipos de transporte.

viárias parecem uma constante, a diversão associada ao fato de dirigir um automóvel vem diminuindo. Muitos jovens apreciam a liberdade de movimento, mas um número cada vez menor se anima com a experiência de dirigir um carro. A venda de veículos no Japão diminui à medida que a população envelhece, e os jovens demonstram pouco entusiasmo com a compra de um produto que passa a maior parte do tempo parado ou se arrastando no trânsito. O que se pode fazer para melhorar a experiência de dirigir? Talvez seja mais importante, no contexto da operação autônoma, perguntar o que se pode fazer para melhorar a experiência do passeio.

A conectividade e a inteligência podem não somente melhorar a percepção do veículo do ambiente externo, ajudar a otimizar o trânsito e reduzir o tempo de percurso, mas também a melhorar a interação do motorista e do passageiro com o veículo por meio de uma customização eletrônica. Hoje, o telefone com Bluetooth pode ser utilizado no carro com fone de ouvido, mas em um futuro próximo o motorista poderá aproveitar melhor o sistema de controle sem fio e fazer o download da regulagem dos equipamentos do carro em um equipamento portátil – uma "superchave". Assim, quando o motorista se aproximar do automóvel, essa configuração personalizada, como a posição do banco ou do espelho, poderá ser ativada. (Tal possibilidade poderia ser estendida à faculdade de estacionar automaticamente.) O chassi eletrônico permite que o motorista selecione o nível de sensibilidade do freio e do volante, ao passo que o veículo elétrico pode ser regulado para otimizar o desempenho, economizar combustível e até oferecer sons e toques personalizados. A pré-regulagem da temperatura da cabine enquanto o veículo está sendo recarregado poderia ajudar a poupar a potência e a duração da bateria.

A vida integrada dentro e fora do veículo

A superchave também poderia ajustar a iluminação interna e programar a música predileta, o rádio ou o vídeo antes de o motorista entrar no veículo. E isso nos leva a questões óbvias, como:

- Para que pagar duas vezes pelos mesmos equipamentos (leitor de DVD no veículo e em casa)?
- Para que carregar um tocador de MP3, uma chave eletrônica ou um celular no veículo?
- Para que lidar com o inconveniente de trazer coisas de fora para dentro do carro (por exemplo, imprimir mapas de ruas em casa)?

É possível poupar dinheiro e tempo integrando permanentemente a conectividade dentro e fora do veículo. No futuro, a superchave poderá ser acoplada no espaço interno do automóvel e permitir, além da navegação, que se ouçam música e rádio, que se vejam filmes e que se acesse a internet, conforme as necessidades e o gosto do condutor.

Além do mais, a conectividade complementará a mobilidade ao reduzir sua necessidade. Um dos exemplos se encontra na procura, em geral ineficiente, de uma vaga de estacionamento: graças à conectividade, o motorista poderá se informar sobre as vagas disponíveis. Outra situação comum é o motorista dirigir até uma loja e descobrir que ela está fechada ou que o produto desejado acabou. A conectividade dentro do veículo permitiria reduzir as viagens inúteis, assim como o computador já ajuda as pessoas a fazer compras sem sair de casa.

Novas experiências a bordo

No futuro, com a condução autônoma (apresentada no capítulo 2), os usuários de automóveis poderão escolher entre dirigir ou passear. As duas experiências serão aprimoradas. Se o motorista escolher "segurar o volante", experimentará um veículo com muito torque em velocidade baixa, capaz de acelerar como um jato. Com motores nas rodas, o veículo poderá andar de lado, mudar de direção em pouco espaço e, em um cruzamento, virar bruscamente no último momento – as manobras atuais para sair de uma vaga serão coisa do passado (ver mais a esse respeito no capítulo 4). A sensibilidade do freio e do volante podem ser personalizadas segundo as preferências do motorista e das condições da via, de maneira que, por exemplo, as vibrações através da coluna de direção sejam eliminadas quando o veículo passar em uma rua esburacada. Da mesma maneira que as pessoas pagam para baixar toques personalizados no telefone celular, será possível personalizar os sons do carro elétrico, já que não haverá ruído de motor para interferir.

E se o motorista escolher o modo "piloto automático"? Desde que o ambiente de operação do veículo tenha sido preparado adequadamente, isso será possível. Lembre-se da superchave acoplada dentro do carro, trazendo informações e diversão. Quando o motorista estiver dirigindo, dados como distância até o destino, velocidade, localização dos pontos de recarregamento mais próximos e assim por diante poderão ser exibidos. Quando o "motorista" estiver passeando, esses dados poderão ser deixados em segundo plano, de modo que outras informações sejam exibidas. Se o "motorista" quiser relaxar, poderá navegar na internet, ver um filme ou uma gravação de um programa de TV. Se preferir, poderá usar o tempo da viagem para telefonar para alguns colegas ou fazer alterações de última hora em uma apresentação prevista para a mesma manhã. Ou comer um lanche e recuperar o sono atrasado. Seria como andar de táxi – exceto pelo fato de não haver um taxista.

A figura 3.6 ilustra algumas experiências possíveis com a condução autônoma. À esquerda, o controle está diante do banco esquerdo. No centro, o

Figura 3.6
Novas formas possíveis de dirigir graças à condução autônoma.
Os controles mudam da esquerda para a direita conforme necessário.

carro é operado sem que o motorista use as mãos. À direita, o controle é feito a partir do banco direito.

Alguns motoristas – os que bebem demais, os que têm deficiências físicas incapacitantes ou aqueles muito idosos, que têm reflexos mais lentos, por exemplo – *não* deveriam pegar no volante. Atualmente, as únicas opções de que dispõem é aceitar suas limitações de mobilidade pessoal ou dirigir a qualquer custo, colocando a própria vida e a de terceiros em risco. Outra vantagem da condução autônoma é, portanto, a extensão segura da mobilidade pessoal para esses motoristas.

Acesso às redes sociais sobre rodas

Do ponto de vista social, o automóvel tradicional é um espaço isolado sobre rodas. Ele permite conversas e interação social em seu interior, mas isola os grupos de viajantes. Em outros termos, ele estrutura de forma rígida e arbitrária os agrupamentos humanos.

Agora, pense em uma família típica, com os pais e dois filhos, e imagine que eles têm uma renda limitada e podem adquirir apenas um veículo. Nessa família, um só adulto pode usufruir do veículo durante a semana, enquanto o outro tem de encontrar maneiras de se locomover (a pé, de bicicleta, pegando carona, táxi, ônibus, trem, etc.). Quem fica com o veículo provavelmente utiliza sozinho um automóvel maior do que precisa, já que ele pode acomodar pelo menos quatro pessoas. Isso se traduz em custo maior de combustível e, talvez, em maior dificuldade para encontrar uma vaga de estacionamento. Um veículo maior e mais pesado representa também uma carga maior para a sociedade, pois ele produz mais gases estufa, consome mais petróleo e cria mais perigos para os usuários mais vulneráveis do sistema viário, como pedestres e ciclistas.

Agora imagine como a internet da mobilidade pode mudar esse cenário. Cada um dos pais vai possuir um pequeno veículo elétrico a bateria, de dois lugares (como descrito no capítulo 4), que, juntos, terão mais ou menos o mesmo custo do carro tradicional. Agora, durante a semana cada um dos pais terá um meio próprio de se locomover até o trabalho, além da possibilidade de dar carona a alguém ou trazer as compras do supermercado. Esses veículos individuais são mais fáceis de estacionar do que os grandes. No fim de semana ou à noite, quando a família quiser sair junta, eles poderão ser conectados em um sistema sem fio e transitar como um comboio, ocupando o espaço similar ao de um grande utilitário, ou SUV (pense em dois veículos muito pequenos separados por uma curta distância). Esses dois veículos serão capazes de viajar juntos, mas poderão "separar-se" em caso de necessidade (diferentemente do esquema atual, em que os quatro membros da família precisam estar juntos em qualquer lugar). E a interação social entre os membros da família? Poderá ser melhorada. Com uma webcam e uma tela em cada veículo, os quatro familiares poderão conversar olho no olho, o que não é possível hoje, já que o motorista precisa olhar para a frente enquanto dirige.

O potencial para conexões espontâneas com qualquer pessoa na rua, ao mesmo tempo, passa a ser ilimitado. Ao circular, você poderá perceber que um amigo está próximo e será capaz de conversar com ele por videoconferência, ou os dois poderão ir juntos a algum lugar. Essa mobilidade é equivalente à das caixas que se abrem na tela do computador para informar que um amigo está on-line.

Resumo: uma revolução do movimento e da interação

Pelo fato de tratarmos o automóvel como um produto isolado, negligenciamos muitos fatores externos associados a ele. Ao contrário da geladeira, por exemplo, que tem um nível determinado de eficiência energética, a eficiência de um veículo depende da proximidade em que se encontra de outros veículos, já que sua eficiência energética será muito maior numa rua livre do que no meio de um congestionamento. A conectividade é a chave para coordenar os movimentos do automóvel e otimizar o fluxo de um grande número de veículos em espaços confinados para reduzir o consumo de energia, a emissão de poluentes, os engarrafamentos e os acidentes.

A conectividade vai valorizar também o bem mais precioso para muitas pessoas – o tempo. Quando os motoristas receberem informações apropriadas e em tempo real sobre o trânsito, por exemplo, poderão reduzir as viagens, tornando-as mais previsíveis e menos estressantes. O valor dessa proposta será ainda maior quando o veículo for capaz de funcionar de maneira autônoma, permitindo que o motorista abra mão do volante para fazer o que bem entender: descansar, trabalhar, relaxar, divertir-se ou acessar redes sociais.

A renovação da infraestrutura de transporte para possibilitar a implantação de uma mobilidade pessoal adequada, eficiente e sustentável no século XXI não é, assim, uma simples questão de consertar ruas e pontes ou de ampliar as faixas de trânsito. Em vez disso, é preciso que alguns novos recursos fundamentais sejam oferecidos – os da internet da mobilidade.

Do ponto de vista comercial, a internet da mobilidade oferece algumas possibilidades interessantes. De certa maneira, os pequenos veículos elétricos inteligentes são mais parecidos com os equipamentos eletrônicos interligados em rede – laptops, telefones inteligentes, iPods – do que os automóveis tradicionais. Eles são pequenos, leves e comparativamente baratos (ainda mais com a possibilidade de serem rentáveis), e contam com softwares e equipamentos eletrônicos de alto nível. Por meio da internet da mobilidade, dão acesso a muitos serviços valiosos, baseados em computador: melhoria do trânsito, eliminação dos acidentes; viagens mais eficientes; estacionamento facilitado; fornecimento de veículos quando e onde necessário (no caso da mobilidade sob demanda, apresentada no capítulo 8); orientação urbana, comentários e anúncios locais, entre outros. Além de possibilitar o acesso a esses serviços básicos de mobilidade, os automóveis elétricos leves conectados à internet da mobilidade poderão – de forma muito parecida com os atuais telefones inteligentes – servir de plataforma para qualquer tipo de aplicativo proposto por desenvolvedores.

Ninguém poderia prever com exatidão as inúmeras utilidades da internet. Do mesmo modo, podemos ter certeza de que as pessoas saberão dar valor à liberdade oferecida pela internet da mobilidade e inventarão novos meios de aproveitá-la para melhorar a vida.

4

A reinvenção do automóvel para uso urbano

Como mostramos antes, o típico automóvel atual é maior e mais pesado do que realmente precisaria ser para prover mobilidade urbana pessoal, e seus recursos são excessivos para essa tarefa. Observamos que ele pesa cerca de vinte vezes mais do que o motorista, pode viajar mais de 480 km sem reabastecer e alcança velocidades superiores a 160 km/h. Ele exige ainda mais de 10 m^2 de espaço para estacionar e fica parado cerca de 90% do tempo.

Todas essas formas de ineficiência e desperdício de oportunidades são assombrosamente ampliadas quando multiplicadas pelo número de veículos em circulação. Apenas nos Estados Unidos, há mais de 250 milhões de carros e caminhões, que percorrem 4,8 trilhões de km por ano em 6,4 milhões de km de estradas e utilizam 170.000 postos de gasolina. Seus motores de combustão interna respondem por cerca de um terço do consumo anual de energia em todo o país.[1]

A ineficiência na utilização dos veículos, porém, é apenas a ponta do *iceberg*. Os automóveis são elementos de complexos sistemas de larga escala, que incluem ruas, estradas, estacionamentos, fornecimento de energia e redes de remoção de detritos, leis, regulamentos e negócios relacionados.

Os múltiplos subsistemas evoluíram em conjunto: os automóveis se adaptaram às formas e às dimensões das ruas, mas estas também se adaptaram aos recursos dos automóveis; eles facilitam a expansão dos subúrbios, que por sua vez cria a demanda por mais automóveis. Essa codependência amplifica determinados impactos negativos dos carros atuais e cria barreiras que precisam ser removidas, mas também promete aumentar proporcionalmente os efeitos positivos das melhorias.

Poderão os veículos elétricos, inteligentes e interligados em rede, utilizando as tecnologias e as estratégias de design que apresentamos, alcançar um equilíbrio maior entre recursos e necessidades? A resposta é positiva. Este capítulo explora os princípios e as características do design desses veículos. Em essência, o automóvel urbano do futuro precisará ser menos SUV (*sport utility vehicle*) e mais USV (*ultra small vehicle*). No capítulo 9, demonstraremos que os minicarros elétricos, baseados nesse conceito, podem trazer benefícios significativos para os consumidores e as sociedades urbanas.

Limitações do design dos veículos atuais para uso urbano

O design de um veículo representa um dilema que implica múltiplas exigências e restrições, traz uma proposta diferente para o consumidor e um impacto distinto sobre o meio ambiente urbano. Isso pode ser visto nas diferenças entre as picapes, os carros crossover, os sedãs e os esportivos. Cada um tem seu nível de utilidade e desempenho, mas todos oferecem operação de longa distância, em alta velocidade, adequada à utilização na cidade. A figura 4.1 mostra uma comparação subjetiva entre vários veículos urbanos, da bicicleta ao automóvel convencional. Até mesmo um pequeno carro elétrico a bateria (com design tradicional) ainda é relativamente pesado e caro, porque tipicamente desenhado para operar também nas estradas, devendo ser capaz de suportar o impacto à velocidade de 56 km/h, rodar a mais de 120 km/h e percorrer cerca de 160 km. Além do mais, um pequeno carro elétrico a bateria, como logo veremos, é em geral duas vezes maior e mais pesado do que seria necessário para uso urbano, o que traz sérias implicações em termos de estacionamento e segurança para os usuários mais vulneráveis do sistema viário.

O veículo elétrico de bairro (NEV)[2] está perto de alcançar um equilíbrio aceitável. Entretanto, ele também tem o DNA do automóvel convencional. O NEV é, de fato, um carro convencional despojado, com tração elétrica. Porém, como opera isoladamente, ele não pode fazer muito para resolver os problemas de segurança e congestionamento. Embora de tamanho reduzido, mede ainda quase o dobro do necessário, o que afeta suas necessidades de estacionamento. Além do mais, ele também deixa de oferecer ao consumidor as vantagens do design baseado no novo DNA – maior maneabilidade, mais prazer ao dirigir, mais facilidade para entrar e sair do veículo, controles sob medida, estacionamento automatizado e conectividade pessoal –, e isso limita seu apelo como produto de massa.

Potencial para um novo tipo de veículo: o minicarro elétrico

Então, com que se parece um minicarro elétrico projetado para o uso urbano?

A primeira consideração diz respeito ao número e à disposição dos bancos. Um único banco ocupa um espaço mínimo, utiliza uma quantia mínima de energia

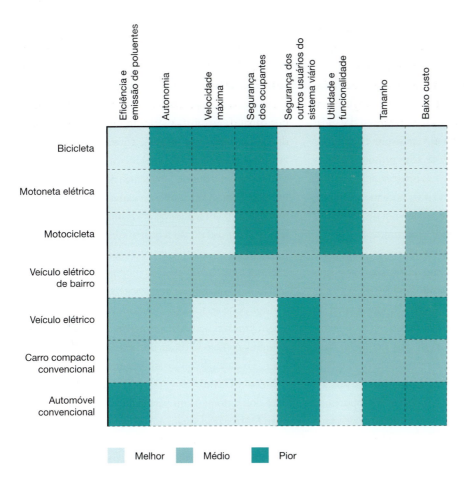

Figura 4.1
Comparação subjetiva entre várias opções de veículos urbanos.

A reinvenção do automóvel para uso urbano

e tem custos mínimos, mas também apresenta utilidade e flexibilidade limitadas. Por outro lado, o acréscimo de três ou quatro bancos exige um veículo maior, que gera as conhecidas questões de volume e custo. Dado que a taxa média de ocupação dos automóveis urbanos fica entre um e dois usuários e que o espaço das cidades é limitado, um bom começo consistiria em projetar veículos com dois bancos. Esse seria provavelmente o "ponto de convergência" entre os interesses urbanísticos e os dos consumidores. Como o ser humano é sociável, os dois bancos poderiam ficar ao lado um do outro para favorecer a interação e facilitar a comunicação.

Embora as bicicletas e as motonetas sejam populares em várias cidades do mundo, existe um desejo universal de possuir um automóvel tão logo ele se torne financeiramente acessível. Não há dúvida alguma de que isso acontece em parte em decorrência do status social conferido pelo automóvel, mas ele possui também alguns atributos funcionais significativos, que as pessoas desejam. Todos gostam de conforto, de privacidade, de sentir-se seguros, e o automóvel proporciona essas vantagens, protegendo seus ocupantes do meio ambiente e dos outros usuários do sistema viário. Os automóveis também propiciam certa flexibilidade de carga ou armazenamento, podendo transportar pessoas a mais ou objetos, como malas ou sacolas de compras.

Ao projetar um veículo urbano, é preciso conservar essas características-chave. Mas isso pode ser feito de um modo muito mais econômico do que os automóveis tradicionais nos acostumaram a esperar. Graças à velocidade média nas cidades (cerca de 30 km/h) e às típicas distâncias nelas percorridas (menos de 40 km por dia), pode-se proceder a uma redução de volume e custo em relação aos veículos tradicionais, capazes de rodar 480 km sem reabastecer e de ultrapassar os 160 km/h. São essas duas exigências que aumentam de forma substancial o custo do veículo (por causa da propulsão e do chassi maiores, mais pesados e mais caros, e também por conta da estrutura da carroceria); e é pela redução dessas exigências que se pode começar a projetar um veículo mais adequado às cidades e a seus moradores.

Começando pelo esquema de dois bancos, é bastante concebível que os veículos pesem menos de 450 kg e tenham menos de 2,5 m de comprimento, ou seja, que tenham de três a quatro vezes menos volume e peso do que os automóveis convencionais. Como projetar um minicarro elétrico de modo que ele ocupe uma área mínima quando estiver estacionado (o que acontece a maior parte do tempo)? Há dois enfoques possíveis (e é bem provável que existam muitos outros): o do carro dobrável, como o CityCar, do Laboratório de Mídia do MIT, e o da estabilização dinâmica, demonstrada com o Projeto P.U.M.A.[3] A despeito das diferenças pontuais, esses dois enfoques compartilham vários elementos do novo DNA e o adequam às aplicações urbanas.

A simplicidade dos veículos elétricos a bateria

Conforme discutido no capítulo 2, o veículo elétrico a bateria é talvez a melhor opção para resolver o problema da mobilidade urbana: nas cidades, a autonomia reduzida e o desempenho modesto são mais aceitáveis, enquanto a ausência de emissão de poluentes e o tamanho reduzido são necessários.

Parafraseando Einstein, "o melhor design é o mais simples que funciona". É realmente alto o grau de simplificação que a bateria pode trazer ao automóvel, em especial nos projetos que nascem do zero. No carro tradicional, a tubulação de combustível conecta o tanque a um grande motor de combustão interno, um sistema de exaustão leva os produtos da combustão até o escapamento, e um sistema mecânico conecta o motor às rodas para fornecer a propulsão. No carro híbrido, o sistema de propulsão é ainda mais complexo, já que, além do tanque de combustível, há baterias e um motor a gasolina e outro elétrico. No veículo elétrico a bateria, boa parte dessa complexidade pode ser eliminada: essencialmente, ele dispõe apenas de baterias, cabos, controles eletrônicos e rodas. E a complexidade remanescente ainda pode ser confinada a um pequeno espaço do veículo, principalmente se os motores elétricos se localizarem nos cubos das rodas.

Ademais, há menos itens para incluir ou trocar de lugar em um veículo elétrico, além de menos tecnologia a ser integrada e administrada. Um carro convencional exige complexos sistemas de reservatórios, tubos, válvulas e bombas para distribuir a gasolina, o óleo, a água, o ar e eliminar os gases, mas o veículo elétrico a bateria substitui a maior parte desses complicados sistemas de distribuição pelos cabos que conectam as baterias às rodas. Isso simplifica o design, a fabricação e a manutenção, reduzindo o volume e o custo de modo geral. Ao final da vida útil do veículo, o desmanche e a reciclagem também serão simplificados.

Neste ponto há uma analogia com a limpeza e a simplificação do design de produtos da segunda metade do século XX, que resultaram do desenvolvimento da tecnologia digital. Até pouco tempo, canais analógicos separados transmitiam a voz, a imagem, o texto e os dados numéricos para diferentes equipamentos – telefones, televisores, etc. Hoje, contudo, os canais digitais transportam bits (pedaços de informação) para equipamentos digitais, que são bastante parecidos por dentro. A revolução digital produziu uma grande convergência tecnológica e simplificou também o design e a fabricação dos produtos, convertendo todas as formas de informação em bits. No começo do século XXI, a conversão de todas as formas de energia em eletricidade terá um efeito similar.

Da perspectiva do design, a liberdade de acabamento proporcionada pelo chassi-skate (sem compartimento para o motor) e pela eliminação dos acidentes (sem zonas de deformação dianteira e traseira) pode ajudar a fabricar veículos muito menores, o que é particularmente prático em lugares onde as vagas de estacionamento são limitadas e caras. É bastante concebível que os futuros carros de dois lugares tenham metade do comprimento dos menores veículos elétricos de bairro atuais (NEVs).

Motores de rodas

Os motores posicionados nas rodas exercem um impacto significativo na arquitetura dos minicarros elétricos. O espaço é bastante crítico em um contexto urbano, e os motores nas rodas permitem que o veículo seja menor.

No design dos carros elétricos convencionais (um único motor elétrico sobre um eixo e semieixos até cada roda), o aspecto final é similar ao dos carros movidos a gasolina. Acondicionar a bateria com elegância é um desafio no caso dos veículos com um só motor elétrico, pois ela é volumosa e precisa de refrigeração, e a arquitetura do automóvel tradicional evoluiu sem se preocupar com o assunto.

Consequentemente, quando a bateria é apenas inserida em uma estrutura desenvolvida em torno do motor de combustão interna, ela acaba espremida debaixo do banco traseiro ou ocupa o que, em outros casos, seria o lugar do porta-malas. No entanto, os carros com motores modulares nas rodas permitem melhorar o acondicionamento da bateria porque liberam um espaço adicional sob o chão ou no compartimento da frente. Esse espaço adicional também pode dar aos veículos mais desempenho e autonomia.

Os motores nas rodas também diminuem o espaço necessário para manobrar o carro, aumentam a acessibilidade do veículo em zonas urbanas apertadas, como as cidades europeias, e diminuem de forma significativa a necessidade de grandes vias e espaços de estacionamento. Um raio de giro reduzido significa que o carro pode fazer curvas mais fechadas, e a capacidade de ser onidirecional resolve o problema das ruas sem saída. O movimento onidirecional das rodas facilita as manobras para sair da rua ou mudar de direção ladeira abaixo com pista coberta de gelo. Junto com os controles eletrônicos, os motores nas rodas permitem que cada uma seja acionada de maneira independente e proporcionam estabilidade e controle da tração quase "de graça". Por todas essas características, além da economia de espaço, os motores nas rodas são uma solução muito atraente para a mobilidade urbana.

Apesar dessas vantagens e de certa familiaridade (Ferdinand Porsche projetou um carro elétrico a bateria e quatros motores nas rodas em 1900, e os motores nas rodas são bastante utilizados nos trens e em equipamentos pesados), os motores nas rodas foram muitas vezes descartados por dois motivos: o custo adicional de motores e controladores extras, e o aumento da massa não suspensa (partes não sustentadas por molas ou pela suspensão; quanto maior esse conjunto, pior o controle do veículo). Seria possível atenuar os efeitos da massa não suspensa pela combinação de projeto inteligente, materiais mais leves e regulagem apropriada da suspensão – e a simplificação de algumas partes poderia permitir substancial redução de custos durante o processo de montagem.

Rodas-robôs

Entretanto, as vantagens dos motores nas rodas seriam limitadas se eles fossem simplesmente acrescentados com pequena otimização e poucas modificações em relação a outros sistemas do veículo. Se, por outro lado, o veículo for projetado em torno da capacidade plena dos motores de rodas, então será possível compensar o custo e volume adicionais simplificando outros sistemas. A Michelin, por exemplo, desenvolveu um "Sistema de Roda Ativo" que integra, dentro da roda, um motor para a propulsão, uma suspensão ativa para rodagem, controle e conforto, e um disco de freio padrão para frenagem por atrito. A capacidade desse sistema de transmitir diferentes quantidades de torque para cada roda pode criar um diferencial altamente sofisticado, que facilita a manobra do carro nas curvas.

É possível ir além. Os motores de rodas, assim como os motores elétricos, podem atuar também como geradores: recuperam a energia da frenagem, que de outro modo seria perdida, para alimentar a bateria com eletricidade (frenagem regenerativa). Seria possível reduzir ou até eliminar a necessidade de freios de atrito, o que reduziria a desvantagem do custo e da massa não suspensa. Com motores nas quatro rodas, o veículo recupera mais energia da frenagem do que com um único motor elétrico, o que pode ajudar a reduzir em mais de 10% o tamanho da bateria ou da célula de combustível para determinada autonomia, elevando a futura economia de massa e custo.

Nos últimos trinta anos, o chassi tornou-se mais complexo a cada geração de veículos, à medida que novos componentes eletrônicos eram acrescentados à estrutura mecânica de suporte. Entretanto, chegou-se a um ponto em que faz sentido começar do zero, adotando o conceito de providenciar torque aos quatro cantos do veículo. Se os motores de rodas forem adotados, muitos chassis e seus sistemas eletrônicos (freios, freios antitravantes, controle de tração, controle eletrônico de estabilidade, direção elétrica e tração nas quatro rodas, etc.) podem ser eliminados ou reduzidos. Os motores de rodas podem até exceder os recursos dos chassis convencionais, pois um controle mais preciso é possível graças à maior sensibilidade proporcionada pelo posicionamento dos motores e à sua capacidade de mudar de direção ou de parar rapidamente.

No fim das contas, a associação dos motores de rodas com os sistemas eletrônicos permitirá que cada canto do veículo seja eletricamente alimentado e digitalmente controlado. Esses módulos fornecerão propulsão, frenagem, suspensão e direção, e podem ser projetados como unidades modulares de encaixe, à semelhança dos equipamentos USB para computadores pessoais e das lentes das máquinas fotográficas. Assim como os equipamentos USB, eles podem ter interfaces padronizadas – fornecendo conexão estrutural, elétrica e de dados com o chassi e tornando-se "rodas-robôs" independentes.

Do ponto de vista da manufatura, esses módulos – como os drives de disco de laptops – apresentam a vantagem de agregar múltiplas funções e muita complexidade mecânica e eletrônica. Acima de tudo, os carros elétricos modulares com motores nas rodas têm muito menos partes, subsistemas e interfaces do que os carros a gasolina. A vantagem deles em relação aos complexos carros híbridos é ainda maior. Isso simplifica a cadeia de abastecimento e os processos de montagem e incentiva uma inovação competitiva no que diz respeito à interface da roda no sentido de aumentar o desempenho e reduzir os custos.

Do ponto de vista da manutenção, os motores nas rodas mantêm os carros longe das oficinas e reduzem a necessidade de mecânicos. Se uma unidade quebrar ou chegar ao fim de sua vida útil, pode simplesmente ser desencaixada e substituída por outra. Trata-se de uma operação rápida e fácil, que pode ser realizada em qualquer lugar. A velha unidade pode até ser enviada para uma oficina para ser consertada, ou reservada para ser reciclada. Além do mais, os carros com motores nas rodas não somente têm menos partes e estrutura mecânica mais simples do que os carros híbridos ou a gasolina, como também têm cerca de um décimo das partes *móveis* (o que reduz o desgaste, aumenta a confiabilidade e diminui as exigências de manutenção por toda a vida do veículo).

Novos conceitos de veículos

Uma das grandes vantagens dos veículos elétricos com motores nas rodas é que elas permitem uma grande variedade de configurações, podendo atender a diferentes exigências, condições e decisões sobre trocas técnicas. Nos últimos anos, alguns fabricantes, especialmente os japoneses, apresentaram muitos conceitos de mobilidade pessoal e de carros urbanos pequenos baseados nos motores de rodas, pois elas propiciam mobilidade e maneabilidade em veículos de design compacto (figura 4.2), projetados principalmente para uma só pessoa, distâncias curtas e ambientes urbanos densos.

Os minicarros elétricos descritos nas páginas seguintes preenchem um nicho diferente do ecossistema da mobilidade urbana. Transportam duas pessoas; antes de precisarem ser recarregados ou reabastecidos, percorrem distâncias maiores do que os equipamentos de mobilidade pessoal; e alcançam velocidades maiores. Entretanto, como são projetados principalmente para uso urbano, não são equiparáveis aos automóveis convencionais de hoje no que diz respeito ao número de passageiros, à quantidade de bagagem, à distância percorrida e à velocidade. Eles têm certa capacidade para operar em estradas, fora dos centros urbanos.

Em outras palavras, oferecem um bom equilíbrio. Têm mais utilidade do que os veículos para um único passageiro, mas são mais volumosos e caros e consomem mais energia. Por outro lado, quando comparados aos automóveis atuais, têm menos volume, são mais baratos e consomem menos energia.

O P.U.M.A., da GM, desenvolve as possibilidades do minicarro elétrico de determinada maneira. O CityCar, do Laboratório de Mídia do MIT (figura 4.3), que vamos descrever agora, as desenvolve de outra forma.

Figura 4.2

Conceitos de mobilidade pessoal.

Toyota Winglet

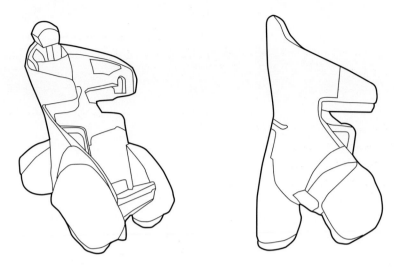

Toyota i-Rel (vista frontal e traseira)

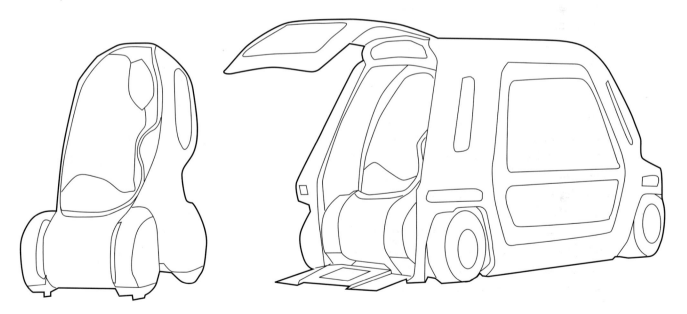

Suzuki SSC + PIXY (com PIXY dentro e fora do SSC).

A reinvenção do automóvel para uso urbano

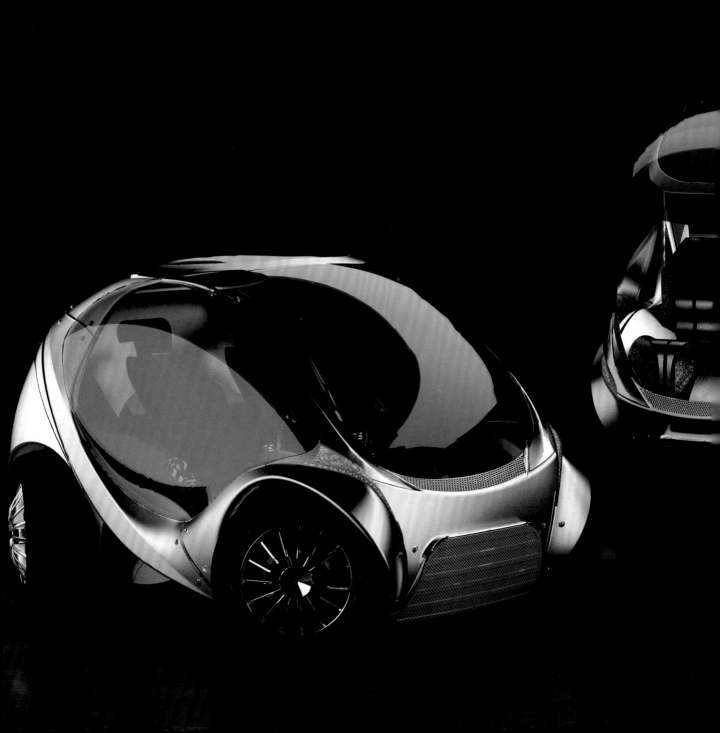

Figura 4.3
O CityCar, criação do Laboratório de Mídia do
Instituto de Tecnologia de Massachusetts (MIT).

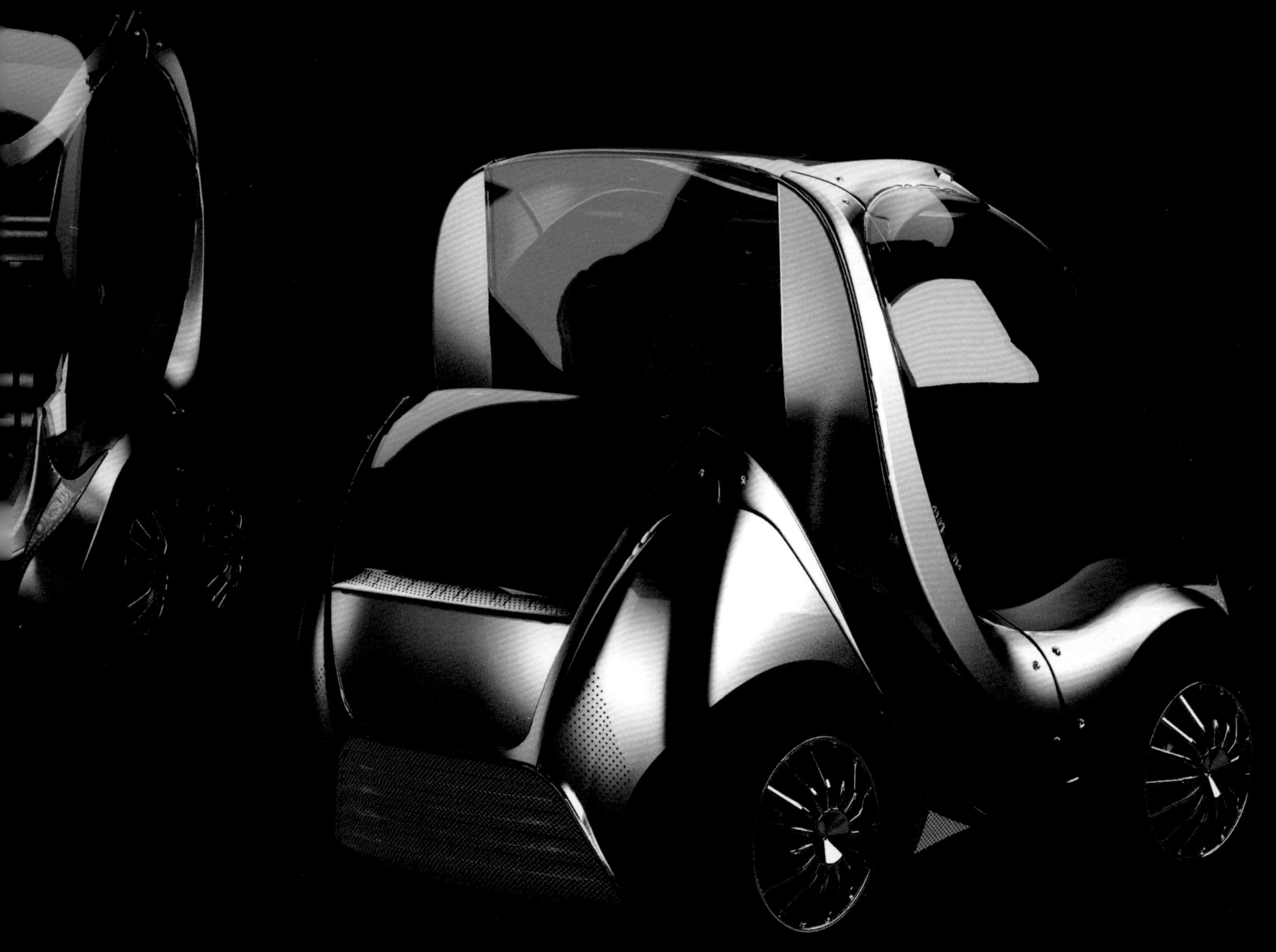

O CityCar do MIT

A figura 4.4 ilustra as possibilidades básicas de configuração de rodas dos veículos elétricos de até seis rodas.

Os veículos de uma roda – bastante parecidos com monociclos – são uma possibilidade lógica, mas até agora não encontraram aplicação prática nos sistemas de mobilidade.

Os veículos de duas rodas podem ter a forma habitual da bicicleta, da motoneta ou da motocicleta, em que o motorista garante o devido equilíbrio. O grupo Smart Cities, do MIT, também desenvolveu o protótipo do RoboScooter, uma motoneta elétrica dobrável com motores nas rodas. A alternativa das rodas lado a lado é representada pelos veículos Segway e P.U.M.A., em que o equilíbrio é proporcionado por um mecanismo de estabilização dinâmico controlado eletronicamente. Eles são dirigidos não pelo girar das rodas, mas por meio de sua rotação em diferentes velocidades.

Os veículos de três rodas podem ter uma única roda na frente ou atrás e também ser estruturados no formato circular, sem frente ou traseira. Como podem apresentar problemas de estabilidade, são

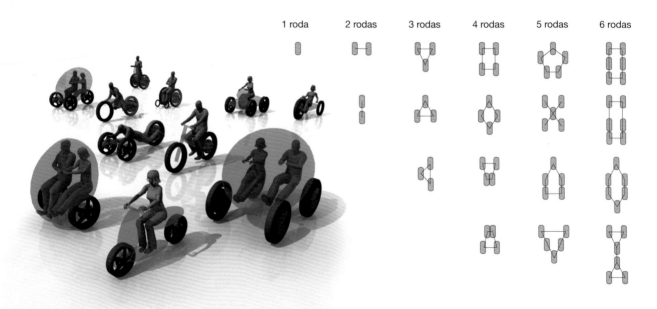

Figura 4.4
Possíveis configurações de veículos com motores nas rodas.

usados apenas ocasionalmente nos Estados Unidos e na Europa, mas se tornaram populares em várias cidades populosas da Ásia – como demonstram os jinriquixás da Índia –, onde as questões de estabilidade perdem importância por causa da baixa velocidade do trânsito. Nos veículos de quatro rodas, elas podem ser arranjadas na tradicional configuração retangular ou em forma de losango, como acontece no ITRI LEV, um conceito de veículo elétrico leve apresentado no Salão Duas Rodas de Milão de 2007. Veículos de cinco ou seis rodas despertam certo interesse conceitual, mas não são econômicos nesta aplicação.

O CityCar foi projetado para alcançar velocidades e distâncias um tanto maiores do que o P.U.M.A. (embora seu desempenho ainda seja inferior ao dos tradicionais carros a gasolina), de forma que foi concebido em torno de uma escolha diferente. Com o intuito de proporcionar estabilidade de forma simples e efetiva sem gastar energia com o equilíbrio, o CityCar adota a configuração padrão de quatro rodas.

As rodas são independentes e têm controle digital, podendo andar em direções e a velocidades diferentes. Essa característica permite uma grande variedade de manobras e torna o CityCar especialmente adequado ao espaço reduzido das cidades (figura 4.5). Além da direção convencional (à esquerda na figura 4.5), os motores nas rodas propiciam várias maneiras de movimentá-las. Por exemplo, o CityCar pode andar para o lado, para estacionar (à direita na figura 4.5), ou fazer movimentos giratórios em três pontos (ou cinco pontos!), como se vê no centro da figura 4.5.

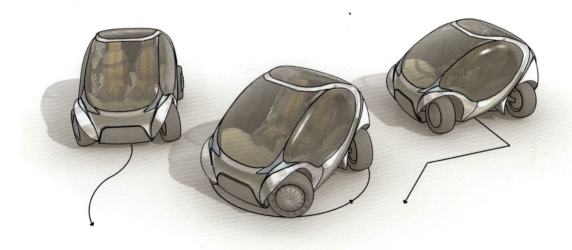

Figura 4.5
Alguns movimentos do CityCar são possíveis graças aos motores independentes nas rodas.

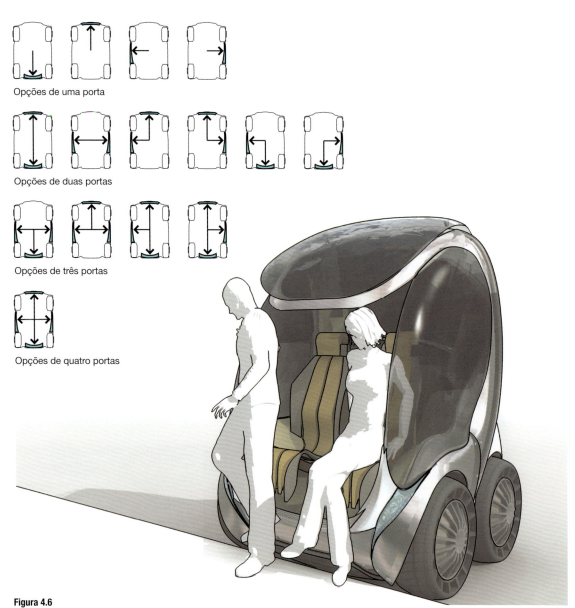

Figura 4.6
Opções de entrada e saída de veículos de quatro rodas com motores nas rodas. No CityCar, os passageiros entram e saem pela frente; a bagagem, por trás.

Esse sistema de rodas permitiria um efeito de redundância, de modo que, se uma ou duas rodas falhassem ao mesmo tempo, o CityCar poderia continuar andando com segurança com as rodas restantes.

Essa disposição permite a entrada e a saída, entre as rodas, pelos quatro lados do veículo (figura 4.6). Além das possibilidades usuais, a entrada e a saída pela frente são possíveis porque não há motor para obstruir o caminho. No CityCar, a entrada e a saída do passageiro ficam na frente, a entrada e a saída de bagagem e de emergência ficam na traseira, e não há acesso pelas laterais. Com essa configuração, o carro pode estacionar de frente para a calçada, onde o passageiro embarca e desembarca, em vez de fazê-lo na rua, e elimina-se quase toda a necessidade de espaço livre entre as laterais dos carros estacionados. O design da lateral, por sua vez, também é simplificado pela ausência de portas, permitindo mais robustez à estrutura e melhor desempenho em caso de impacto lateral.

Graças à utilização de um arranjo de quatro braços, o CityCar se dobra para estacionar em espaços menores (figura 4.7). Isso, com certeza, aumenta-lhe o peso e a complexidade, mas permite que o veículo tenha entre-eixos maior e um centro de massa baixo, que ele ocupe um espaço mínimo para estacionar e que entre e saia da vaga com facilidade. Nas cidades em que as vagas de estacionamentos são raras e caras, essa pode ser uma característica atraente.

A interface de direção do CityCar é totalmente eletrônica e digital. O carro é guiado com um joystick em cada mão (figura 4.8). O motorista empurra os joysticks para a frente para acelerar, puxa-os para trás para frear e gira-os para mudar de direção. Uma tela de vídeo plana, na porta da frente, fornece as infor-

Figura 4.7
O CityCar é dobrável.

A reinvenção do automóvel para uso urbano

Figura 4.8
No CityCar a direção é controlada com joysticks nas duas mãos.

mações de navegação. Essa concepção permite uma interface bastante simples, mantendo a estrutura interna do carro bem limpa, sem obstruir a entrada ou a saída pela frente.

O compartimento para a bagagem se situa do outro lado do mecanismo de dobra, na direção oposta à do compartimento de passageiros (figura 4.9). Assim, quando o veículo está dobrado, ele fica embaixo e na horizontal. As baterias, uma parte pesada do veículo, localizam-se no chão. Dessa forma, o centro de massa do veículo permanece baixo, mesmo quando dobrado, e permite a refrigeração da bateria.

O ponto de carregamento da bateria situa-se embaixo do veículo, permitindo o uso de um mecanismo de recarregamento inteligente na calçada, que pode funcionar por contato ou por indução (ver capítulo 6). Assim, o CityCar pode ser ligado na tomada, mas não necessariamente: ele pode ser automaticamente conectado à rede elétrica quando estacionado em uma vaga equipada para isso.

A manufatura do CityCar é simples e modular, e o número de suas partes é muito baixo se comparado ao automóvel a gasolina ou ao carro híbrido (figura 4.10). O CityCar elimina as chapas de metal, a pintura e vários detalhes complexos encontrados nos automóveis atuais. Ele poderia ter um exosqueleto de alumínio e painéis de policarbonato – similares aos dos cockpits dos aviões de combate. Os painéis se encaixam e desencaixam facilmente, e as laterais podem ser removidas em caso de emergência.

Os sistemas de segurança operam em diferentes níveis. Assim como no caso dos veículos P.U.M.A., sensores eletrônicos e sistemas de comunicação sem

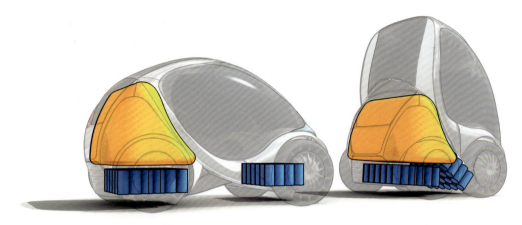

Figura 4.9
Compartimento da bagagem e da bateria do CityCar.

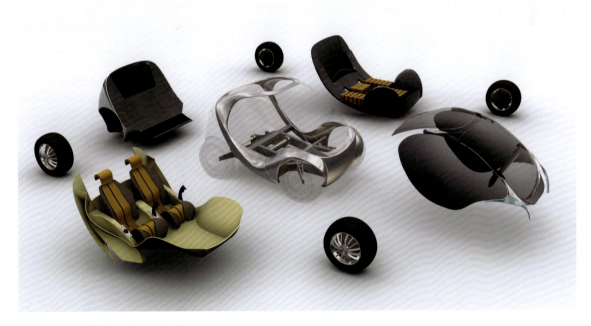

Figura 4.10
A estrutura do CityCar é simples e modular.

Figura 4.11
O mecanismo de dobra do CityCar fornece também espaço para sistemas de desaceleração em caso de acidente.

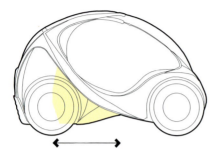
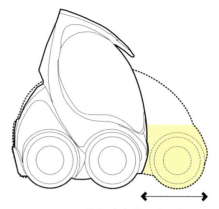

Distância de desaceleração em caso de acidente   Distância de desaceleração em caso de acidente

fio podem ser empregados para reduzir bastante as possibilidades de acidentes. Se houver acidente com veículos similares, o centro de massa baixo e a velocidade relativamente reduzida diminuem muito a energia da colisão. Os cintos de segurança protegem os passageiros da forma usual, e os airbags continuarão necessários no CityCar porque ele pode andar a velocidades superiores à dos veículos P.U.M.A.

Não existem as tradicionais zonas de impacto dianteira e traseira que possam prover uma desaceleração controlada da cabine dos passageiros em caso de acidente (a zona de impacto é o espaço necessário para absorver a energia do choque de colisões). Isso, com certeza, aumentaria o comprimento do veículo. Equipamentos de segurança adicionais serão necessários para compensar a estrutura rígida, mas, assim como no caso da dobra, esse pode se tornar um fator em favor da compactação. Há também a possibilidade de proporcionar uma desaceleração controlada por meio de uma zona de impacto ou de amortecedores de alta velocidade integrados ao mecanismo de dobra (figura 4.11). Em caso de impacto dianteiro ou traseiro, o CityCar absorve a energia ao dobrar-se de forma controlada.

Finalmente, a fabricação modular do CityCar, junto com a substituição dos equipamentos mecânicos do automóvel tradicional por softwares e equipamentos eletrônicos, abre as portas para múltiplas oportunidades de variar e customizar o design de uma mesma arquitetura básica (figura 4.12). As rodas podem passar por atualizações, assim como os drives de disco dos laptops podem ser atualizados. Dentro do exoesqueleto, os painéis dianteiro e laterais e os compartimentos da bagagem podem variar livremente – antes ou depois da compra do veículo. Aproveitando essas características, os CityCars são projetados para serem configurados e customizados on-line pelos compradores, de modo bastante

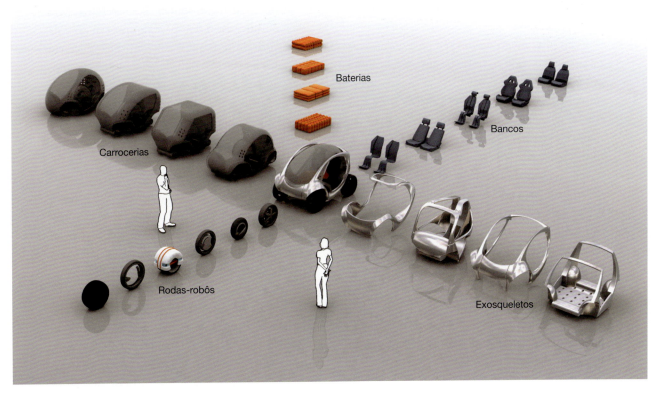

Figura 4.12
Possibilidades de customização do CityCar.

similar ao que acontece hoje com os computadores pessoais e os tênis.

Um nível muito dinâmico e posterior de customização é fornecido por meio de um software. Muitas características de direção do CityCar estão inclusas no software do sistema de controle digital, e não na estrutura mecânica (que é mais difícil de alterar), algo muito interessante. Quando o veículo identifica o motorista, consegue carregar as preferências armazenadas a bordo ou baixadas sem fio de um servidor. Independentemente de o veículo ser próprio ou emprestado, o motorista sempre terá a impressão de estar em seu carro. Além disso, por fornecer interfaces para aplicativos, o CityCar pode se tornar uma plataforma para estimulantes inovações trazidas por programas de terceiros capazes de aumentar seus recursos – habilidade demonstrada pelo iPhone, da Apple.

Projeto P.U.M.A. (Mobilidade e Acessibilidade Urbana Pessoal)

O CityCar representa apenas uma das possíveis combinações de características e escolhas. Agora, vamos apresentar outra.

Existe outra maneira de reduzir o espaço ocupado pelos carros compactos, de dois lugares, com entrada e saída pela frente e motores nas rodas: eliminando as rodas traseiras. Essa configuração resulta em um carro não muito mais comprido que um veículo de uma roda só e cuja largura é determinada pelo número de assentos, como a cabine de um jinriquixá. O design desse veículo segue ao pé da letra o lema "o máximo para o homem, o mínimo para a máquina".

As rodas de trás costumam ser necessárias para a estabilidade, mas o transportador pessoal (TP) da Segway demonstrou que o equilíbrio eletrônico era possível, e o princípio pode ser estendido a veículos maiores. Essa é uma proposta de design diferente daquela dos carros dobráveis, porque elimina a complexidade do mecanismo de dobra e, no lugar, introduz a complexidade do equilíbrio eletrônico. O veículo é extremamente compacto, tanto estacionado quanto em movimento.

O TP da Segway mostrou que, pelo menos nos veículos elétricos a bateria muito leves e de baixa velocidade, é possível eliminar o freio convencional, o volante e até o sistema de refrigeração a água com os motores de rodas. O esquema da figura 4.13 ilustra a simplicidade do chassi-skate. A frenagem é feita pelos motores elétricos, que funcionam como geradores, e até mesmo quando a bateria está totalmente carregada a frenagem se dá pelo aquecimento dos motores. O TP da Segway pesa 45 kg e tem velocidade máxima de 20 km/h, mas é possível aumentar esse padrão para veículos maiores, com cerca de 320-360 kg e velocidade máxima de 40-55 km/h, o que ainda é muito pouco em relação aos automóveis convencionais (1.360 kg e 160 km/h).

Em abril de 2009, a General Motors e a Segway apresentaram ao mundo o Projeto P.U.M.A., a aplicação prática desse conceito, como se vê na figura 4.14. Esse protótipo é um veículo elétrico a bateria de dois lugares (lado a lado) e apenas duas rodas. Ele anda a 40 km/h e percorre a mesma distância sem precisar recarregar.

O P.U.M.A. associa várias tecnologias previamente demonstradas pela General Motors ou pela Segway:

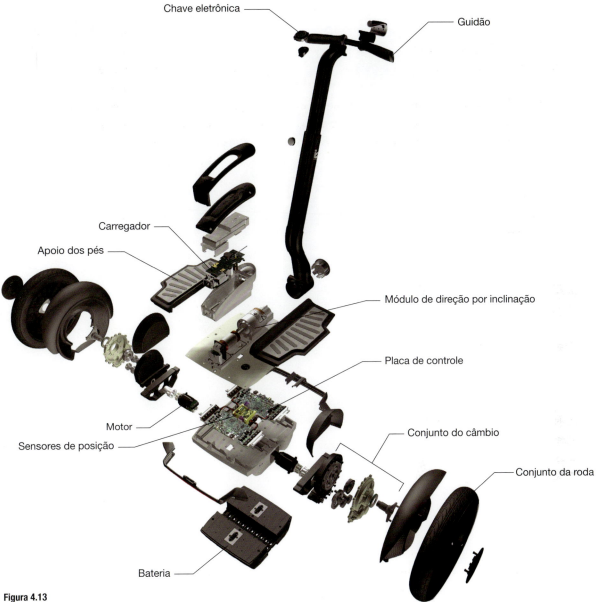

Figura 4.13
A composição do transportador pessoal da Segway.

Figura 4.14
Protótipo do Projeto P.U.M.A., apresentado em Nova York em abril de 2009.

Figura 4.15
O P.U.M.A. tem estabilização dinâmica.

Figura 4.16
A configuração das rodas do P.U.M.A. facilita a entrada e a saída dos passageiros pela frente.

alimentação por bateria de íons-lítio; motores de roda para fornecer aceleração, freio e direção eletrônicos; estabilização dinâmica (equilíbrio em duas rodas); comunicação veículo a veículo; interface com usuário portátil e encaixável, oferecendo conectividade fora do veículo; direção e estacionamento autônomos. No P.U.M.A. essas tecnologias se integram para aumentar a liberdade de movimento e, ao mesmo tempo, proporcionar eficiência energética, ausência de emissão de poluentes, alto nível de segurança, conectividade ininterrupta, comodidade de estacionamento e redução dos congestionamentos nas cidades. Uma vista de perfil do P.U.M.A. "genérico" é apresentada na figura 4.15.

O veículo é agradável de dirigir, porque tem alta maneabilidade e torque instantâneo desde a partida. A plataforma dinamicamente estabilizada oferece novas maneiras de entrar no veículo (figura 4.16) e novos e

Figura 4.17
Vários designs do P.U.M.A.

variados designs. A vantagem de ter duas rodas lado a lado é visível nos modelos da figura 4.17. O aspecto externo do P.U.M.A. pode variar não apenas por causa do chassi-skate, mas também porque as rodas não giram como em um veículo típico. No P.U.M.A., a direção depende do torque imprimido a cada roda, que faz o veículo virar e mudar de direção. Graças a isso as rodas podem ter saias e apresentar um visual bem diferente. A estabilização dinâmica permite o movimento quase biológico do veículo. Por exemplo, quando estacionado, ele fica apoiado nas rodas de pouso frontais para que nenhuma energia seja consumida para equilibrá-lo. Quando o condutor se aproxima ou entra no veículo, o sistema desperta, levanta as rodas de pouso e se equilibra nas rodas utilizadas para dirigir. Quando o P.U.M.A. fica parado por curtos períodos, parece "tremer", porque as rodas deslizam suavemente da frente para trás para manter o equilíbrio. A estabilização dinâmica é mantida graças a uma série de sensores de posição angular e acelerômetros que determinam a orientação e o movimento da plataforma do veículo. O sistema de equilíbrio sente e requisita energia aos motores para movimentar as rodas para a frente ou para trás, conforme o veículo está acelerando ou freando. Esse movimento das rodas em relação à carroceria lhe dá uma aparência cinética. Ao parar em um cruzamento, ele se abaixa, apoiando-se nas rodas de pouso frontais, como se fizesse uma reverência para outro veículo, pedestres ou ciclistas. Quando o P.U.M.A. está em um lugar estreito, pode girar sobre o próprio eixo. A metáfora biológica se completa quando lembramos que o homem têm duas pernas e se equilibra da mesma maneira que o veículo P.U.M.A.

Figura 4.18
Minicarros elétricos, adequados para a utilização compartilhada, pois dobram-se e apoiam-se uns nos outros, ocupando um pequeno espaço de estacionamento (BitCar, conceito de Franco Vairani).

Figura 4.19
Nos sistemas de uso compartilhado, os minicarros elétricos dobráveis podem ser retirados da frente da fila e colocados no final desta, permitindo assim uma nova forma de estacionamento.

Com os veículos P.U.M.A. e CityCar (e também com as opções de "dobra e enfileiramento" mostradas nas figuras 4.18 e 4.19),[4] o espaço necessário para estacionar o carro é reduzido de forma significativa, e não apenas porque o veículo é bem menor. O P.U.M.A. tem comprimento e largura reduzidos porque utiliza apenas duas rodas; o CityCar, maior, precisa de menos espaço de estacionamento porque se dobra; e os minicarros de uso compartilhado podem ser enfileirados, sobrepondo-se quando estacionados (como os carrinhos de supermercado) e eliminando o espaço normalmente reservado à entrada e à saída. A alta maneabilidade desses veículos reduz drasticamente a necessidade de faixas de acesso e espaço para andar de ré ou virar nos estacionamentos e nas próprias vagas. Existe ainda a possibilidade de se incorporar algum tipo de automação para a manobra de estacionar e suprimir a exigência de espaço para abrir e fechar as portas, evitando danos em carros já estacionados. A combinação de espaço limitado, alta manobrabilidade e estacionamento automatizado poderá reduzir as exigências de espaço de estacionamento em quatro vezes ou mais (ver capítulo 9).

Preços acessíveis

Esses minicarros elétricos deverão também ser bem mais baratos do que os automóveis convencionais. Muitos pensam que os veículos elétricos a bateria são caros, mas o custo depende das especificações do veículo. Quando um automóvel convencional é aprimorado com um sistema de alimentação por bateria, mas precisa manter o mesmo desempenho (~160 km/h de velocidade máxima) e ter autonomia significativa (> 160 km), então seu custo inicial é em geral mais elevado. Mas observe que milhões de veículos elétricos a bateria são vendidos anualmente por menos de US$ 1.000. São os chamados cicloelétricos[5], que têm 40 km de autonomia e chegam a uma velocidade máxima de 40 km/h – 16 milhões de unidades foram vendidas apenas na China em 2008. A figura 4.20 apresenta uma comparação entre vários tipos de cicloelétricos e automóveis em termos de desempenho, veículo e custo de energia.

Os minicarros serão mais caros que os cicloelétricos, mas deverão ser muito mais baratos do que os carros convencionais (figura 4.21), pesarão menos de 450 kg e, se forem alimentados por baterias de íons-lítio de 4 kWh e propelidos por dois motores de rodas de 5 kW, deverão ter desempenho suficiente para alcançar a autonomia e a velocidade necessárias aos motoristas urbanos.

Figura 4.20
Comparação entre alguns produtos de mobilidade urbana pessoal.

	Custo aproximado (US$)	Peso do veículo (kg)	Potência máxima (kW)	Velocidade máxima (km/h)	Autonomia (km)	Consumo de energia para percorrer 32 km (kWh)	Custo energético para percorrer 16.000 km/ano (US$) (considerando US$ 0,10/kWh de eletricidade e US$ 0,80 por litro de gasolina)
Bicicleta (1 condutor)	<100	15	0,2	24	16	0,25 (24 km/h constantes)	0
Bicicleta elétrica (1 condutor)	300	25	0,3	32	32	0,4 (32 km/h constantes)	15
Motoneta elétrica (2 em tandem)	600	45	0,5	32	32	1,0 (condução típica)	50
NEV (2 ocupantes)	7.500	600	11	40	48	1,9 (velocidade constante de 32 km/h)	95
Smart car (2 ocupantes)	12.000	825	52	145	>480	16,0 (EPA ciclo urbano)	750
GM EV1 carro elétrico (2 ocupantes)	600/mês	1.350	100	145	128	5,0 (EPA ciclo urbano)	250
SUV (7-8 ocupantes)	35.000	2.500	239	>160	>480	59,0 (EPA ciclo urbano)	2.727

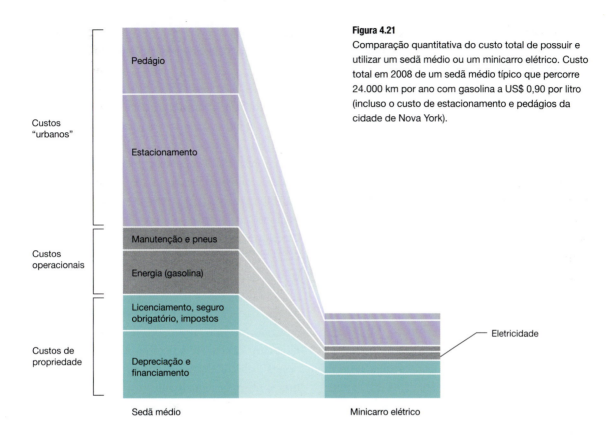

Figura 4.21
Comparação quantitativa do custo total de possuir e utilizar um sedã médio ou um minicarro elétrico. Custo total em 2008 de um sedã médio típico que percorre 24.000 km por ano com gasolina a US$ 0,90 por litro (incluso o custo de estacionamento e pedágios da cidade de Nova York).

Ao procurar um carro, os consumidores costumam se concentrar no custo do veículo e seu consumo de combustível, mas existem vários outros gastos a serem considerados. A American Automobile Association (AAA) estuda anualmente os diversos custos associados à aquisição e ao uso de automóveis[6] e concluiu, em 2008, que dirigir um carro sedã de tamanho médio, que faça 10 km por litro e rode 24.000 km por ano, gera um custo médio de US$ 0,35 por quilômetro, o que equivale a US$ 20-25 por dia. Em outras palavras, o custo do combustível é menos de um quarto do custo total (as informações da AAA já foram apresentadas na figura 2.2). O custo do seguro, embora dificilmente previsível, também pode ser consideravelmente reduzido se a probabilidade de acidentes decrescer de maneira significativa.

Chamar a isso de "custo total de propriedade do veículo" não é totalmente exato, como sabe quem já estacionou o carro em uma cidade populosa. De acordo com a Colliers International 2008 Parking Rate Survey,[7] o custo mensal médio de estacionamento em Manhattan é de aproximadamente US$ 500 (custo anual de US$ 6.000, conforme figura 4.21). O custo é menor em outras cidades americanas, mas ainda assim pode ser significativo: US$ 310 por mês em Chicago, US$ 350 por mês em São Francisco e US$ 460 por mês em Boston, por exemplo. Por outro lado, em outras grandes cidades do mundo o custo mensal médio de estacionamento pode ser mais alto do que o de Nova York: mais de US$ 1.000 em Londres e cerca de US$ 750 em Hong Kong e Sydney. Além disso, muitas cidades cobram para liberar o tráfego em pontes e túneis, e outras implantaram pedágios para os automóveis circularem pelo centro. O pedágio para entrar em Manhattan custa cerca de US$ 10 por dia, enquanto o pedágio para circular no centro de Londres custa de US$ 10 a US$ 15 por dia. Para quem usa o carro todos os dias, esse custo extra pode chegar a US$ 2.500 por ano.

A finalidade desses cálculos é destacar quanto os minicarros elétricos urbanos são viáveis do ponto de vista econômico. Sua alta "economia de combustível" (equivalente a 85 km por litro de gasolina) e a capacidade de utilizar eletricidade fora do horário de pico podem torná-los de fato econômicos, permitindo que se poupe uma quantia considerável apenas com o custo menor da energia e que se recupere em dois ou três anos o dinheiro gasto na compra do veículo. Além do mais, para incentivar seu uso, as cidades poderão isentá-los dos pedágios urbanos. Mesmo que não sejam isentos do pagamento de estacionamento, podemos esperar que o pequeno espaço que ocupam se traduza em significativa redução desse custo. Por exemplo, se cinco deles ocuparem a mesma área que um único veículo convencional, o custo de estacionamento deve ser aproximadamente um quinto, gerando uma economia equivalente a centenas de dólares por mês. Esses veículos também deverão ter livre acesso a faixas de trânsito especiais. Os custos de seguro serão bem menores, já que sofrerão menos acidentes graças aos mecanismos para evitar colisões.

Um ponto particularmente importante é que, com os minicarros elétricos, o custo da energia de operação (ou seja, a conta anual de energia) é apenas uma pequena fração de um valor total bastante reduzido. Isso altera as regras do jogo. Não se trata apenas da reduzir o peso da mobilidade urbana pessoal sobre o abastecimento mundial de energia, mas também de reduzir o impacto das flutuações do custo da energia no comportamento dos motoristas. O aumento do custo da gasolina nas bombas, como se sabe, faz os motoristas reduzirem suas viagens, o que pode levá-los a questionar a conveniência de morar em áreas urbanas cujo acesso depende do automóvel, algo que poderia influenciar no valor dessas áreas e causar importantes repercussões políticas. Com os minicarros elétricos, os motoristas podem se sentir motivados pela possibilidade de reduzir o tempo da viagem e minimizar os contratempos — graças à combinação de conectividade sem fio com tecnologias de gerenciamento eletrônico, que apresentaremos nos capítulos seguintes.

Resumo: automóveis projetados para a cidade, e não cidades projetadas para o automóvel

O automóvel convencional é uma maravilha em termos de utilidade, já que traz a possibilidade quase ilimitada de acessar a totalidade do sistema viário e pode transportar seus ocupantes de forma segura e confortável por longas distâncias, em alta velocidade, enquanto carrega um bom volume de bagagem. De certo modo, o automóvel é essencialmente utilizado nas áreas urbanas, mas foi desenhado para circular entre as cidades. Essa versatilidade tem seu preço em termos de custo, volume, tamanho e eficiência, que é bem alto em ambientes urbanos densos. É certo que as cidades, em especial as mais ricas e com intensa competição pelo espaço físico limitado, moldarão progressivamente a forma e a função do automóvel, assim como o automóvel moldou a configuração e a paisagem das cidades no século XX.

A figura 4.22 resume de que modo a eletrificação, a conectividade e a estratégia dos minicarros podem se associar para criar uma alternativa atraente ao automóvel convencional – o minicarro elétrico. Cada um desses fatores de reinvenção pode trazer benefícios substanciais por si, mas, associados, trazem muito mais vantagens.

Os veículos elétricos são limpos, compactos e agradáveis de dirigir. Seu custo pode ser alto caso tenham de apresentar autonomia de 160 km e altas velocidades. Mas, para autonomia e velocidades mais baixas, suficientes no trânsito urbano, o custo dos veículos elétricos pode ser baixo, como se vê no

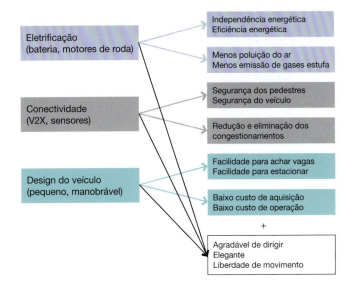

Figura 4.22
Benefícios do novo DNA do automóvel.

caso extremo dos cicloelétricos. Os minicarros são mais caros do que os cicloelétricos, mas muito mais baratos do que os automóveis tradicionais.

Então, os minicarros elétricos podem ser mais acessíveis financeiramente, limpos, eficientes, manejáveis, fáceis de estacionar, confortáveis, seguros para os outros usuários do sistema viário e agradáveis. Além do mais, podem ser inovadoramente expressivos, elegantes e desejáveis. Essa união de qualidades, particularmente adaptadas ao meio ambiente urbano, tem potencial para a transformação fundamental dos sistemas de mobilidade urbana pessoal.

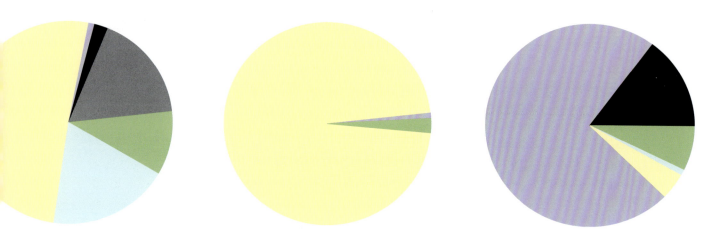

5

Fornecimento de energia inteligente e limpa

Os automóveis precisam de energia para movimentar as rodas. É importante saber de onde vem a energia e como ela chega da fonte até as rodas, quanto se desperdiça durante o trajeto, quais são os efeitos colaterais e quanto, finalmente, isso custa diretamente para o motorista e para a sociedade como um todo.

Neste capítulo, demonstraremos as vantagens de trocar a gasolina pela eletricidade para alimentar as rodas dos automóveis, e apresentaremos os problemas práticos com os quais é preciso lidar para que isso aconteça.

As desvantagens da gasolina

O custo da energia necessária para movimentar as rodas dos automóveis sempre foi motivo de preocupação. Uma das razões do crescimento rápido da utilização do automóvel a partir do começo do século XX – em especial nos Estados Unidos – foi o preço baixo da gasolina nos postos de abastecimento. Isso facilitou o desenvolvimento das áreas metropolitanas de baixa densidade, que dependiam do automóvel. Por sua vez, essa situação amplifica os efeitos de qualquer aumento do preço da energia, como aconteceu recentemente com a alta do preço da gasolina. Quando o custo da energia sobe, o funcionamento das cidades se torna mais caro, o que repercute por toda a economia: a mobilidade pessoal está cada vez mais restrita; os subúrbios de baixa densidade são cada vez menos atraentes; o valor dos imóveis das áreas urbanas limítrofes tende a cair; e as famílias de baixa renda que procuraram moradias mais baratas nas áreas mais distantes são desproporcionalmente afetadas por essa situação.[1]

Entretanto, a maior desvantagem de movimentar as rodas queimando gasolina nos motores de combustão interna vem do fato de que esse processo produz, ao mesmo tempo, a poluição do ar e o aumento dos gases estufa. As últimas décadas presenciaram consideráveis progressos no que diz respeito à redução da poluição do ar oriunda do escapamento dos automóveis, mas o problema da emissão de carbono tornou-se o centro das mais urgentes preocupações. Os esquemas para cobrar mais impostos, fixar tetos e trocar créditos de carbono têm por objetivo, a longo prazo, reduzir a emissão de carbono, criando incentivos para diminuir a dependência da gasolina, mas, a curto prazo, criam o inconveniente de fazer subir o preço da gasolina e os custos da mobilidade.

A outra desvantagem bem conhecida da gasolina é que ela não é renovável. A Terra tem reservas limitadas de petróleo, e como elas estão sendo consumidas, o custo da descoberta, extração e utilização de novas reservas está crescendo. Existe uma controvérsia a respeito de quanto petróleo ainda existe, quanto custará para explorá-lo e se a produção global de petróleo já atingiu seu pico; mas não há dúvida sobre a necessidade de mudar a matriz energética para fontes de energia renováveis. Essas fontes – como a hidreletricidade, a energia solar, a energia eólica e a biomassa – não diminuem por causa do consumo e tendem a se tornar menos caras com o avanço tecnológico.

Outra desvantagem vem do fato de as fontes de petróleo se encontrarem concentradas em poucas áreas geográficas, o que gera muita preocupação sobre segurança energética nos países importadores de petróleo, vulneráveis que são às interrupções no abastecimento e à inflação dos preços. Em vários pontos do mundo aumenta rapidamente a necessidade de conquistar mais segurança energética pela utilização de fontes de energia mais diversificadas e bem distribuídas.

Por todas essas razões, o sistema global de abastecimento de energia baseado no petróleo, que permite movimentar as rodas dos carros atuais, não é sustentável. E os problemas só tendem a piorar com o decorrer do tempo. Propomos remediar essa situação não apenas substituindo os motores de combustão interna por motores elétricos, mas também integrando os veículos elétricos a sistemas urbanos de energia que sejam bem distribuídos, e não centralizados, que aumentem a utilização de fontes de energia limpa e renovável e forneçam uma mobilidade urbana menos custosa do que aquela proporcionada pela gasolina. Esses sistemas são viáveis graças à combinação de veículos inteligentes – que possam comprar, armazenar e vender eletricidade – com redes de abastecimento inteligentes e mercados de eletricidade com preços fixados dinamicamente.

Novas cadeias de abastecimento de energia para os automóveis

Para ver como isso é possível, é preciso considerar não somente o trem de força dos automóveis, mas também as cadeias de abastecimento que levam a energia até eles a partir das fontes primárias. A princípio, essas cadeias podem ser muito curtas, como no caso dos veículos impulsionados diretamente por meio de velas ou painéis solares no teto. Na prática,

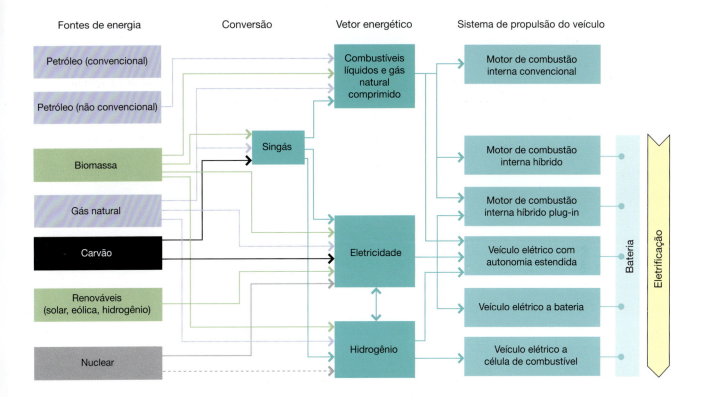

Figura 5.1
Abastecimento de energia para alimentar as rodas dos automóveis.

contudo, elas costumam se estender até fontes distantes, envolvendo várias etapas de armazenamento, transferência e conversão. A figura 5.1 mostra as diferentes maneiras, já em uso ou projetadas para o futuro, de alimentar as rodas dos automóveis.

Veja que existem, potencialmente, três vetores energéticos maiores no sistema: os combustíveis líquidos (principalmente a gasolina), a eletricidade e o hidrogênio, estando o último, como veremos, estreitamente ligado à eletricidade. Os combustíveis líquidos exigem uma infraestrutura de oleodutos, refinarias e reservatórios estáticos e móveis, culminando com o tanque de combustível dos automóveis. O hidrogênio também precisa ser transportado e armazenado

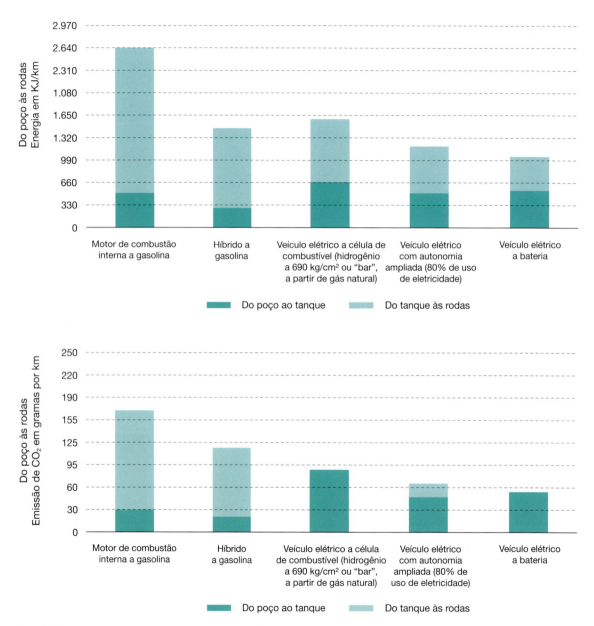

Figura 5.2
Eficiência energética do tanque às rodas e do poço às rodas; emissão de CO_2 dos vários sistemas de propulsão.

em forma de líquido ou gás. A eletricidade precisa da estrutura de geradores, cabos de transmissão e distribuição, equipamentos de alimentação e controle, e baterias ou outros equipamentos de armazenamento dentro dos veículos. A eletrificação – conversão de várias fontes de energia em eletricidade, sob essa forma ou como hidrogênio – reduz ou suprime muitos problemas relativos a fontes, processamento, distribuição e combustão de combustíveis líquidos.

Cada tipo de veículo elétrico apresentado (de células a combustível, a bateria ou com extensor de autonomia) tem um nível próprio de eficiência (do tanque às rodas), assim como um nível próprio de eficiência para receber a energia da fonte (do poço ao tanque); o efeito combinado das duas propriedades é chamado de eficiência do poço às rodas (figura 5.2).

A natureza complementar da eletricidade e do hidrogênio

A alternativa às baterias para fornecer eletricidade ao veículo consiste em armazenar hidrogênio em células a combustível. As baterias são carregadas diretamente com eletricidade, enquanto as células a combustível produzem eletricidade ao serem alimentadas com hidrogênio (em outros termos, trata-se de uma bateria "reabastecível").

Assim como a eletricidade, o hidrogênio pode ser produzido a partir de diferentes fontes de energia, e como ele pode ser extraído da água por meio da eletricidade (eletrólise), todo processo renovável para obter eletricidade também é um processo renovável para obter hidrogênio. Nesse sentido, o hidrogênio e a eletricidade podem ser considerados permutáveis e complementares. Com certeza, o processo adicional de eletrólise gera perda de energia, mas a vantagem é que o veículo pode realmente percorrer longas distâncias (mais de 320 km) sem produzir poluentes e com curto tempo de reabastecimento (cinco minutos).

À medida que a tecnologia das baterias e das células a combustível de hidrogênio avança, torna-se claro que uma é importante para o sucesso da outra. Cada uma traz vantagens específicas ao veículo: as baterias proporcionam um custo operacional menor em termos de utilização de energia (mas tempo de recarregamento demorado e baixa densidade energética, que limita a autonomia do veículo); as células a combustível de hidrogênio oferecem mais autonomia e tempo de recarregamento mais breve (mas exigem uma nova infraestrutura de abastecimento). As baterias funcionam particularmente bem nos pequenos veículos elétricos, como os minicarros, mas as células a combustível de hidrogênio são uma tecnologia mais atraente no caso dos veículos maiores, como os sedãs de porte médio ou os ônibus. Se agregadas, baterias e células a combustível de hidrogênio podem otimizar o emprego de diversas fontes de energia para atender várias formas de transporte.

O hidrogênio é uma opção particularmente válida, pois não apenas pode ser obtido a partir de água e eletricidade, como também pode derivar de qualquer hidrocarboneto, como a biomassa, o gás natural ou o carvão. A capacidade de produzir hidrogênio a partir de uma ampla gama de fontes de energia faz dele um componente muito atraente em prol da diversidade energética. O fato de a água, a eletricidade e o gás natural serem amplamente distribuídos pelos Estados Unidos faz com que cada lar ou escritório do país tenha acesso às matérias-primas necessárias para produzir hidrogênio.

Um relatório recente do Conselho Nacional de Pesquisa, o Comitê Técnico sobre Hidrogênio e Células a Combustível do Congresso e uma pesquisa realizada pela General Motors e pela Shell chegaram à mesma conclusão: a criação de uma infraestrutura de produção de hidrogênio para o automóvel é viável do ponto de vista técnico e econômico. De fato, com menos dinheiro do que o necessário para construir o oleoduto do Alasca, estações de hidrogênio estrategicamente localizadas poderiam ser implementadas nas cem maiores cidades dos Estados Unidos e a cada 40 km nas autoestradas, permitindo que o hidrogênio fosse disponibilizado de forma conveniente para 70% da população americana.

É importante destacar que essa infraestrutura complementaria a rede elétrica do ponto de vista da diversidade energética, pois o gás natural e a biomassa fornecidos no país são excelentes fontes de hidrogênio, e o hidrogênio é uma excelente maneira de armazenar eletricidade produzida de fontes renováveis, como o vento ou o sol, enquanto for necessário. A geração de eletricidade, o armazenamento de hidrogênio e as células a combustível podem ser agregados ou então distribuídos ao longo da rede elétrica e das frotas de veículos de acordo com o orçamento e as especificações de engenharia.

As vantagens da eletrificação

A vantagem fundamental da eletrificação da cadeia de abastecimento de energia – isto é, converter a energia de várias fontes em eletricidade e distribuí-la dessa forma e como hidrogênio – é que ela traz mais eficiência de ponta a ponta do que a utilização de combustíveis líquidos. Ao longo do caminho, que vai das fontes principais até as rodas, menos energia estará sendo desperdiçada e menos produtos derivados prejudiciais serão liberados.

Isso se traduz diretamente em menor custo total de energia para a mobilidade pessoal. As baterias atuais custam pouco para recarregar a partir da rede elétrica, cerca de US$ 0,015 por quilômetro, ou seja, de um terço a um sexto do custo de dirigir um veículo equivalente a gasolina, dependendo do preço do litro, que pode variar de US$ 0,50 a US$ 1 por litro nas bombas. Entretanto, ao contrário dos tanques de gasolina, que podem ser recarregados indefinidamente, as baterias podem ser recarregadas um número limitado de vezes, até que seja necessário substituí-las. Mas, mesmo considerando esse fator, a eletricidade ainda é mais barata do que a gasolina para alimentar os automóveis, e suas vantagens só devem aumentar com o decorrer do tempo.

A segunda vantagem da eletrificação é que ela permite a diversidade energética – a flexibilidade de utilizar diferentes fontes de energia, já que todas têm vantagens e desvantagens, nos mais diversos lugares. A longo prazo, a diversidade energética possibilita uma evolução do sistema de abastecimento, de forma que a operação fique cada vez mais eficiente, limpa e sustentável. Cada cidade poderá aproveitar suas características energéticas para promover a mobilidade, em vez de depender da importação de petróleo de fontes distantes e em geral pouco seguras. Por exemplo, a Virgínia

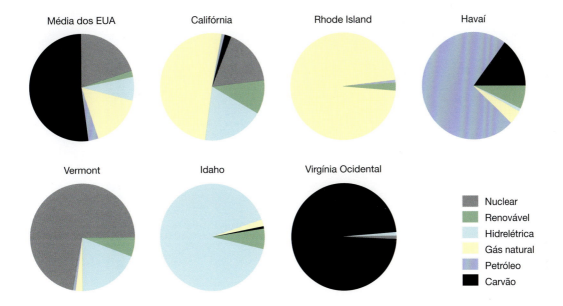

Figura 5.3
As principais fontes de eletricidade de alguns estados americanos.

Ocidental tem abundantes fontes de carvão, o Havaí utiliza principalmente o petróleo, Rhode Island emprega o gás natural, Idaho dispõe de muitos recursos hidrelétricos e Vermont conta com a energia nuclear para gerar a maior parte de sua eletricidade (figura 5.3). Ao integrar várias fontes, localizações e rotas de abastecimento, essa diversidade traz segurança energética e a possibilidade de abastecimento de todo o território.

A terceira vantagem é que, no veículo, o processo de converter a energia elétrica em movimento das rodas é limpo, silencioso e altamente eficiente – ao contrário da combustão de gasolina, que, apesar de várias décadas de pesquisa e melhorias tecnológicas, permanece bastante barulhenta, suja e quente. Dessa maneira, os veículos elétricos são muito mais benignos nas áreas urbanas.

Para concluir, outra grande vantagem da eletrificação é o fato de ela simplificar os automóveis, conforme discussão no capítulo 4: os veículos elétricos têm menos partes e muito menos partes móveis.

Os efeitos da densidade energética

Os veículos elétricos a bateria não terão um bom desempenho e não trarão uma verdadeira redução

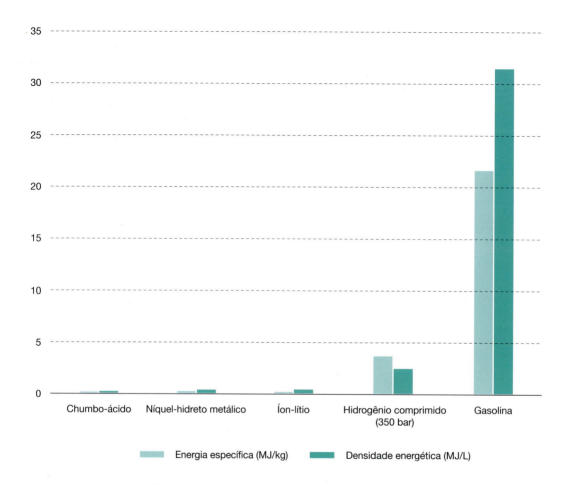

Figura 5.4
Comparação da densidade energética das baterias, do hidrogênio e da gasolina.

de custos se a bateria for volumosa demais, pesada e cara (figura 5.4). Os primeiros carros a bateria elétrica não podiam competir com seus rivais movidos a gasolina e logo desapareceram do mercado, porque as baterias de chumbo-ácido não eram suficientemente compactas e leves. Elas puseram os projetistas diante de um dilema pouco interessante – ou criavam veículos supercarregados com baterias pesadas e caras ou aceitavam uma autonomia limitada e pouco prática. Contudo, como era de esperar, esse dilema foi resolvido, e as baterias acabaram por ocupar no automóvel um espaço proporcionalmente bem maior que o dos tanques de gasolina (figura 5.5).

Mais precisamente, como existem limites práticos à dimensão geral dos automóveis, o volume excessivo da bateria em geral significa que há menos espaço interno para os passageiros e a bagagem. A mudança dos motores de combustão interna para motores elétricos, mais compactos, deixa mais espaço para a bateria, e mover esses motores para as rodas ajuda ainda mais; mas reduzir o volume da bateria a um tamanho aceitável ainda permanece uma meta importante para a engenharia e o design dos automóveis elétricos.

O volume da bateria tem outro efeito. A bateria pode acrescentar vários quilos ao automóvel, e essa massa adicional precisa ser acelerada, consumindo mais energia e exigindo um sistema de propulsão mais potente. Inversamente, a redução do tamanho da bateria de um automóvel produz o efeito concomitante de reduzir a necessidade de energia e os requisitos do sistema de propulsão. Conforme discutido no capítulo 4, quando a exigência de desempenho é reduzida, a

Figura 5.5
A bateria de íons-lítio do Chevrolet Volt (na foto, à esquerda) garante autonomia de cerca de 64 km, equivalente a mais ou menos 4 litros de gasolina.

energia necessária para acelerar e movimentar o veículo pode ser reduzida também, e assim uma bateria menor e mais barata apresentará desempenho desejado.

A oportunidade de desenvolver a tecnologia das baterias

Os especialistas em bateria tentam vencer as dificuldades, procurando maneiras de armazenar eletricidade em espaços pequenos e acrescentando o mínimo de massa possível. Conseguindo melhores proporções energia-volume e energia-massa, eles descobrem oportunidades para projetar novos veículos e expandir as possibilidades de mercado para os veículos elétricos.

Mas isso não é suficiente. Além de fornecer uma densidade energética aceitável, as baterias dos carros elétricos devem alcançar outros requisitos práticos. Devem ser seguras em condições normais de uso e ser suficientemente duráveis – isto é, fornecer um número suficiente de ciclos de carregamento-descarregamento antes que seu desempenho decaia além do aceitável. E, claro, seu custo deve ser suficientemente baixo.

A figura 5.6 ilustra a evolução da tecnologia da bateria e os recentes progressos em direção a essas metas. As baterias de chumbo-ácido são baratas e ainda amplamente utilizadas em alguns casos, como nas bicicletas elétricas da China, mas apresentam vários inconvenientes. As baterias níquel-hidreto metálico são em geral utilizadas nos carros híbridos atuais, como o Toyota Prius. Elas têm densidade energética melhor, mas a um custo maior. As baterias de íons-lítio têm um desempenho ainda melhor e vêm sendo amplamente utilizadas em laptops e em telefones celulares.

Nos últimos anos, as baterias de íons-lítio evoluíram a ponto de serem consideradas uma opção prática para uso em grande escala nos automóveis – e elas ainda devem melhorar. Graças a elas, já se podem fabricar carros elétricos pequenos e leves, com espaço para passageiros e bagagem e autonomia suficiente para que sejam atraentes.

Resumo: o automóvel elétrico a bateria pode efetivamente responder às necessidades dos motoristas urbanos de hoje

Tendo em vista a evolução das baterias e a clara compreensão dos requisitos da mobilidade urbana pessoal (apresentadas no capítulo 4), pode-se concluir que os minicarros elétricos a bateria podem, desde já, atender às necessidades dos motoristas urbanos, colocando-se na condição de se tornar uma alternativa atraente aos automóveis atuais. A primeira geração desses veículos terá desempenho suficiente para iniciar a transição rumo aos automóveis elétricos, e suas vantagens vão aumentar no decorrer do tempo, à medida que outras inovações tecnológicas, junto com a redução de tamanho, se tornem efetivas.

A solução consiste em associar veículos leves, com autonomia suficiente para as cidades, a pequenas baterias de íons-lítio. Tal conjunto torna bastante práticos os veículos descritos no capítulo 4. Seu custo de aquisição e de manutenção é baixo, e eles são seguros, práticos, agradáveis de dirigir, energeticamente eficientes e limpos.

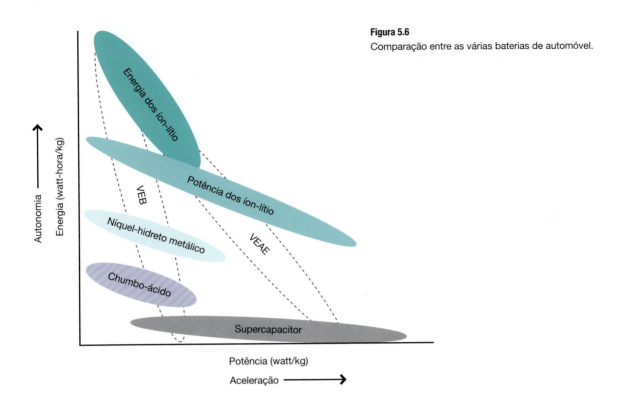

Figura 5.6
Comparação entre as várias baterias de automóvel.

Fornecimento de energia inteligente e limpa

Infraestrutura de recarregamento

Assim como os carros convencionais exigiram a criação de uma ampla infraestrutura para a distribuição e a venda de gasolina em postos convenientemente localizados (cerca de 170.000 nos Estados Unidos) e a utilização em larga escala de veículos a célula de combustível depende da criação de uma infraestrutura de armazenamento e distribuição de hidrogênio, os automóveis elétricos a bateria demandam uma infraestrutura de recarregamento.[1] Coloca-se assim a clássica questão do que deve vir primeiro: os veículos elétricos exigem uma infraestrutura de recarregamento para se tornar atrativos e mais numerosos, ao passo que o investimento em infraestrutura de recarregamento precisa ser justificado pela existência de um número suficiente de veículos elétricos circulando nas ruas.

Felizmente, já existe nas cidades modernas o núcleo do sistema de distribuição obrigatório: a rede elétrica, que foi desenvolvida há mais de um século e hoje se encontra em todo lugar.[2] Com algum esforço, ela pode ser adaptada e ampliada com o propósito de recarregar os veículos elétricos. A questão principal, em termos tecnológicos, econômicos e de design, diz respeito à melhor maneira de transferir a eletricidade da rede para os veículos elétricos.

Trata-se de uma tarefa bastante diferente da distribuição e da transferência da gasolina (figura 6.1). Por questões de segurança e economia, a gasolina deve ser armazenada em grande quantidade em poucos locais da cidade, que precisam ser acessíveis para caminhões-tanque. A partir daí, bombas especiais transferem esse combustível para o tanque dos carros.

Gasolina	Eletricidade
Armazenada em poucos locais	Disponível em vários locais
Transferência rápida para os veículos	Transferência lenta para os veículos
Número ilimitado de reabastecimentos	Número limitado de recarregamentos

Figura 6.1
Comparação entre o reabastecimento a gasolina e o recarregamento com eletricidade.

As tomadas elétricas, por sua vez, encontram-se em toda parte, e conectar-se a elas é muito mais fácil, sendo necessários apenas cabos, e não acesso para caminhões-tanque. Assim, a transferência de pequenas quantidades de eletricidade é econômica. Portanto, é viável criar um sistema de distribuição mais refinado.

Existem também importantes diferenças entre os níveis de transferência da fonte para o veículo. O reabastecimento do tanque de um automóvel na bomba demora apenas alguns minutos. Isso quer dizer que as viagens podem ser interrompidas para rápidos reabastecimentos ao longo do caminho, e os carros em geral não precisam fazer fila nos postos de combustível. Mas o recarregamento da bateria pode levar bem mais tempo – em geral, várias horas – em decorrência das limitações da química da bateria e dos equipamentos de carregamento, a "tubulação" que leva a eletricidade da rede até as baterias.

Finalmente, as operações de reabastecimento e recarregamento têm efeitos distintos. Um tanque de gasolina pode ser abastecido um número ilimitado de vezes, mas a bateria é projetada para fornecer um número limitado de recarregamentos antes de ser substituída e reciclada. Além do mais, os esquemas de recarregamento e descarregamento podem ter efeitos significativos sobre a vida útil da bateria. Isso quer dizer que o manejo da bateria é um assunto importante para os proprietários e usuários de veículos elétricos.

Requisitos de design para a infraestrutura de recarregamento

Vários fatores devem ser considerados ao se decidir como projetar e organizar a infraestrutura de recarregamento de uma cidade. Que distância os automóveis elétricos conseguem percorrer antes que a bateria descarregue? Se tiverem grande autonomia, os postos de carregamento, ou eletropostos, podem ser relativamente espalhados (embora isso aumente o tempo gasto até encontrar um posto adequado). Se a autonomia for menor, os eletropostos devem ser mais próximos. Independentemente da distância entre os pontos de recarregamento, alguma empresa precisará encontrar e comprar o terreno necessário e fornecer as conexões à rede e os equipamentos necessários, uma vez que as políticas de utilização dos espaços público e privado nas cidades – além dos modelos comerciais de equipamentos e os construtores dos eletropostos – exercerão uma forte influência sobre os padrões de implantação.

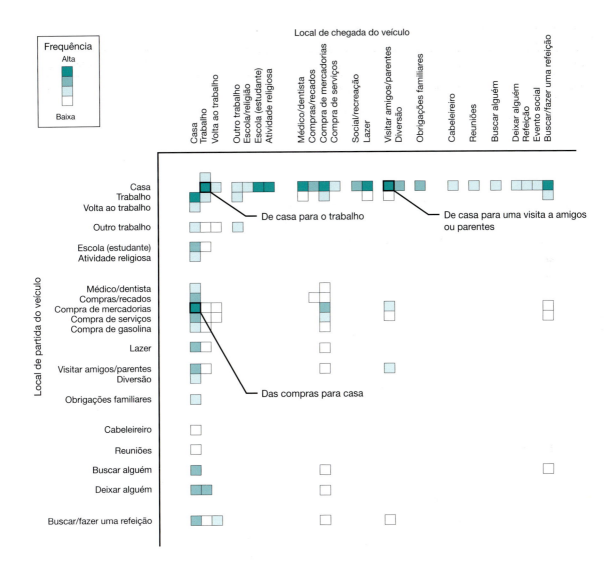

Figura 6.2
Locais onde as pessoas deixam o veículo por pelo menos 30 minutos (fonte: análise dos dados da NHTS feita pela McKinsey and Co.).

Onde deveria acontecer o recarregamento? Logicamente, essa infraestrutura deveria ser instalada primeiro onde os veículos passam grande parte do tempo estacionados, pois assim teriam mais oportunidade de adquirir a energia de que precisam. Uma análise dos dados da National Household Travel Survey indica que, atualmente, os lugares mais comuns – casa, trabalho, shopping centers – são aqueles em que a capacidade de recarregamento seria mais apropriada na maioria das cidades americanas. Na figura 6.2, as linhas representam o lugar onde começam as viagens; as colunas, o lugar onde acabam; e as cores, a frequência com que são feitas. Por exemplo, o trajeto de casa até o trabalho tem cor escura porque é uma viagem muito comum. Outros percursos frequentes são as visitas a amigos e as idas e vindas de casa às lojas.

Entretanto, ao interpretar esses dados, deve-se lembrar que as atividades urbanas e os padrões de utilização do solo sempre evoluíram junto com os sistemas de mobilidade, e que esse critério não é inevitável e talvez não permaneça estável até mesmo onde hoje prevalece. Em determinados contextos, por exemplo, as aglomerações urbanas que combinam moradia e trabalho e os centros revitalizados das cidades estão competindo com os "subúrbios-dormitório", de forma que o percurso diário para locais de trabalho distantes estão se tornando menos importantes. Os shopping centers com amplos estacionamentos existem primeiramente para responder às necessidades dos subúrbios-dormitório, que dependem do automóvel; para eles as condições podem ser menos favoráveis no futuro. Nas áreas que mesclam moradia e comércio com rede de transporte público, cada vez mais populares, os automóveis podem passar muito tempo estacionados perto dos terminais de ônibus. Nos locais em que compartilhar um veículo é uma atitude comum, ele passa mais tempo parado nos pontos de embarque e desembarque do que em casa.

Além da localização, o tempo de recarregamento é outro ponto a ser considerado. Um recarregamento lento – que dure a noite toda, por exemplo – exige que os eletropostos estejam localizados onde os veículos ficam estacionados por longos períodos, enquanto os carregamentos rápidos podem ser mais casuais.

Quanto custa o equipamento de carregamento? Se os carregadores forem caros, seu custo deverá ser justificado pelo alto volume de utilização, de maneira que o recarregamento será com certeza centralizado em locais populares. Mas, se os carregadores forem mais baratos, poderão ser implantados em diversos locais. Em geral, de acordo com as circunstâncias, as duas soluções poderão ser otimizadas.

O padrão diário de utilização do veículo também afeta a estratégia de infraestrutura de recarregamento. Os automóveis que vão de casa para o trabalho podem ser recarregados durante a noite em tomada de 110 V e cumprir um tempo de viagem diário relativamente modesto – talvez duas horas para percorrer menos de 80 km entre ida e volta. Mas os veículos de uso compartilhado podem funcionar de forma quase permanente dezesseis horas por dia e percorrer centenas de quilômetros. Eles precisam de muito mais autonomia entre os recarregamentos noturnos ou então de recarregamentos rápidos durante o dia. (Pode-se fazer uma analogia com as empilhadeiras utilizadas nas fábricas e nos armazéns. Ao contrário dos automóveis particulares, elas podem ter de cumprir três turnos, e, em consequência, devem ser recarregadas rapidamente.)

Seja qual for a estratégia de recarregamento, não se deve criar uma "ansiedade de autonomia" entre os motoristas – a preocupação de ficar parado, sem energia. A necessária impressão de segurança pode ser obtida com automóveis com boa autonomia entre os recarregamentos lentos ou com pontos de recarregamento suficientemente próximos, que ofereçam um recarregamento rápido quando o motorista perceber que a carga da bateria está baixa.

A infraestrutura de recarregamento e a rede elétrica

Obviamente, os padrões de projeto e desenvolvimento da infraestrutura de recarregamento de uma cidade precisam atender diariamente às exigências dos motoristas. De forma menos óbvia, mas não menos importante, a infraestrutura de recarregamento precisa ser adequada à capacidade da rede elétrica.

Primeiramente, existe a questão da capacidade da rede. Felizmente, as tomadas de 110 V para carregamentos noturnos não deverão representar um problema na maior parte dos casos. Mas a utilização de voltagens mais altas para recarregamentos mais rápidos pode ter consequências até a subestação elétrica – ou até além.

Em segundo lugar, é preciso considerar a comercialização da eletricidade e o equilíbrio de carga. Os veículos elétricos não apenas podem pegar a eletricidade da rede, como também armazená-la, em alguns casos produzi-la a bordo e vendê-la. A questão de saber otimizar essas habilidades será cada vez mais crucial, à medida que veículos e redes elétricas mais limpas e sofisticadas evoluam em conjunto.

A partir daí, o tempo que um automóvel fica conectado à rede elétrica e a distribuição desse tempo ao longo do dia afetam a capacidade de comercializar a eletricidade – de comprá-la, armazená-la e vendê-la de forma vantajosa, de acordo com a flutuação dos preços. Como veremos adiante, esse pode ser um importante fator para minimizar o custo da eletricidade para os motoristas, para manter a operação da rede elétrica equilibrada e para tornar efetivo o uso de fontes de energia limpas, porém intermitentes, como as turbinas de vento e os painéis solares. Se um automóvel não estiver conectado à rede quando fizer sol, por exemplo, não pode aproveitar a energia então produzida.

Em terceiro lugar, existem questões relativas à qualidade do abastecimento elétrico. Será que a chegada de um grande número de veículos elétricos aos eletropostos acabará degradando a qualidade do serviço? Alternativamente, poderemos aproveitar sua capacidade de armazenamento para ajudar a regular a frequência e a voltagem e para fornecer a energia de alta qualidade que os equipamentos eletrônicos modernos e os prédios inteligentes demandam?

As companhias elétricas com certeza farão grandes investimentos no desenvolvimento e na distribuição dos eletropostos, e as estratégias nesse sentido deverão levar em conta seus interesses e suas preocupações.

Recarregamento lento versus recarregamento rápido

Os padrões de distribuição inicial da infraestrutura de recarregamento e sua evolução a longo prazo serão determinados pelas escolhas feitas. As implicações imediatas dessas escolhas são razoavelmente claras, mas há várias incertezas de longo prazo, e as discussões devem levar isso em consideração.

As baterias de íon-lítio atuais (e suas alternativas), por exemplo, demoram para ser carregadas – em geral são necessárias oito horas ou mais para recarregar completamente uma bateria de automóvel em uma tomada de 110 V. Os carregadores capazes de reduzir esse tempo são caros – um carregador de 240 V costuma custar US$ 1.000. (Um dos motivos para isso é que eles precisam de peças especializadas, "tubos" mais largos para transferir a eletricidade rapidamente da tomada à bateria. Outro é que a transferência rápida de grande quantidade de eletricidade gera certo perigo que é necessário administrar.) Dessa forma, o modelo inicial para transferir eletricidade aos veículos elétricos deverá de preferência ser lento, com recarregamentos à noite, na casa do proprietário, talvez com algumas horas de recarregamento durante o dia no local de estacionamento.

Entretanto, estão sendo realizadas pesquisas para desenvolver carregadores mais rápidos. Uma parceria entre a Nissan e a Ecotality (uma fabricante de carregadores) anunciou um plano para desenvolver veículos elétricos e eletropostos em Phoenix (no Arizona), por exemplo. A ideia é oferecer as opções de recarregamento de doze horas em tomadas de 110 V na garagem das casas; carregamentos de quatro horas com carregadores domésticos que custam entre US$ 500 e US$ 700; e carregamento completo em meia hora, ou complemento da carga em dez minutos, em locais públicos, com carregadores de US$ 15.000.[3]

No Japão, existem planos para desenvolver centenas de eletropostos "expressos". A Tokyo Electric Power (Tepco) planeja fornecer equipamentos de US$ 36.500 capazes de carregar em cinco minutos a bateria de um pequeno veículo elétrico para uma autonomia de 40 km, e em dez minutos para uma autonomia de 60 km.[4] Contudo, quando o custo dos recursos adicionais da rede para suportar esses carregadores é levado em conta, o custo total de instalação pode ser significativamente mais alto. Uma parada de cinco minutos para recarregar a bateria é comparável ao tempo necessário para reabastecer um tanque de gasolina, e o custo dos equipamentos de recarregamento é comparável ao dos tanques subterrâneos e das bombas de um posto de gasolina, de forma que o padrão acaba sendo similar ao dos postos atuais.

Uma alternativa que vem chamando atenção e pode se mostrar viável é a troca de baterias descarregadas por baterias carregadas em postos específicos. Essa solução é boa para laptops, bicicletas elétricas e motonetas, cuja bateria é pequena e pode ser facilmente removida e substituída. É muito mais difícil com o automóvel, cuja bateria é maior, mais pesada e tem formas e tamanhos diversos.[5] O esquema de trocar baterias impõe limitações ao design do automóvel, demanda equipamentos mecânicos especializados, é difícil de executar no tempo necessário para evitar filas nos postos de troca e traz problemas potenciais de confiabilidade mecânica.

Em geral, o ideal de fornecer carregadores rápidos para baterias de automóveis em vários lugares não é um problema tecnicamente insolúvel. O problema é que o custo – dos carregadores, da instalação e da rede adicional necessária – é mais alto do que o dos carregadores lentos e, na prática, talvez eles não sejam atraentes o suficiente do ponto de vista comercial (pelo menos, não sem subsídios).

Carregamento por contato versus carregamento indutivo

Nas tomadas elétricas padrão, o fluxo de eletricidade se dá pelo contato direto de materiais condutores. Esse processo é direto e eficiente, e muitos veículos elétricos em funcionamento ou em fase de desenvolvimento podem conectar-se às tomadas por cabos. Já há tentativas de padronizar esses equipamentos.

Outra possibilidade – usada nas escovas de dente elétricas e seus suportes – é transferir a eletricidade por meio de indução, sem contato direto entre materiais condutores. A transferência indutiva requer uma bobina primária na rede e uma bobina secundária no veículo, distantes entre si por espaços relativamente pequenos (de 12 cm a 15 cm). Ela pode acontecer por pequenos intervalos de ar ou por meio de materiais como o plástico. O primeiro automóvel elétrico da GM, o EV1, utilizava portas de saída indutivas e raquetes para recarregar.

Uma das vantagens do carregamento indutivo é o fato de ele permitir grande variedade de opções de design para a colocação de bobinas primárias nos locais de estacionamento e secundárias no veículo (figura 6.3). Por exemplo, as bobinas primárias podem ser posicionadas no chão; as secundárias, embaixo do veículo. Assim elimina-se a necessidade de fiação, conectores e soquetes e simplifica-se o recarregamento: basta colocar o veículo sobre a bobina.

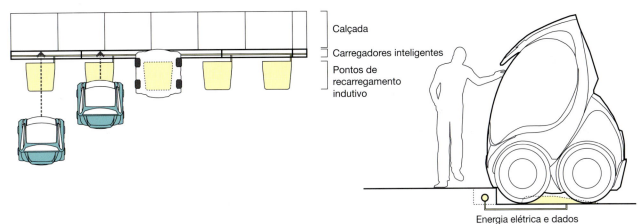

Figura 6.3
Carregamento indutivo de um CityCar.

Outra vantagem é que as bobinas primárias e secundárias podem ser fechadas hermeticamente – tornando-se à prova d'água e de vandalismo – e funcionar sob condições difíceis ou fora de controle.

Entretanto, os carregadores indutivos tendem a ser pesados e mais caros do que os de contato. Seu nível de transferência costuma ser mais baixo. E até agora houve menos empenho em tentar estabelecer padrões para que sejam utilizados nos automóveis.

As implicações do avanço tecnológico das baterias

Seria insensato basear as estratégias para o desenvolvimento inicial de uma infraestrutura de recarregamento em suposições irrealistas sobre a capacidade e o custo das baterias, dos componenetes eletrônicos e das redes elétricas. Não vão acontecer milagres que desafiem a física. Mas também é insensato imaginar que as restrições atuais serão permanentes. Com o crescimento da internet – e os extraordinários avanços na maneira de processar a energia, na capacidade de armazenamento e na largura da banda –, o aumento no número de veículos elétricos conectados a redes elétricas mais inteligentes justifica que se façam amplos investimentos em pesquisa e desenvolvimento, e significativos e duradouros aperfeiçoamentos no seu desempenho.

Em especial, as restrições impostas pela química das baterias não são imutáveis. Recentemente, por exemplo, os pesquisadores do MIT desenvolveram uma maneira muito mais rápida de carregar e descarregar baterias de íons-lítio.[6] Essa tecnologia ainda está no início, e é importante notar que o carregamento rápido da bateria não é suficiente em si; deveria ser utilizado em conjunto com carregadores rápidos, conforme descrito acima.

Tecnologias dessa espécie não apenas poderiam reduzir o tempo de carregamento dos automóveis, como também acolher as altas correntes geradas pela frenagem regenerativa, quando os motores elétricos são chaveados para atuar como geradores. Em modo de descarregamento, elas seriam também capazes de possibilitar a distribuição de energia rápida para arrancadas semelhantes às dos carros de corrida. O crescimento do mercado de veículos elétricos pode estimular seu desenvolvimento.

Se o tempo de recarregamento e o custo diminuírem, novas possibilidades de desenvolvimento de infraestrutura de recarregamento poderiam também aparecer, eliminando a necessidade de longos períodos em casa ou no trabalho para recarregar os veículos. A longo prazo, os veículos elétricos poderão ser recarregados com frequência e automaticamente nos locais de estacionamento – a despeito de a carga ser completa ou parcial. A possibilidade de recarregar completamente a bateria nos locais de estacionamento ou em postos amplamente distribuídos poderia diminuir de forma significativa o nível de ansiedade dos motoristas – a preocupação de ficar parado sem a possibilidade de recarregar.

Eletrificação dos estacionamentos

Os carros movidos a gasolina tornaram comum o ritual de encher o tanque nos postos de combustível. Os carros elétricos eliminam esse procedimento, mas mudam também o comportamento do veículo e do motorista, e isso precisa ser cuidadosamente esquematizado.

Uma maneira simples de começar o recarregamento é plugar o veículo em um carregador, como se faz com diversos equipamentos domésticos. Essa opção já foi demonstrada várias vezes. Contudo, seu êxito depende de o motorista se lembrar de executar a tarefa. Uma opção mais conveniente e menos arriscada é fornecer um mecanismo de carregamento automático, como se faz com os robôs de armazém, que se plugam sozinhos. Essa solução é viável no espaço controlado das garagens, mas mostra-se um desafio técnico nas vagas de estacionamento das ruas, nas quais é preciso considerar critérios como água, neve, cachorros e até vandalismo.

Outra possibilidade consiste em substituir o carregamento condutivo pelo carregamento indutivo e estacionar os veículos perto de bobinas de indução. As bobinas primárias podem ser localizadas no chão (em garagens ou nas ruas), para servir as bobinas secundárias localizadas embaixo dos veículos (como no caso de alguns ônibus elétricos indutivamente carregados), ou em estruturas verticais, para servir as bobinas secundárias posicionadas na frente ou na traseira dos veículos.

As garagens podem ser modernizadas com equipamentos de carregamento, e o custo extra será baixo o bastante (em relação ao custo do imóvel) para que o investimento seja atraente para os construtores e administradores de estacionamentos. Nos lugares em que o custo de construção está na faixa de US$ 1.000 por metro quadrado e os carregadores custam cerca de US$ 1.000 por posição, o custo de implementação do sistema não é alto. E nos lugares em que o rendimento diário da vaga de estacionamento equivale a US$ 100, a combinação entre taxa de ocupação maior e o valor mais alto cobrado pela vaga eletrificada pode rapidamente se traduzir em lucros atraentes. (Esses números são aproximados e sujeitos a mudanças conforme as circunstâncias, mas você pode plugar o seu próprio e verificar a consistência dessa rápida análise.)

Nos estacionamentos "gratuitos", como os de alguns shopping centers, o custo das vagas está embutido no custo do próprio negócio. Os comerciantes serão motivados a investir na eletrificação quando estudos mostrarem que essa atitude será capaz de atrair um número suficiente de clientes – ou efetivamente evitar que muitos clientes sejam atraídos pela concorrência.

É provável que haja mais incentivos para eletrificar os estacionamentos. Por exemplo, o Green Building Council desenvolveu o Leadership Energy and Environmental Design (LEED), um sistema de certificação de edifícios ecológicos. O apoio do LEED às "garagens ecológicas" trará um grande estímulo ao seu desenvolvimento. Além do mais, as cidades que quiserem alcançar metas de energia limpa e conter a emissão de carbono certamente poderão, em determinado momento, começar a exigir estacionamentos ecológicos para liberar a construção dos empreendimentos.

O tamanho reduzido dos minicarros elétricos tem ainda a vantagem de liberar terreno para outros usos. E o valor do terreno assim liberado pode ser significativo e compensar o custo da eletrificação da garagem. Nas novas habitações, as garagens poderão ser menores e mais integradas ao espaço habitacional.

As garagens fechadas oferecem a possibilidade de recarregamento sob condições climáticas controladas, sem chuva e neve. Isso pode ser especialmente importante em lugares muito quentes ou frios, já que o recarregamento da bateria não funciona muito bem sob temperaturas extremas. Nas mesmas condições, também é razoável preaquecer ou esfriar o espaço interno do automóvel com o mesmo sistema de carregamento da bateria, o que reduzirá a utilização da energia ao dirigir e ajudará a aumentar a autonomia do veículo.

Ruas inteligentes

Em determinadas áreas urbanas os carros podem parar apenas em estacionamentos; em outras eles dispõem apenas das ruas; e há cidades que contemplam os dois tipos de espaço. Seja como for, as estratégias de eletrificação dos espaços de estacionamento precisam considerar todas as hipóteses em um conjunto.

Uma diferença entre parar na rua ou em estacionamentos é que as vagas de rua ficam expostas às intempéries e aos vândalos. Portanto, os equipamentos de carregamento de rua precisam ser mais robustos e cuidadosamente protegidos, o que aumenta o seu custo.

Outra diferença é que as vagas de rua são públicas. Embora possam trazer uma boa renda para os municípios (tanto pela cobrança de tarifas quanto pela aplicação de multas), elas servem primariamente às necessidades dos moradores e do comércio local. Se o número de vagas for limitado, o valor dos imóveis e das lojas é afetado.

O investimento na eletrificação das vagas de rua deve ser justificado como uma boa aplicação do dinheiro dos contribuintes. Os moradores e os comerciantes que dependem dessas vagas (por não ter outro lugar próximo para recarregar os veículos) têm um interesse especial nos planos de eletrificação pública, o que dá às autoridades municipais (principalmente aos prefeitos) a possibilidade de criar campanhas para a utilização de veículos elétricos limpos e ecológicos.

As vagas de rua eletrificadas também poderão se tornar elementos de um sistema de infraestrutura viária cada vez mais complexo. A infraestrutura viária atual inclui iluminação e sistemas de alarme (alguns do século XIX, dependendo da localidade), sinais de trânsito, mobiliário urbano, pontos de ônibus, anúncios, sensores, câmeras de segurança, postos de combustível, telefonia celular e internet sem fio. Para tudo isso é necessário eletricidade e sistemas de comunicação, e a possibilidade de combinar funções é grande. Com a abertura de novas vias e a melhoria das existentes, é possível substituir esse emaranhado de sistemas superpostos e independentes por "ruas inteligentes", que forneçam a eletricidade, os sensores e os recursos de comunicação. Os pontos de recarregamento de rua devem ser encarados como mais um elemento dessa infraestrutura integrada – e catalisadores potenciais para sua criação.

Em especial, existe a possibilidade de associar as funções dos parquímetros e dos carregadores de veículos. Os parquímetros eletrônicos, que começaram a substituir os modelos mecânicos, também precisam de energia elétrica. Parquímetros e carregadores devem ainda perceber e registrar a presença do veículo e o consumo de energia. Se ligados à rede de telecomunicações, ambos podem fornecer dados válidos e em tempo real para gerenciar as vagas e os equipamentos

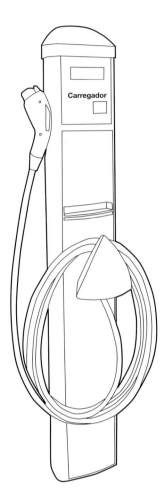

Figura 6.4
Coluna projetada para os pontos de recarregamento, desenvolvida pela Coulomb Technologies em São Francisco.

elétricos. A associação dessas funções em um único aparelho só pode gerar economia.

No início de 2009, São Francisco iniciou a pioneira implantação de pontos de carregamento de rua. Os carregadores, desenvolvidos pela empresa Coulomb Technologies, serão distribuídos ao longo de dois anos, em uma parceria com o município, com as locadoras de veículos e com a companhia pública de eletricidade. Os carregadores foram projetados como colunas (figura 6.4), às quais os veículos elétricos se conectam. Seu software é projetado para atender às necessidades dos motoristas, das concessionárias de serviços públicos, dos municípios e dos proprietários de estacionamentos.

Carregadores inteligentes nas calçadas

Quando os minicarros elétricos tiverem entrada e saída pela frente e forem curtos o bastante para estacionar de frente para a guia, ocupando a largura atual das vagas, as coisas vão mudar. A parte de baixo do carro vai se tornar o ponto lógico de carregamento, proporcionando novas opções de design ao veículo.

Indo direto ao ponto, existe a oportunidade de desenvolver "guias inteligentes", com eletricidade e carregadores posicionados embaixo do carro (figura 6.5). O primeiro desafio evidente é que devem ser à prova d'água, mas o problema não parece insuperável, especialmente com o uso de carregamento indutivo. A instalação poderá ter custo baixo se for realizada junto com a abertura da rua ou no momento em que ela passar por manutenção. Na pior hipótese, sua implementação exige apenas a remoção e a substituição dos blocos de

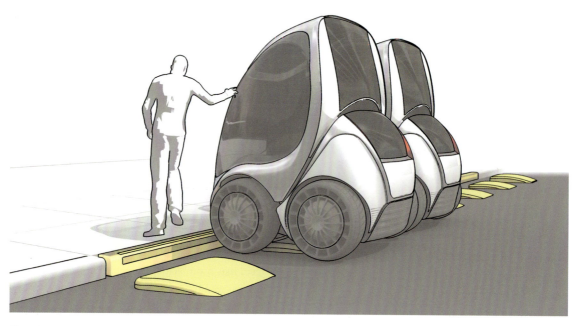

Figura 6.5
Vagas de rua com guias inteligentes para recarregamento indutivo.

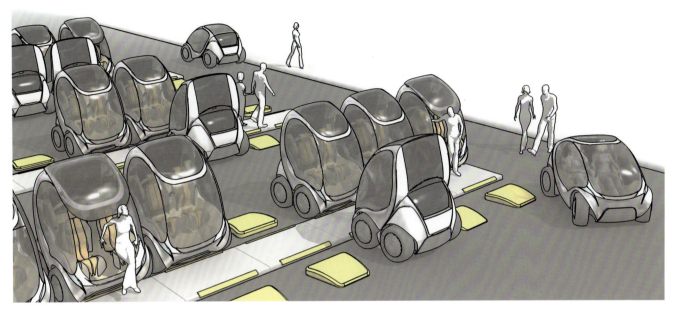

Figura 6.6
Calçadas de recarregamento indutivo podem ser superpostas ao pavimento dos estacionamentos existentes.

concreto, e não de toda a área pavimentada. As guias inteligentes têm a incrível vantagem de não tomar mais espaço da rua e não obstruir a passagem dos pedestres.

Nos grandes estacionamentos (existentes ou novos), "calçadas inteligentes" podem ser construídas (figura 6.6). Como as guias inteligentes das ruas, elas terão eletricidade e pontos de carregamento, oferecendo ainda a vantagem de proteger os pedestres do tráfego de veículos.

Eletrificação potencial das pistas

A longo prazo, será possível ampliar ainda mais a infraestrutura de fornecimento de eletricidade com faixas ou outros mecanismos de carregamento em locais apropriados da pista de rolagem. A localização mais interessante para elas deverão ser as vias de alto investimento, muito utilizadas e cuidadosamente controladas, como as pontes e os túneis que levam até Manhattan ou os extensos túneis do Big Dig de Boston.[7]

Sua viabilidade técnica foi demonstrada em alguns sistemas de bonde modernos, em especial no sistema APS, empregado nos bondes de Bordeaux desde 2003.[8] Esse sistema utiliza um terceiro trilho dividido em segmentos eletrificados de 8 m intercalados com segmentos neutros de 3 m. Para a segurança dos pedestres, um sensor percebe quando o bonde está passando sobre um segmento, ligando-o; quando o bonde se afasta, o segmento é desligado. A transferência da energia é feita por patins de acumulação instalados nos bondes, próximos à pista. Esse sistema não fornece energia de forma suficientemente rápida para que a bateria seja totalmente recarregada no tempo em que o veículo fica em contato com ele, mas pode ampliar a autonomia do veículo.

Em 2009, o KAIST (Korean Advanced Institute of Science and Technology) apresentou um protótipo de veículo elétrico alimentado indutivamente por cabos instalados abaixo da rua (figura 6.7). Entretanto, ainda é preciso verificar se a eletrificação das pistas é econômica também para veículos pequenos. Os automóveis exigiriam segmentos de recarregamento menores do que os dos bondes, e é bem provável que não precisem se posicionar com tanta precisão. Contudo, a combinação de faixas de recarregamento com um sistema de orientação eletrônica pode solucionar essa dificuldade.

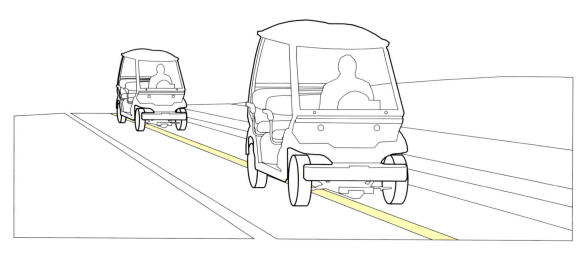

Figura 6.7
Demonstração de como os veículos elétricos da KAIST são recarregados na própria pista de rolagem.

A transferência a partir de pistas eletrificadas pode ser realizada por meio de mecanismos de contato (como nos bondes de Bordeaux) ou de indução (como nos carros da KAIST). Uma interessante possibilidade de longo prazo (ainda em fase de pesquisa e longe de ser aplicada na prática) é a "witricidade" – uma combinação de indução e ressonância desenvolvida pelo pesquisador Marin Soljačić, do MIT, que permite um carregamento eficiente pelo ar a distâncias maiores do que com o sistema tradicional de carregamento.[9]

A possibilidade de recarregar os veículos parados ou em movimento é uma maneira potencialmente prática, embora de longo prazo, de eliminar a necessidade de optar entre a flexibilidade dos veículos elétricos a bateria e a eficiência dos veículos continuamente carregados, como os bondes e os trens elétricos. Os veículos que possam captar energia sempre que ela estiver disponível e que funcionem com baterias quando ela não estiver representarão o melhor dos dois mundos.

A implementação da infraestrutura de recarregamento

Um problema tradicional dos novos sistemas de mobilidade é a necessidade de fazer grandes investimentos em infraestrutura antes que se obtenha retorno em termos de mobilidade. No entanto, não é preciso construir uma imensa infraestrutura de recarregamento antes que a mudança para os veículos elétricos a bateria possa acontecer. É possível adotar estratégias de mudança flexíveis. Pode-se começar com veículos de baterias grandes, que demandam muito tempo para recarregar, e passar gradualmente para veículos mais leves, à medida que a densidade e a extensão da infraestrutura cresçam e que a tecnologia das baterias seja aprimorada.

Do ponto de vista geográfico, a construção da infraestrutura deveria seguir o princípio racional e imparcial de fornecer liberdade de movimento a baixo custo de acordo com a densidade da população (figura 6.8). A cobertura de áreas urbanas densas deve ser completa. Nas áreas menos densas, ela deve ser feita em torno dos principais nós da rede – como acontece com o abastecimento de água, esgoto e luz elétrica. Os veículos elétricos a bateria não são apropriados para áreas esparsamente habitadas, nas quais as distâncias percorridas são extensas e há espaço para veículos grandes e menos problemas relacionados à qualidade do ar. Nesses locais têm mais sentido os veículos de célula a combustível de hidrogênio ou os veículos com autonomia estendida.

Há muitas partes envolvidas no desenvolvimento de uma infraestrutura de recarregamento, e os progressos dependerão do reconhecimento de suas diferentes limitações, do alinhamento dos incentivos e da coordenação efetiva dos esforços de cada uma. Os fornecedores de baterias e carregadores podem acelerar o processo e abrir novas possibilidades, melhorando continuamente o desempenho e baixando o custo (graças a uma ampla concorrência). As companhias elétricas podem começar a explorar as sinergias entre veículos elétricos e redes inteligentes. As construtoras imobiliárias e o comércio podem se beneficiar das vantagens competitivas e das oportunidades de rentabilidade conferidas pelos

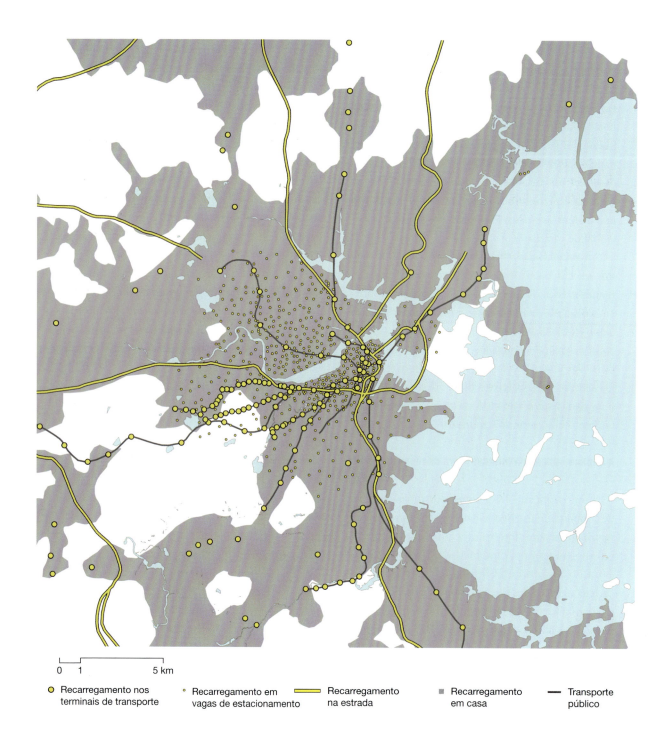

estacionamentos ecológicos. As autoridades podem criar incentivos e mostrar liderança. E os urbanistas e engenheiros podem desenvolver soluções criativas para a complexa questão de inserir essa nova infraestrutura no espaço urbano de forma harmoniosa, segura e confiável.

Esse processo será conduzido por um equilíbrio de interesses. Os motoristas desejam minimizar sua ansiedade. As companhias elétricas procurarão tirar proveito das novas oportunidades para equilibrar o custo e melhorar a qualidade do abastecimento de eletricidade. Os comerciantes querem atrair os consumidores. E os governos, preocupados com a sustentabilidade, deverão incentivar a adesão aos veículos elétricos, tornando-os tão convenientes quanto possível nos primeiros tempos.

Assim como ocorreu com o desenvolvimento da internet, esse processo pode ser facilitado por novas normas e pelos fatores exteriores à rede. Quanto mais pontos de carregamento houver na rede da mobilidade, maior será o benefício de investir na instalação de mais um ponto, em casa ou no trabalho. Isso, por sua vez, aumenta o valor dos pontos de carregamento existentes. E à medida que a rede cresce, os veículos elétricos se tornam mais leves, mais energeticamente eficientes e mais práticos.

Resumo: não há barreiras insuperáveis à criação de uma infraestrutura efetiva de recarregamento

Não é necessário investir maciçamente em uma infraestrutura de recarregamento para que os veículos elétricos comecem a ser utilizados em larga escala. O carregamento lento, em tomadas de 110 V, em casa ou no trabalho, será suficiente no início.

Contudo, essa estratégia de carregamento tem limitações importantes, e, à medida que os veículos elétricos se popularizarem, provavelmente será necessário investir em infraestrutura de recarregamento mais sofisticada. Isso levará os pontos de recarregamento até os estacionamentos e, por fim, até as ruas. O tempo de recarregamento deverá ser reduzido – no início, no horário em que os automóveis ficam estacionados; depois, mais rapidamente e a qualquer momento, diminuindo o período que o veículo fica imobilizado. E haverá um ciclo efetivo de desenvolvimento: mais automóveis elétricos gerarão a demanda por uma infraestrutura mais abrangente e sofisticada, e essa infraestrutura aumentará o apelo dos automóveis elétricos.

Figura 6.8
Possível distribuição geográfica da infraestrutura de recarregamento em Boston.

7

A integração dos veículos às redes elétricas inteligentes

Historicamente, os sistemas de mobilidade baseados no automóvel e os sistemas de fornecimento de energia foram projetados e têm operado de forma totalmente independente. Com a eletrificação da mobilidade, porém, haverá vantagens em projetar e operar esses sistemas de forma cuidadosamente integrada. Especialistas em eletrônica de potência e em redes, tecnólogos da informação e projetistas de veículos elétricos precisarão trabalhar em conjunto para criar um novo sistema urbano.

Não se pode pensar nos veículos elétricos apenas como simples consumidores de eletricidade fornecida pela rede. Parar grande quantidade de veículos em estacionamentos eletrificados tem o efeito positivo de introduzir capacidade de acumulação de energia na rede em escala significativa. As atuais redes elétricas têm pouca ou nenhuma capacidade de acumulação, e essa inovação pode ajudar a resolver o conhecido problema de "nivelamento de carga" – a condição de ter uma capacidade de produção ociosa quando a demanda de energia é baixa e insuficiente quando a demanda é alta (figura 7.1). Além do mais, a dupla funcionalidade torna todo o processo econômico: os veículos servem como equipamento de mobilidade quando estão rodando e como equipamento de acumulação de energia uma vez estacionados.

O nivelamento da carga não é o único benefício potencial de integrar os veículos às redes elétricas. Os especialistas ressaltam que a disponibilidade

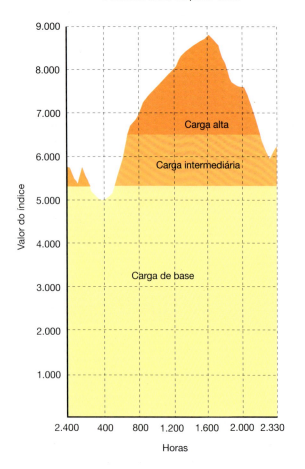
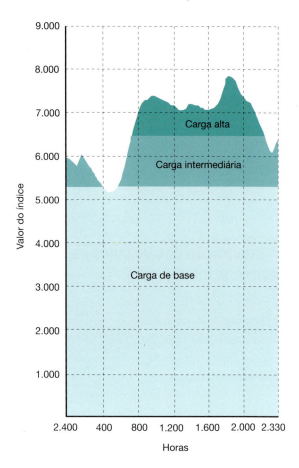

Figura 7.1
Curvas de carga de uma rede elétrica típica, com o potencial de nivelamento dos veículos elétricos. Estes podem comprar e acumular eletricidade nos períodos de carga reduzida e evitar a compra e até a venda nos períodos de pico.

de acumulação nas baterias facilita também a regulagem da frequência e da voltagem. Os veículos elétricos não devem ser tratados como consumidores passivos de energia, e sim tornar-se parceiros ativos na administração eficiente das redes elétricas.

Estratégias de nivelamento de carga

A maneira mais simples e óbvia de aproveitar a capacidade de nivelamento de carga proporcionada pelos veículos elétricos consiste em recarregar as baterias nas primeiras horas da manhã – quando a maior parte dos veículos ainda não está sendo usada e a demanda de energia é mais baixa, assim como seu custo. Os veículos poderiam ser programados para recarregar nas horas mais vantajosas; ou, com sistemas mais sofisticados, eles mesmos poderiam monitorar seus padrões de uso diário e os preços da energia, de maneira a otimizar seu recarregamento de acordo com essas informações.

Em princípio, é possível também que os veículos elétricos vendam a eletricidade que compraram da rede a preço baixo, para a mesma rede, e a um preço mais alto, quando a demanda for alta. Veículos elétricos com autonomia ampliada também podem vender a eletricidade que produzirem a bordo. Quando você sair de férias sem o automóvel, por exemplo, seu veículo elétrico, temporariamente parado, poderá comprar eletricidade nas horas de pouca demanda e depois vendê-la nas horas de pico. Contudo, é preciso considerar se o desgaste da bateria provocado por sucessivos carregamentos e descarregamentos compensa os ganhos obtidos com a operação. O retorno financeiro desse comércio pode não ser suficiente para abrir mão da flexibilidade decorrente do fato de sempre ter uma bateria totalmente recarregada. A curto prazo, então, a venda à rede em horário de pico pode parecer muito menos atraente do que a compra em horário de baixa demanda, mas essa situação poderá mudar à medida que as tecnologias se desenvolvam. Além do mais, a energia acumulada na bateria do carro certamente pode proporcionar uma reserva em caso de emergência.

Esses efeitos sobre a venda e a compra conforme a alta e a baixa da demanda por parte dos veículos elétricos não são banais, como mostram alguns cálculos rápidos. Uma casa urbana típica deve consumir 10 kWh de eletricidade por dia, e a bateria de um veículo deve acumular uma quantidade equivalente de energia. O número de veículos de uma dada área urbana deve ser aproximadamente igual ao número de residências, de forma que a frota de veículos seria capaz de acumular uma fração significativa da eletricidade para alimentar todas as casas durante um dia.

A efetividade do balanceamento da carga por meio dos veículos elétricos, entretanto, dependerá muito do verdadeiro custo da eletricidade. Para ilustrar, vamos considerar o seguinte exemplo, baseado nos preços dos Estados Unidos em 2009. Os minicarros elétricos deverão percorrer de 12 a 16 km com 1 kWh. Isso quer dizer que os proprietários desses veículos vão pagar menos de US$ 0,01 por quilômetro se utilizarem a eletricidade em seu preço médio, e que vão gastar menos de US$ 100 por 16.000 km por ano. Agora, se eles recarregarem fora do horário de pico ao custo de US$ 0,05 por kWh, pouparão de US$ 30 a US$ 50 por ano (o custo de um a dois tanques de gasolina). Vamos considerar também que eles vendam diariamente 2 kWh no horário de pico da demanda ao preço de US$ 0,15. Embolsarão US$ 0,20 na transação e abrirão mão de 25 a 32 km de autonomia. Na ausência de preços muito mais elevados, ou de outros incentivos, essa troca não parece ser muito atraente.

Essa análise, contudo, parte de um cenário em que os veículos são de propriedade particular, os recarregamentos são pouco frequentes e a preocupação é a autonomia. No contexto das grandes frotas de veículos que forneçam mobilidade sob demanda (ver capítulo 8), a otimização do uso da eletricidade será importante para os administradores. E no contexto do recarregamento automático onipresente, conforme discussão no capítulo 6, a autonomia pode não ser um problema.

Muitas complicações ainda precisam de estudo. Mas desde já parece claro que, no que diz respeito ao sistema energético em grande escala, os veículos elétricos podem trazer novas e importantes vantagens. Quando em movimento, proporcionam mobilidade; quando parados e conectados à rede elétrica, oferecem capacidade de acumulação, muito necessária. Ao contrário dos carros atuais, que passam a maior parte do tempo parados e improdutivos, os veículos elétricos não precisam ficar ociosos.

O uso mais eficiente dos combustíveis fósseis

Na prática, onde as redes elétricas vão obter a energia necessária para alimentar uma grande quantidade de veículos elétricos? A resposta a essa pergunta vai determinar se os veículos elétricos trarão ou não uma redução significativa na emissão de carbono.

Na maioria dos contextos atuais, a maior parte da eletricidade é gerada pela queima de combustíveis fósseis – carvão, petróleo e gás natural – em grandes usinas termelétricas. Esse processo também é responsável pela maior parte da emissão de carbono do mundo. O problema é particularmente grave na China, onde a produção de eletricidade depende muito do carvão. É mais fácil controlar a emissão no local de queima do carvão do que no escapamento dos automóveis, e, no futuro, será possível até isolar o carbono produzido nas usinas; mas, no contexto atual, a substituição da eletricidade produzida a partir do carvão pela gasolina apenas desloca grande parte do problema do escapamento para a chaminé.

Entretanto, devemos lembrar acima de tudo da alta eficiência energética dos minicarros elétricos. Mesmo que a eletricidade que os alimenta seja produzida a partir do carvão, eles continuam jogando no ar menos gases estufa do que os automóveis convencionais, que utilizam a gasolina como combustível, e do que os veículos elétricos híbridos.

Os especialistas têm insistido que a velha matriz energética seja alterada e sugerem metas agressivas para conseguir esse objetivo até 2050 – eliminando, por exemplo, a entrega de combustíveis fósseis nas cidades até lá. Mas há um grande investimento nas usinas e nas linhas de abastecimento existentes, e o desenvolvimento e a implantação de alternativas adequadas exige tempo, de forma que a mudança deverá ser mesmo gradativa. Na prática, precisamos de estra-

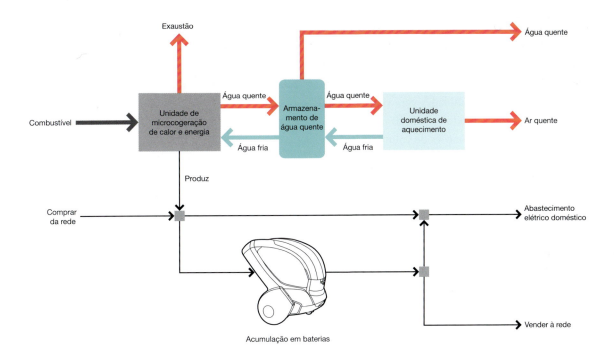

Figura 7.2
O princípio de cogeração aplicado a aquecimento solar em escala doméstica, com sistema de refrigeração.

tégias pontuais para abandonar progressivamente os combustíveis fósseis e introduzir alternativas o mais rápido possível.

Um bom primeiro passo é começar a tirar a combustão dos veículos em movimento e passá-la para instalações fixas dentro dos prédios. Os sistemas de cogeração de calor e energia (CHP) – em grande e pequena escala – já são bastante utilizados, e com sucesso. Eles empregam o conhecido princípio da cogeração para conseguir a geração eficiente e simultânea de eletricidade e calor para aquecer a água e os ambientes (figura 7.2).[1] Em algumas versões, esses sistemas fornecem também resfriamento de ambientes. Eles podem ser instalados em cada prédio ou por grupos de edifícios. A eletricidade assim produzida pode ser utilizada para alimentar os prédios e recarregar os veículos estacionados nas garagens.

No nível do processo de conversão, essa solução é mais eficiente do que a combustão de gasolina por milhões de motores de carros, já que a maior parte do calor gerado é adequadamente utilizada. Além do mais, consolidar as pequenas "unidades de cogeração" em menos locais (embora em número maior do que as grandes), representa economia de escala. A imobilização das unidades gera economia de energia, que de outro modo seria utilizada para deslocá-la, minimiza as limitações de volume, espaço e design das unidades, e simplifica o abastecimento de combustível e os sistemas de acumulação – que precisarão chegar a menos lugares. E, finalmente, a estratégia permite a administração mais eficiente da emissão de carbono e de outros resíduos.

As primeiras unidades de cogeração eram grandes – serviam universidades e estruturas semelhantes – e utilizadas principalmente para produzir eletricidade, sendo o calor um produto secundário (para aquecer a água e os ambientes). Mais recentemente, as unidades de microcogeração de calor e energia tornaram-se rentáveis. Elas são projetadas para funcionar em residências e pequenos edifícios comerciais e subvertem o enfoque, pois servem primeiro para aquecer os ambientes e a água, e depois para gerar eletricidade. Em geral, produzem mais eletricidade do que exigem os prédios onde estão instaladas, e essa eletricidade excedente pode ser usada para carregar veículos elétricos nas garagens.

Colocar a combustão dentro dos prédios representa uma virada histórica. O processo de combustão – junto com o abastecimento de combustível e a remoção do produto da combustão – é parte integral da vida urbana desde que as primeiras habitações passaram a ter lareira e chaminé. Ela migrou para os veículos no começo do século XIX, quando apareceram as primeiras locomotivas a vapor. Agora, depois de duzentos anos sobre rodas, está na hora de repatriá-la à suas origens, onde pode ser administrada de maneira mais fácil.

A integração efetiva das fontes renováveis

A progressiva transição para fontes renováveis e limpas de eletricidade é uma opção ainda mais atraente que a realocação da combustão. Em toda a cadeia de abastecimento de energia para os veículos, ela pode reduzir a zero o consumo de combustível fóssil e a emissão de carbono.

As cidades e o interior são cercados por campos de radiação solar, correntes de água e ar, gradientes térmicos que se estendem até as profundezas da Terra, e, às vezes, por energia geotérmica. E equipamentos de coleta estão espalhados nesse ambiente – telhados, torres, barragens, poços, minas e subsolos. Portanto é possível espalhar painéis solares, usinas hidrelétricas e barragens, turbinas de vento, bombas de calor e "minas de calor" geotérmicas. Por que não implementá-los em larga escala?

A quantidade de energia renovável presente nas cidades é impressionante, mas a dificuldade reside em coletá-la. A eficiência dos equipamentos de captação disponíveis é limitada, em especial nas áreas urbanas, que produzem sombra sobre os painéis solares e turbulências nocivas às turbinas de vento. Em consequência, a quantidade de eletricidade por quilômetro quadrado gerada por essas fontes é limitada, e seu custo costuma ser alto. Entretanto, com a evolução tecnológica, a energia renovável, limpa e coletada

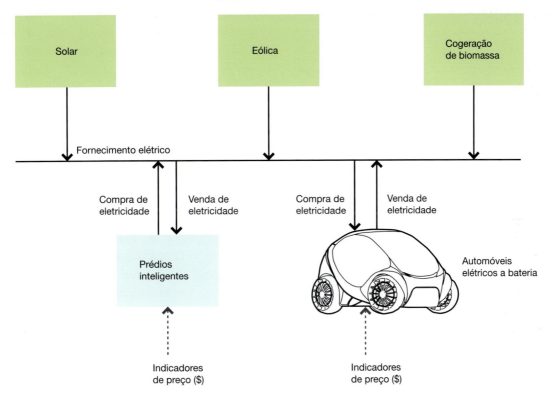

Figura 7.3
Associação eficiente entre energias renováveis intermitentes e acumulação na bateria de veículos elétricos.

localmente terá um papel cada vez mais importante no abastecimento energético da mobilidade urbana.

Um problema adicional dos painéis solares e das turbinas de vento é que sua atividade não é permanente, mas intermitente. O sol não brilha sempre que queremos sair de carro, e não é possível obrigar o vento a soprar. Talvez devêssemos, como os marinheiros, esperar as condições apropriadas para viajar; mas isso não é viável no contexto urbano moderno.

O efeito prático comum dessa intermitência é que ela acrescenta ao já elevado custo direto um custo de reserva operacional (geradores parados, mas prontos para serem ativados nos horários de pico), necessária para assegurar um abastecimento de eletricidade confiável. No entanto, junto com a acumulação na bateria e a capacidade de nivelamento da carga dos sistemas de mobilidade urbana, a energia solar e a eólica podem se tornar muito mais vantajosas em termos de custo (figura 7.3). Os painéis solares, que costumam fornecer o máximo de rendimento no começo da tarde, podem carregar baterias para o trânsito mais pesado do começo da noite. E as turbinas de vento, que em geral têm melhor rendimento à noite, podem carregar baterias para o trânsito do começo da manhã. Geralmente, a questão da intermitência preocupa muito menos quando a rede incorpora um sistema de acumulação de eletricidade com boa relação custo-benefício em escala suficiente.

Esse enfoque traz ainda outro benefício importante da firme integração dos veículos elétricos com a rede de energia. Os elétricos não apenas podem utilizar energia limpa e renovável em vez de combustível fóssil, mas também podem – fornecendo acumulação "gratuita" (já que os veículos precisam de bateria, de qualquer forma) e consequentemente atenuando os efeitos da intermitência do fornecimento – melhorar a eficiência das redes que utilizam fontes renováveis de energia.

Sistemas urbanos de distribuição de energia

Outro problema potencial para os grandes sistemas de mobilidade elétrica é que a redes elétricas sofrem importantes perdas durante a transmissão de energia por longas distâncias. (Neste caso em especial vale a regra segundo a qual enviar energia de seu lugar de produção para onde é necessária gera certa perda.) Assim, por exemplo, é difícil alimentar de maneira eficiente os veículos urbanos a partir de fontes hídricas situadas em montanhas longínquas ou de painéis solares situados em desertos afastados. No futuro, as novas tecnologias de transmissão devem reduzir a amplitude do problema, mas não parecem capazes de eliminá-lo.

Contudo, um sistema de distribuição composto pelas unidades de cogeração instaladas nos subsolos, pelos painéis solares dos telhados e pelas turbinas de vento minimizam as perdas, pois mescla pontos de produção e consumo no interior do tecido urbano. Sob controle unificado, grupos dessas pequenas instalações podem virtualmente funcionar como usinas.

A possibilidade de acumular eletricidade aumenta ainda mais a eficiência e a confiabilidade desses sistemas de distribuição. Como vimos, os veículos elétricos a bateria podem fornecer parte dessa capacidade de acumulação. Depois de usada por um tempo, a bateria pode ter o desempenho diminuído a ponto de não mais conseguir alimentar as rodas do automóvel, mas ainda pode ser muito útil se colocada no subsolo dos prédios para auxiliar a acumular energia. E o excesso de eletricidade nos prédios pode ser convertido em hidrogênio, que depois volta a ser convertido em eletricidade em células a combustível – localizadas nos prédios ou em veículos elétricos, que são abastecidos nesses pontos.

Um sistema assim é muito mais parecido com a internet do que com os ultrapassados sistemas centralizados de geração, transmissão e distribuição de eletricidade (figura 7.4). Ele tem equipamentos que distribuem, acumulam e consomem eletricidade. Alguns desses equipamentos são imóveis e outros, móveis.

Figura 7.4
Sistema de distribuição de energia urbana semelhante
ao da internet.

E as conexões entre eles servem para intercambiar energia nos dois sentidos quando necessário, em vez de fazerem a distribuição em um único sentido, a partir de um ponto de produção para pontos de consumo.

Por fim, esses sistemas de energia similares à internet podem também ser integrados aos sistemas de água e de saneamento de estrutura similar. Bombear água exige o consumo de combustível e eletricidade; transportar água para caixas-d'água elevadas ou aquecê-la em tanques isolados armazena energia; e enviar água por meio de turbinas (talvez nas válvulas de redução dos sistemas urbanos de abastecimento) pode gerar eletricidade. Os resíduos urbanos podem ser reciclados para combustão em sistemas de cogeração ou utilizados para produzir metano, que depois é empregado como combustível.

Com o decorrer do tempo, tudo contribui para uma revolução dos serviços urbanos essenciais. Os sistemas de água, gás e petróleo, eletricidade e limpeza, tradicionalmente especializados, muito controlados, construídos e administrados separadamente, agora podem começar a convergir e evoluir para sistemas gerais, integrados e distribuídos de modo a fornecer a energia necessária à vida urbana. Potencialmente, quando integrados, os sistemas urbanos de abastecimento e saneamento não apenas são bastante eficientes, como também podem ser muito potentes graças à sua diversidade e à sua abundância. Assim como a internet, podem continuar a funcionar com eficiência mesmo quando parte deles venha a falhar ou ser destruída, e ainda que algumas linhas de abastecimento sejam interrompidas.

Tarifação dinâmica da eletricidade

Obviamente, a integração dos sistemas de distribuição de energia urbana com os veículos elétricos é bastante complexa e apresenta importantes desafios. Do lado da oferta, há as oscilações de potência dos diferentes geradores, localizados em diferentes locais; e o aumento e a diminuição dos estoques de eletricidade e hidrogênio. Do lado da demanda, os requisitos energéticos dos prédios e dos sistemas de mobilidade variam diária e semanalmente. O problema da administração consiste em manter em equilíbrio a oferta e a demanda, de maneira que nunca falte eletricidade para os consumidores e que os produtores não tenham de investir demais em capacidade.

Uma ferramenta de gestão útil é a *tarifação dinâmica da eletricidade* (figura 7.5). A ideia é que, em pequenos intervalos de tempo, as companhias elétricas ajustem os preços que praticam para vender eletricidade aos consumidores e comprar eletricidade de pequenos produtores, gerada, por exemplo, a partir de painéis solares instalados nos telhados das casas. Os preços podem subir quando a utilização da rede é alta e diminuir de acordo com a demanda. A meta de gerenciamento desse ajuste de preços é manter as oscilações de carga em uma faixa aceitável.

A hipótese subjacente é que o comportamento dos consumidores é bastante flexível. Em resposta aos indicadores de preço, os consumidores podem decidir – dentro de limites gerais – quando recarregar a bateria do veículo, quando utilizar os eletrodomésticos (como o lava-louça), quando ligar e desligar o ar-condicionado ou quando vender eletricidade, que

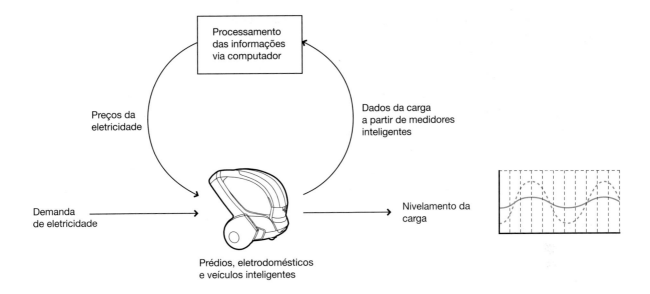

Figura 7.5
Utilização da tarifação dinâmica da eletricidade para equilibrar oferta e demanda.

podem ter acumulado em baterias ou em células a combustível. A melhor estratégia do consumidor, obviamente, será tentar comprar quando os preços estiverem baixos e vender quando estiverem altos.

Uma operação dessa natureza no mercado de eletricidade exige uma tecnologia de informação e comunicação sofisticada. O uso da eletricidade, distribuída em várias localidades, deve ser rigorosamente medido e informado às operadoras da rede em tempo real. As operadoras devem processar uma grande quantidade de informações sobre a carga para calcular e ajustar os preços. E os veículos, os eletrodomésticos, os sistemas de ar-condicionado e assemelhados devem ser inteligentes o bastante para executar boas estratégias de negociação – isto é, devem ser programados para comprar, acumular e vender eletricidade da forma mais vantajosa possível, respondendo às oscilações de preço. O resultado é um sistema permanente de troca de informações em tempo real, que interliga compradores e vendedores e busca o equilíbrio.

A emergência conjunta de veículos elétricos e redes inteligentes

Infelizmente, na maior parte das cidades, as redes elétricas não são suficientemente sofisticadas para comportar a geração distribuída e armazenamento de energia, prédios e veículos que vendam e consumam eletricidade a um preço dinamicamente tarifado. Por razões históricas, as cidades são administradas por monopólios muito regulamentados, que têm por missão assegurar o fornecimento permanente e confiável, mantendo estáveis os preços da eletricidade e minimizando o risco do investimento em novas possibilidades. São utilizados medidores elétricos bastante triviais para medir e faturar o consumo, em geral com faixas de preço fixas ou que variam de forma muito simples. Contudo, sérios esforços estão sendo feitos para desenvolver e implementar "redes inteligentes" (figura 7.6) que forneçam as características necessárias (assim como outras vantagens das quais não trataremos aqui).

Um passo crucial para o desenvolvimento de redes inteligentes consiste em instalar medidores modernos e digitais, que possam fornecer leituras frequentes – a cada quinze minutos, por exemplo – junto com uma comunicação instantânea, em dois sentidos, entre os consumidores e a companhia elétrica. Essa tecnologia permitiria ajustes frequentes de preços e faturamento baseado nessa variação

Redes atuais	Redes inteligentes
Medidores simples	Medidores inteligentes
Tarifação inflexível	Tarifação dinâmica
Geração centralizada	Geração distribuída
Sem armazenamento	Com armazenamento
Não favorece o uso de fontes de energia limpas e renováveis, embora intermitentes	Favorece o uso das energias solar e eólica
Uso mínimo da tecnologia da informação	Uso de redes digitais, com processamento sofisticado

Figura 7.6
Comparação entre as atuais redes elétricas e as novas redes inteligentes.

mais dinâmica; também daria aos consumidores informações para que otimizassem o uso da eletricidade em resposta aos indicadores de preço.

Outro passo necessário é possibilitar o fluxo de eletricidade nos dois sentidos – não apenas da rede para os consumidores, mas também dos painéis solares dos telhados, das turbinas de vento, dos locais de armazenamento de hidrogênio, das baterias dos veículos, etc. de volta para a rede. O fluxo de retorno à rede também precisa ser cuidadosamente medido a curtos intervalos de tempo, e o preço de venda à rede ajustado.

O terceiro passo consiste em dotar os veículos elétricos, os sistemas de ar-condicionado dos prédios, os eletrodomésticos, os geradores, as unidades de armazenamento e outros equipamentos e sistemas elétricos da tecnologia necessária para responder aos indicadores de preço. Quando tiverem essa capacidade, todos eles poderão comprar eletricidade quando o preço na rede estiver baixo e evitar consumir ou comprar eletricidade quando o preço estiver alto.

Esse sistema requer a criação de uma rede de comunicação elétrica de alta velocidade, exige sólida capacidade de processamento de dados e controle de tarefas em tempo real (figura 7.7). Um sistema tão amplo, dinâmico e distribuído precisa ser compreendido, um grande fluxo de dados deve ser analisado em tempo real, os preços precisam ser calculados e os indicadores de preço têm que ser enviados a locais de produção, armazenamento e consumo geograficamente espalhados. As operadoras da rede precisam calcular o melhor preço, e equipamentos inteligentes devem estar em comunicação com a rede e calcular a melhor resposta. Trata-se de um desafio, mas que se torna cada vez mais exequível.

As redes inteligentes também podem fornecer ferramentas para que os proprietários de prédios e veículos elétricos administrem seu consumo de energia e sua pegada de carbono. Uma maneira de alcançar esse objetivo é por meio de portais digitais que forneçam mecanismos de análise e controle. Em vez de ir até o posto de gasolina para reabastecer um carro convencional, por exemplo, o consumidor da rede inteligente poderá acessar um portal da web para determinar a forma específica de recarregamento da bateria do veículo a partir do preço e dos impactos de uma mescla específica de fontes de eletricidade sobre o meio ambiente.

Já existem redes inteligentes piloto em implantação. Muitas empresas estão investindo no desenvolvimento e na produção de hardware e softwares de redes inteligentes, e é bem provável que sua implementação logo deslanche. A Southern California Edison, a Pacific Gas & Electric e a American Electric Power desenvolveram tecnologias de rede inteligente. Um dos pilotos mais ambiciosos e interessantes é o SmartGridCity, em Boulder, no Colorado, Estados Unidos. Trata-se de um projeto da Xcel Energy, da NREL (National Renewable Energy Laboratory), da GridPoint e outros parceiros cuja meta é integrar ao sistema 50.000 consumidores residenciais, comerciais e da indústria leve.

Durante o século XX os países industrializados construíram dois tipos de sistema de conversão de energia, sólidos mas desconectados – as frotas

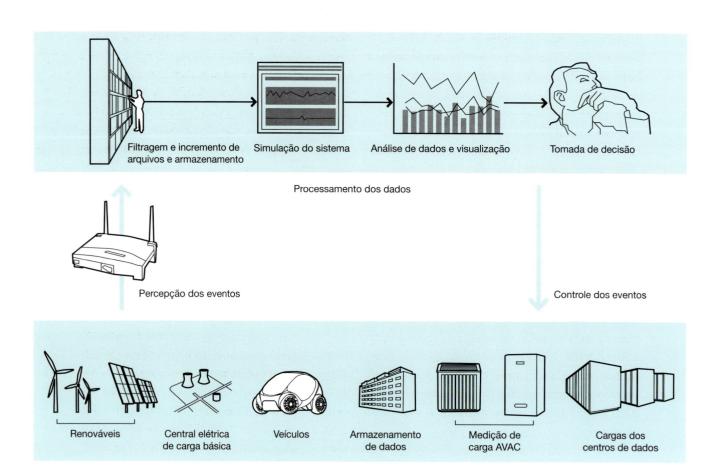

Figura 7.7
O funcionamento de uma rede inteligente: produção, distribuição e consumo controlado em tempo real.

de veículos leves alimentados com gasolina e as redes elétricas. Mas a situação está prestes a mudar. Começa a se criar uma convergência entre os veículos elétricos e as tecnologias de rede inteligente. Eles estão amadurecendo ao mesmo tempo; cada um irá se beneficiar do funcionamento eficiente do outro; cada um facilitará o desenvolvimento em grande escala do outro; e é bem provável que se tornem cada vez mais integrados um ao outro.

Resumo: a sustentabilidade inteligente

Não é mais possível tratar os automóveis como equipamentos mecânicos desconectados que às vezes precisam ser reabastecidos com grande quantidade energia vinda diretamente de sistemas de fornecimento pouco estruturados, instáveis e vulneráveis, com preços não exatamente razoáveis. Se quisermos alcançar eficiência energética urbana, não é possível simplesmente manter o foco na eficiência dos veículos em converter a energia em movimento das rodas – o último passo em uma cadeia longa.

Em vez disso, é preciso começar a integrar os sistemas de abastecimento das cidades, historicamente isolados – combustível, água e ar; conversão de energia; serviços elétricos e de construção; mobilidade –, juntando-os em um sistema de controle unificado. É preciso criar mercados de eletricidade que respondam com eficácia a demandas variadas e com distribuição geográfica desigual, e que mantenham a oferta e a procura em equilíbrio por meio da tarifação dinâmica e do processamento de informações em tempo real. Por fim, é preciso criar veículos que se comportem como compradores e vendedores ágeis e inteligentes nesse mercado.

Transferindo-se o máximo possível de funcionalidade dos veículos em movimento para a infraestrutura fixa de um sistema integrado de mobilidade e abastecimento elétrico, os automóveis podem se tornar mais simples e mais leves, pois não precisarão carregar muitas baterias, que aumentam o custo, o volume e o peso, diminuem a eficiência energética e, por fim, precisam ser recicladas.

Trata-se de uma estratégia de *sustentabilidade inteligente*[2] sistêmica, que procura obter mais eficiência focando no desempenho *global* do sistema, e não apenas no desempenho individual de seus vários componentes e subsistemas. Para tanto, utiliza-se de uma rede digital onipresente e informações distribuídas – uma espécie de sistema nervoso urbano – para obter o nível necessário de controle do sistema urbano de energia.

Este é um projeto amplo e de longo prazo, mas não uma utopia, e o investimento na reforma da infraestrutura é o primeiro passo para a sua concretização.

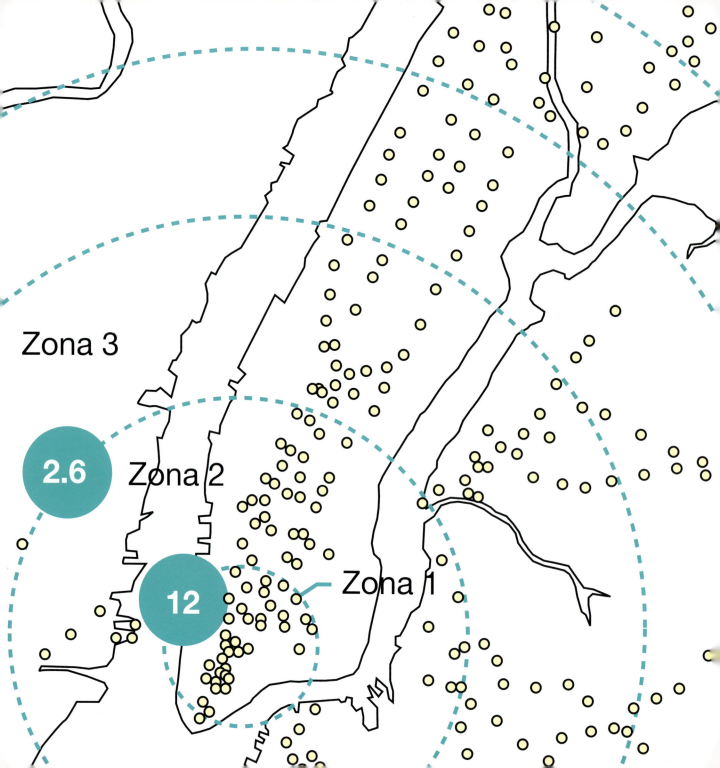

8

Novos mercados de mobilidade

Projetar veículos limpos, seguros, rápidos, prazerosos, atraentes e baratos é metade da tarefa de reinventar a mobilidade urbana pessoal. Integrar esses veículos em sistemas urbanos operados de forma eficiente é a segunda metade da tarefa. Afinal de contas, ainda que a eletricidade venha de fontes renováveis, o veículo elétrico gasta energia mesmo sem se locomover, por exemplo ao utilizar o ar-condicionado enquanto está preso no trânsito.

No capítulo anterior, vimos como criar sistemas mais eficientes de abastecimento de energia. A oferta e a demanda de eletricidade flutuam; as operadoras de redes inteligentes podem fazer variar o preço da eletricidade de acordo com essas flutuações; e os automóveis inteligentes podem responder aos indicadores de preços ao comprar, armazenar e vender eletricidade da forma mais vantajosa possível. Estabelece-se assim um sistema de processamento de informações em tempo real, que mantém a demanda e a oferta equilibradas.

Neste capítulo, mostraremos como o mesmo princípio de tarifação dinâmica, associado a veículos inteligentes, que permitem que os motoristas respondam de forma apropriada à tarifação, pode ser aplicado aos outros recursos básicos exigidos pelos sistemas de mobilidade urbana pessoal – malha viária, vagas de estacionamento, frotas de veículos e seguro.

Essa ampla aplicação de tarifação dinâmica traz várias vantagens. Uma tarifação clara, racional e sensível das viagens provê uma base sólida para a tomada individual de decisão e a otimização do comportamento global do sistema na sociedade como um todo. Do ponto de vista do motorista, ela permite a mensuração clara e precisa do custo total da viagem e a escolha bem fundamentada do melhor horário de partida, do melhor caminho e do destino final. Do ponto de vista urbanístico, ela possibilita a administração eficiente do espaço e da infraestrutura, ao mesmo tempo em que fornece ferramentas para que se alcancem a equidade social e outros objetivos políticos. Do ponto de vista comercial, abre novas oportunidades para atrair os consumidores por meio de anúncios que variam de acordo com o contexto e de incentivos financeiros. O resultado global é um sistema de mobilidade urbana pessoal que se auto-organiza para atender às mais variadas necessidades e minimizar de forma eficiente as demandas de abastecimento de energia, de espaço, de veículos e de tempo.

Começaremos analisando os mercados de espaço rodoviário e estacionamento. Idealmente, eles deveriam manter um equilíbrio razoável entre oferta e procura, e, ao fazê-lo, deveriam alocar a capacidade disponível para responder à demanda variável de espaço e tempo: quando os carros estão na rua não estão estacionados, e vice-versa.

Os motoristas têm capacidade limitada de processar as informações, de maneira que não podemos esperar que acompanhem de perto a variação dos custos do espaço rodoviário e das vagas de estacionamento e adaptem seu comportamento de acordo com ela. Mas, como veremos, os veículos inteligentes podem tornar essa tarefa administrável.

Redução dos picos de trânsito e da demanda por vagas de estacionamento

A distribuição altamente desigual da demanda por vias urbanas e vagas de estacionamento, no espaço e no tempo, tradicionalmente dificultou a alocação eficiente desses recursos.

Os automóveis convergem naturalmente para os destinos mais frequentados das cidades, criando congestionamentos em seus arredores enquanto outros caminhos ficam quase vazios. As pessoas querem estacionar o veículo perto desses destinos, o que tem como efeito saturar os locais de estacionamentos próximos, enquanto outras vagas permanecem vazias. As pessoas querem trafegar em horário de pico e são menos inclinadas a fazê-lo em outro momento. Se a área destinada a ruas e estacionamentos for projetada para a maior demanda, então será subutilizada nos outros horários, o que é pouco econômico; mas se essa área for pensada para atender apenas à demanda média, então não poderá acomodar os picos. A figura 8.1 mostra esse efeito e ilustra o fato de que ele resulta na exigência de mais terreno para servir de estacionamentos, já que cada veículo precisa em média de mais de duas vagas de estacionamento.

Assim como no abastecimento de eletricidade, isso ajuda a reduzir os picos de demanda. Podemos alcançar essa meta aproveitando melhor a profusão de ruas e estacionamentos, e a flexibilidade no comportamento de viagem.

Ao contrário das autoestradas, projetadas para grande circulação de veículos, a malha viária urbana tem excedentes que permitem várias rotas alternativas para a maior parte dos destinos. Obviamente,

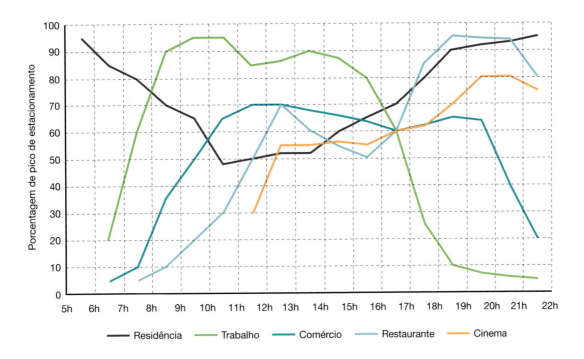

Figura 8.1
Variação da demanda por estacionamento durante o dia, por localização.

é melhor pegar o caminho mais curto, mas pode-se estimular o motorista a escolher um caminho ligeiramente mais longo se ele for mais barato. Isso traz a possibilidade de utilizar um esquema de incentivo de tarifas para conseguir que o espaço rodoviário seja utilizado de forma mais equilibrada e eficiente.

A mesma coisa acontece com o estacionamento. Existem várias vagas de estacionamento espalhadas pelas cidades, algumas próximas de determinados destinos e outras mais distantes. Você provavelmente ficaria mais satisfeito ao estacionar perto de seu destino, mas pode ser levado a aceitar um lugar um pouco mais distante se for bem mais econômico.

Além do mais, há certa flexibilidade na demanda por mobilidade. De acordo com o custo do trajeto, os moradores das cidades podem mudar o horário da viagem, optar por destinos alternativos ou mesmo decidir não sair. Esse é um fenômeno comum das viagens aéreas, em que a administração da demanda por meio da tarifação existe há muito tempo.

Extensão do princípio da tarifação de congestionamentos

O primeiro passo para criar sistemas viários e de estacionamento eficientes e com tarifação dinâmica consiste em rastrear onde e quando os carros são utilizados e cobrar pedágio de acordo com essa informação. Isso pode ser feito associando-se a tecnologia de rastreamento e localização por GPS com conexão sem fio, a fim de transmitir dados sobre a utilização das ruas para efeito de cobrança. O rastreamento de caminhões via GPS é comum na administração das frotas. O sistema de pedágio de caminhões baseado em GPS foi implantado na Alemanha em meados da primeira década deste século.

Com a implantação padrão de rastreamento por GPS, a privacidade dos motoristas acaba sendo violada, o que parece ser inaceitável do ponto de vista social. (A mesma coisa pode ser dita em relação à tecnologia de monitoramento do trânsito em geral, como as câmeras de vigilância e os transponders de pedágio.) Entretanto, é possível codificar os dados de localização e hora de tal forma que as funções úteis do caminho de um veículo (como velocidade e cobrança de pedágio) sejam computadas sem revelar nada mais.[1]

O próximo passo consiste em ajustar a tarifa das ruas de acordo com os congestionamentos. Quando as vias estiverem muito carregadas, o preço por quilômetro para utilizá-las aumentará, e quando elas estiverem menos congestionadas o preço poderá baixar. A ideia da tarifação de congestionamentos como forma de administrar a demanda por espaço rodoviário é bem conhecida e foi amplamente estudada. A primeira implantação de um pedágio urbano em grande escala ocorreu em Cingapura, em 1975. Talvez o exemplo mais conhecido de pedágio urbano seja a Congestion Charge Zone de Londres, que entrou em operação em 2003 e cobre o centro da cidade (figura 8.2).

Contudo, os sistemas de tarifação existentes são relativamente rudimentares. Eles ajustam os preços a intervalos pouco frequentes, e em trechos bastante longos. Além do mais, cobrem apenas algumas partes da malha viária urbana. A ideia aqui é fazer com que a tarifação de congestionamento seja implantada em toda a cidade, que seja refinada em termos de resolução espacial, e que ofereça ajustes frequentes da tarifa conforme a flutuação dos níveis de congestionamento.

Para tanto é necessário um amplo e rigoroso monitoramento do tráfego urbano, providência já adotada por determinados órgãos de trânsito, como o ATSAC, do Departamento de Transportes de Los Angeles. O monitoramento pode ser feito por meio de uma infraestrutura de laços indutivos na pista (que não se mostrou muito satisfatória) ou pela combinação de uma espécie de lombada eletrônica com transponders nos veículos, como em muitos sistemas de pedágio automatizados. Além disso, ele também pode ser feito rastreando-se os veículos por GPS.

O congestionamento pode não ser o único fator determinante do preço. A autoridade do trânsito pode desestimular o tráfego por calmas áreas residenciais impondo ágio sobre a tarifa normal. Por outro lado, pode encorajar o percurso por outras áreas mediante desconto. Ou, com a identificação eletrônica dos motoristas e a instalação dos sistemas de proteção de privacidade, pode oferecer descontos

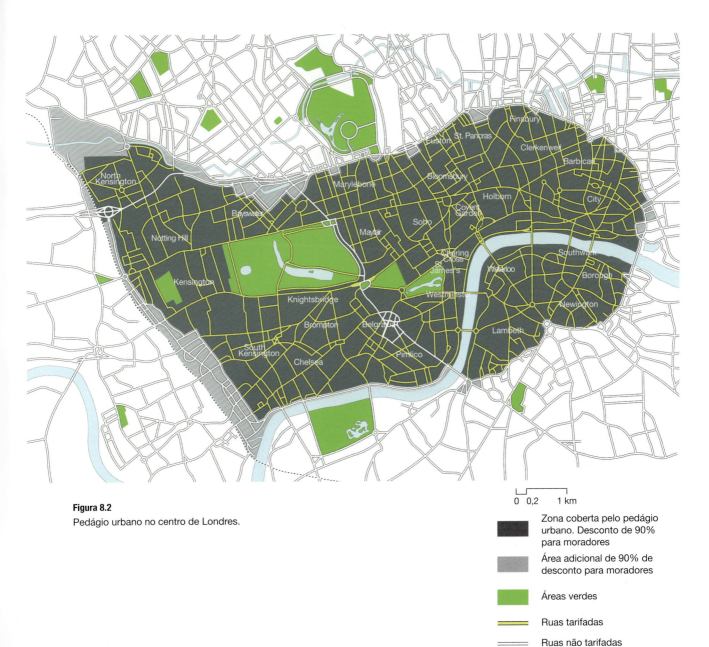

Figura 8.2
Pedágio urbano no centro de Londres.

Novos mercados de mobilidade

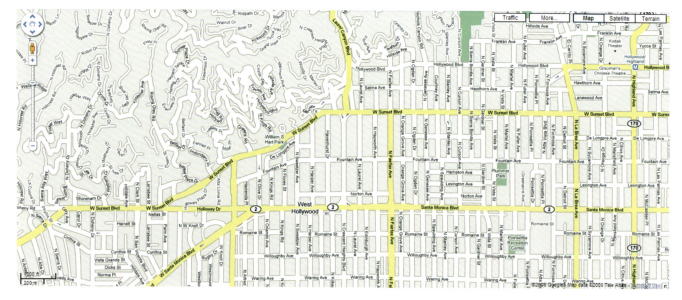

Figura 8.3
As ruas alinhadas como uma grade (à direita) oferecem vários caminhos de se chegar ao destino, enquanto o sistema de ruas sem saída (cul-de-sac) dos subúrbios (à esquerda) em geral dispõem de poucas ou até mesmo de uma única opção.

(da mesma forma que os descontos do transporte público) para idosos, trabalhadores de baixa renda, pessoas que compartilham carros, etc.

Com um sistema assim, o custo da viagem para o motorista é a distância realmente percorrida multiplicada pelo preço por quilômetro – determinado pelos congestionamentos e outros fatores – dos segmentos do espaço rodoviário pelos quais ele passa. O resultado básico é a criação de incentivos para que os motoristas minimizem as viagens em áreas congestionadas – e em horários de pico – e a redução da demanda em relação à capacidade das vias.

Há várias maneiras de os motoristas responderem a esses incentivos. Eles podem sair mais cedo ou mais tarde, para poder aproveitar as melhores tarifas. Ou podem escolher outro destino – quando, por exemplo, se trata de comprar leite em um supermercado, já que existem vários mercados por perto e que o preço deles costuma variar. Isso depende da estrutura da malha viária. Geralmente existem rotas alternativas, mas o sistema de ruas sem saída das regiões menos centrais, que tem estrutura em forma de árvore, pode proporcionar apenas um caminho para se chegar a um determinado destino (figura 8.3).

Tarifação das vias, navegação e otimização – sistema integrado

Para que esse sistema funcione, os motoristas precisam de informações apuradas e em tempo real sobre opções de viagem, preços e tempo. O fornecimento dessas informações é uma tarefa para um sistema de comunicação e processamento de dados em grande escala.

Quando as informações sobre as tarifas viárias estiverem disponíveis em tempo real, poderão ser transmitidas sem fio para o sistema de navegação GPS dos automóveis, o que permitirá ao motorista calcular não apenas o caminho mais curto até o destino, mas também as rotas mais econômicas. Um motorista poderá saber qual é o trajeto mais barato para determinado tempo de viagem ou qual o trajeto mais rápido dentro de um determinado custo, ou ainda aquele que lhe oferece maior probabilidade de chegar ao destino no horário desejado. Cria-se assim um "circuito de retorno" de informações para regular a demanda de espaço rodoviário (figura 8.4). As rotas escolhidas pelos veículos respondem à tarifação do sistema, ao mesmo tempo em que a tarifação responde à distribuição dos veículos.

Entretanto, há um complicador. O critério relevante não é a tarifa realmente praticada em um trecho distante do trajeto no começo da viagem, mas a tarifa prevista para o momento em que o veículo de fato alcançar o trecho. Dessa forma, o software que computará o tempo e o custo das viagens deverá considerar os níveis previstos de congestionamento e preços – e essa previsão sempre terá um grau de incerteza.

Outro complicador vem do fato de que os motoristas provavelmente desejarão ter certeza do tempo

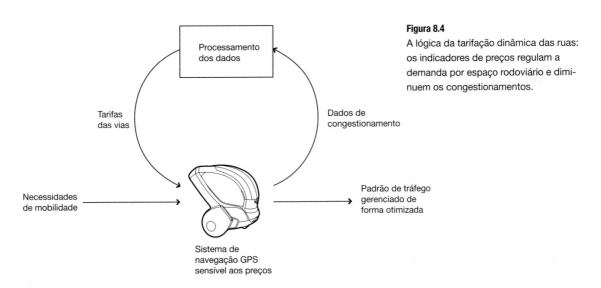

Figura 8.4
A lógica da tarifação dinâmica das ruas: os indicadores de preços regulam a demanda por espaço rodoviário e diminuem os congestionamentos.

e do custo do trajeto. Dessa maneira, para realmente serem úteis, os algoritmos deverão computar caminhos que minimizem as chances de atrasos inesperados e proporcionem maior probabilidade de conduzir o veículo dentro do tempo estimado. Essa é uma dificuldade estocástica e não linear de otimização, mas existem algoritmos capazes de criar soluções para resolvê-la, e os veículos inteligentes deverão ter a capacidade de executá-las. (Uma abordagem complementar é utilizar a gestão eletrônica do trânsito e a tecnologia anticolisão para evitar acidentes e eliminar as situações que causam atrasos inesperados.)

O mercado de espaço rodoviário estruturado dessa maneira é muito diferente do mercado atual, em que os motoristas ou não pagam de acordo com o nível de utilização, ou pagam por meio de taxas fixas e esquemas muito simples de pedágio urbano. Em um mercado mais sofisticado, os algoritmos de navegação poderão ser ajustados às necessidades de cada motorista; por exemplo, ao minimizar o risco de atrasos inesperados para alguns e facilitar a busca do melhor preço para outros. Eles podem se tornar mais sofisticados, como aconteceu com os algoritmos de compra e venda de ações. E a autoridade do trânsito pode estabelecer políticas de tarifação que incentivem os motoristas a utilizar a malha viária da melhor forma possível.

Tarifação dinâmica dos estacionamentos

O atual mercado de vagas de estacionamento urbano é ainda menos estruturado do que o do espaço rodoviário, e também pode se beneficiar com a tarifação dinâmica e eletronicamente administrada.

Na maior parte das cidades, o preço dos estacionamentos ou não é ajustado em função da variação da demanda ou é ajustado apenas de acordo com estratégias simples e inflexíveis. Além disso, os motoristas têm pouquíssima informação sobre as vagas disponíveis e seu custo. Em geral, são obrigados a circular sem rumo até encontrar uma vaga disponível, processo bastante limitado pela falta de visibilidade. Nas áreas urbanas densas, a procura de estacionamento aumenta sensivelmente o congestionamento do trânsito e o tempo de chegada ao destino, além de desperdiçar energia e poluir o ar.

Imagine um sistema regulado de forma mais inteligente, em que a ocupação das vagas pelos veículos seja eletronicamente monitorada e a informação sobre elas seja transmitida sem fio ao sistemas de navegação GPS. Todas as vagas serão tarifadas de forma dinâmica e administradas eletronicamente em leilões do tipo eBay. Se você estiver desesperado por uma vaga de estacionamento, por exemplo, poderá instruir o veículo a fazer um lance alto, para encontrar uma vaga exatamente onde e quando quiser. Ao contrário, se quiser pechinchar, poderá dar ao veículo o comando de oferecer um lance baixo e conseguir uma vaga menos conveniente, porém mais barata.

Associado ao mecanismo de identificação dos motoristas, esse sistema permite também a implantação de políticas de estacionamento social e economicamente desejáveis. Por exemplo, os residentes de uma área, ou trabalhadores de baixa renda, poderão receber mensalmente "fichas" eletrônicas para fazer os lances. E os comerciantes poderão oferecer fichas a seus clientes.

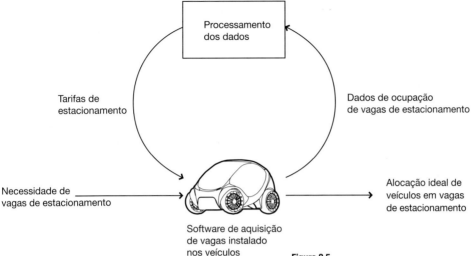

Figura 8.5
A lógica da tarifação dinâmica de vagas de estacionamento: os indicadores de preço regulam a demanda por vagas e diminuem a superlotação.

Assim como na administração eletrônica do espaço rodoviário, estabelece-se um circuito de retorno de informações em tempo real (figura 8.5). O preço das vagas de estacionamento responde à demanda, enquanto a demanda responde à tarifação.

Sistemas de mobilidade sob demanda

Outro componente do custo geral do percurso – além da eletricidade, do espaço rodoviário e do estacionamento – é o custo do veículo. Quando o veículo é particular, esse custo fica por conta do proprietário, o motorista. Além do mais, a compra e o seguro do veículo são custos perdidos antes mesmo que se percorra o primeiro quilômetro. A alternativa para aqueles que querem ter acesso ao automóvel e não podem ou não querem pagar esses custos sozinhos consiste em compartilhar o veículo.

Em princípio, o uso compartilhado de automóveis pode ser uma boa resposta às necessidades de cada pessoa. Para muitos habitantes de áreas urbanas, ter um automóvel é demais, mas ficar sem ele representa um problema de mobilidade. Por fim, mesmo quando se tem um carro nem sempre o acesso a ele é conveniente – quando o motorista está em outra cidade, por exemplo. O tipo tradicional de automóvel compartilhado – táxi e carro alugado – é uma resposta a essas condições. Entretanto, ele costuma ser de acesso menos prático que o automóvel particular. Os veículos inteligentes e conectados transformam esse quadro. Com eles será possível reduzir o custo do compartilhamento, adequar de forma eficiente a oferta e a procura e fornecer um bom serviço de mobilidade – sob demanda, sofisticado e eletronicamente administrado. Nele, a frota de veículos, distribuída em locais apropriados das cidades, é compartilhada por um grande número de motoristas.

O compartilhamento de veículos pode exercer um efeito drástico sobre a mobilidade urbana. Sempre existe um limite para o número de veículos que podem ser acomodados nas áreas urbanas e para o número de vagas de estacionamento. (Essas limitações são ainda mais importantes nas cidades em que o adensamento é grande, como Cingapura.) O veículo compartilhado melhora a utilização do espaço. A grande maioria dos veículos passa a maior parte do dia (em geral 80% ou 90%) estacionada, já que seus proprietários passam a maior parte do tempo fazendo outra coisa que não dirigir. Mas a posse compartilhada de automóveis pode aumentar sua utilização – isto é, eles podem passar mais tempo circulando. Em vez de ter um único proprietário e ser utilizado apenas 20% do tempo, o veículo pode pertencer a cinco pessoas que o utilizem durante 20% do tempo.

Quando os automóveis estão circulando, não ocupam vagas de estacionamento, de maneira que o aumento do uso leva à diminuição da demanda por vagas de estacionamento. Em outras palavras, mais carros podem ser acomodados em um determinado número de vagas. Isso quer dizer também que todas as vagas de estacionamento ficam livres em curto espaço de tempo. A maior utilização do veículo resulta em aumento da rotatividade das vagas de estacionamento, o que possivelmente aumenta a probabilidade de se encontrar vagas livres a qualquer tempo e lugar. Além do mais, quando alguém precisar mesmo de um carro, não terá de pegar necessariamente o seu, que poderá estar em um local distante – o veículo livre mais próximo servirá. Isso pode reduzir o tempo de viagem de porta a porta, uma vantagem em condições climáticas adversas.

Finalmente, o compartilhamento bem administrado dos veículos traz uma solução politicamente viável para o problema de as densas áreas urbanas atraírem mais veículos do que podem suportar. Deixar que a quantidade de carros aumente indefinidamente levará o sistema de mobilidade ao colapso. A limitação das vagas de estacionamento é muito impopular entre os comerciantes e aqueles que querem ter acesso fácil a determinada área. Limitar a propriedade dos veículos por meio de interdições ou impostos altos gera desequilíbrio entre os que têm poder aquisitivo e os demais. O pedágio urbano, como o que existe em Londres, pode ser impopular e politicamente impossível. Mas o acesso compartilhado dos veículos permite uma distribuição eficiente e equilibrada de um recurso finito – a capacidade de as cidades acomodarem frotas cada vez maiores destinadas à mobilidade pessoal.

O sistema de mobilidade sob demanda não precisa e não deve levar essa eficiência ao ponto de criar rigidez e desigualdades. Ao contrário, deve acomodar de maneira harmoniosa os que querem utilizar o automóvel como depósito temporário – para fazer compras, por exemplo – e aqueles que querem mesmo ter um automóvel e pagam o que for necessário para isso.

Para que a mobilidade sob demanda seja bem-sucedida em grande escala, é necessário o apoio de várias tecnologias e estratégias de gerenciamento. Como veremos a seguir, essa combinação propicia sistemas de mobilidade sob demanda que atendam efetiva e eficientemente às necessidades de mobilidade urbana pessoal.

Automatização da retirada e da devolução do veículo

Nos sistemas convencionais de aluguel de carro, a retirada e a devolução do veículo são pouco práticas e lentas, o que gera um obstáculo à sua utilização. Assim, o primeiro passo para a criação de um sistema de mobilidade sob demanda consiste em combinar mecanismos de registro ou inscrição de sócios com identificação eletrônica e rastreamento e faturamento eletrônicos para minimizar o tempo de transação e os custos.

O modelo ideal é o da compra on-line, em um clique, possível graças ao registro prévio do número do cartão de crédito, do endereço e de outras informações relevantes. No sistema de mobilidade sob demanda, basta dirigir-se a um carro disponível, em um local determinado, passar o cartão de crédito no leitor ou utilizar algum outro mecanismo de identificação eletrônica para destravá-lo, entrar no veículo e dar a partida. Na devolução, o sistema reconhece automaticamente que a operação foi encerrada e trava o veículo de novo.

Esse processo requer a criação de um sofisticado processamento de informações. Mas grande parte da tecnologia necessária já é bastante desenvolvida e utilizada para a identificação de clientes, a autorização e as transações via cartão de crédito, e pode ser adaptada para este uso.

Criação e administração de sistemas de aluguel espalhados e sem retorno

Outro impedimento à utilização dos sistemas tradicionais de aluguel de carros é a obrigação de restituir o veículo no local onde ele foi retirado. Trata-se do sistema de aluguel de carro *com retorno*, que simplifica a tarefa da operadora do sistema, mas em geral não é conveniente para os usuários. O sistema de mobilidade sob demanda deve fornecer um aluguel *sem retorno*: basta pegar o veículo, dirigir até o destino, deixá-lo e esquecê-lo. Querendo um veículo mais tarde, é só pegar outro.

Os sistemas de compartilhamento de bicicletas, como o Vélib, de Paris, ou o Bixi, de Montreal, foram os bem-sucedidos pioneiros do setor, com aluguel sem retorno em áreas urbanas. Houve também algumas tentativas de fornecer serviços de aluguel sem retorno de carros convencionais, a gasolina. A car2go, por exemplo, criou um sistema de aluguel de carros sem retorno em Ulm, na Alemanha, e em Austin, nos Estados Unidos, com o Smart, fabricado pela Daimler. Mas o minicarro elétrico, extremamente econômico e recarregável na vaga de estacionamento, parece ser a melhor alternativa para o aluguel sem retorno.

Nesse sistema, o usuário não precisa se preocupar com a retirada e a devolução do veículo, cujo nível de utilização é incrementado pelo fato de ele permanecer disponível para outro cliente assim que é deixado. Isso reduz o tempo que os veículos ficam parados e indisponíveis.

O sistema de mobilidade sob demanda deve prover também pontos de acesso espalhados de forma adequada ao longo da área de cobertura do serviço – ao contrário da maior parte das locadoras de carros, que buscam economia de escala fornecendo acesso apenas em algumas lojas grandes e centralizadas, com muitos veículos. O sistema de mobilidade sob demanda reduz o tempo de viagem porta a porta – o tempo necessário para caminhar até um carro disponível, pegá-lo, levá-lo até um estacionamento próximo ao destino, deixá-lo e caminhar até o destino. Se os veículos forem ainda capazes de dirigir de forma autônoma, poderão ser chamados do estacionamento até o lugar de entrega e ir sozinhos do lugar de devolução ao estacionamento, o que reduz potencialmente ainda mais o tempo de porta a porta.

Segundo a teoria da localização, nos lugares em que os pontos de retirada e devolução têm capacidade similar, devem abastecer a uma população equivalente. Ou seja, devem existir em maior número em áreas de grande densidade populacional e em menor número em áreas de baixa densidade populacional. Como alternativa, os pontos de retirada e devolução podem ser espaçados a intervalos que possam ser percorridos a pé, variando de tamanho (número de veículos e de vagas de estacionamento) segundo a densidade populacional dos arredores.

Outra maneira de enxergar a questão é basear-se no custo da caminhada (em dólar por hora) e no custo total de dirigir um veículo de uma frota de mobilidade sob demanda (custo do tempo mais aluguel). O custo total de um percurso inclui caminhar até o ponto de retirada, dirigir até o ponto de devolução perto do local de destino e depois caminhar até o destino. Os locais de retirada e devolução podem ser estabelecidos de forma a minimizar o custo total da viagem para o consumidor.

Em geral, certas características do tecido urbano fornecem locais apropriados para pontos de retirada e devolução. A figura 8.6, por exemplo, ilustra um estudo de Taipé (capital de Taiwan) que localiza possíveis estacionamentos de veículos elétricos compartilhados (bicicletas, motonetas ou automóveis) em lojas de conveniência ou pontos de ônibus. As lojas de conveniência são onipresentes em Taipé, e há uma vantagem comercial mútua em utilizá-las como ponto de acesso para um sistema de mobilidade sob demanda: as lojas se encontram em lugares apropriados e em geral têm estacionamentos que podem ser utilizados para essa finalidade, e ao mesmo tempo elas podem se beneficiar do fluxo de clientes até sua porta. Se os locais de acesso forem estabelecidos em pontos de ônibus, o motorista do veículo de uma frota de mobilidade sob demanda pode ir até o ponto, pegar o ônibus durante boa parte da viagem e tomar outro veículo de mobilidade sob demanda no final.

Se existir um grande número de pontos de acesso, o sistema de mobilidade sob demanda pode melhorar o tempo porta a porta em relação aos veículos particulares. Os veículos alugados costumam estar mais perto do destino do que a vaga de estacionamento mais próxima. E qualquer veículo serve – o que é uma vantagem importante quando a grande demanda por vagas de estacionamento faz com que nosso carro esteja estacionado em um lugar distante.

E se o veículo da frota estiver sujo, arrombado, ou precisar de conserto? Isso não desencorajaria a utilização do sistema de mobilidade sob demanda? Exis-

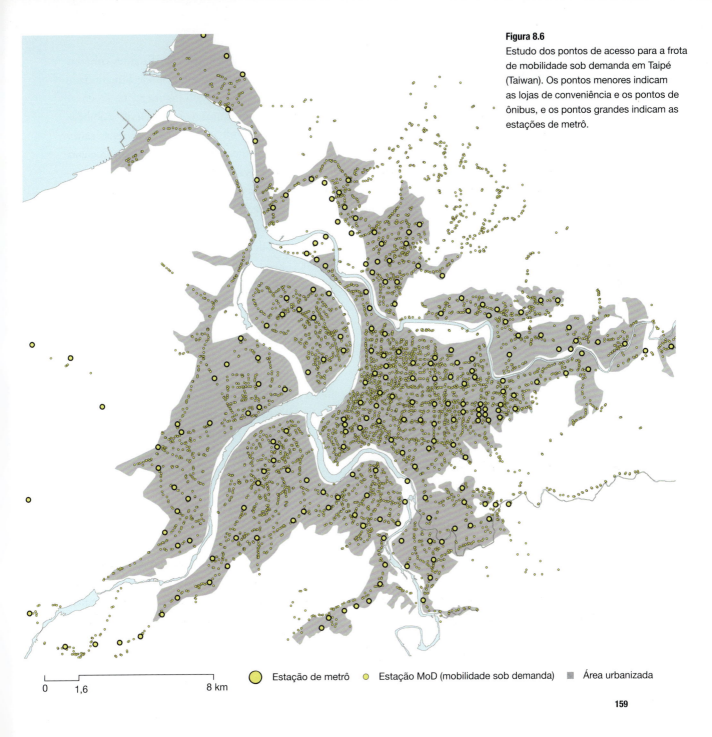

Figura 8.6
Estudo dos pontos de acesso para a frota de mobilidade sob demanda em Taipé (Taiwan). Os pontos menores indicam as lojas de conveniência e os pontos de ônibus, e os pontos grandes indicam as estações de metrô.

tem várias soluções efetivas. Primeiro, haverá em geral mais de um veículo disponível no ponto de retirada, e o cliente poderá informar à operadora do sistema sobre a presença de um veículo inaceitável e pegar outro. Em segundo lugar, com o rastreamento eletrônico dos veículos, a operadora sempre sabe quem está com o veículo e pode determinar a responsabilidade do dano (também é uma proteção contra roubos.) Finalmente, a pressão dos membros da comunidade pode fazer com que os veículos sejam mantidos em boas condições.

Onde os sistemas de mobilidade sob demanda são mais necessários

A quantidade e a distribuição apropriadas de locais de retirada e devolução dependem também do aspecto demográfico e físico do tecido urbano. Em áreas de alta densidade e utilização mista, por exemplo, os pontos de origem e destino podem ser distribuídos aleatoriamente, e as viagens podem acontecer a qualquer momento. Isso quer dizer que os pontos de retirada e devolução devem ser distribuídos de forma quase regular pela área de cobertura do serviço. Esse é o modelo geralmente utilizado nos sistemas de compartilhamento de bicicleta dos centros urbanos.

Nas áreas em que trens e ônibus proporcionam um sistema eficiente de transporte entre as paradas, o sistema de mobilidade sob demanda pode prover de forma adequada serviços de "primeiro quilômetro" e "último quilômetro". Com pontos de retirada e devolução localizados nas estações, seus veículos podem preencher a diferença de trajeto até os verdadeiros pontos de partida e de destino. Essa estratégia é particularmente eficaz nas áreas mais distantes cobertas pelas redes de transporte público, onde a quantidade de paradas e estações diminui (figura 8.7).

Nas cidades-dormitório, o sistema de mobilidade sob demanda pode conectar as estações às casas. Ao final dos dias úteis, os trabalhadores pegam o carro na estação e levam-no para casa, onde serão recarregados durante a noite. Pela manhã eles podem levar o carro de volta às estação. Se os veículos utilizados nessas curtas distâncias forem minicarros, mais trabalhadores poderão ter acesso ao transporte público, pois, devido à pequena área utilizada por esses veículos, haverá mais vagas de estacionamento nas estações.

Em maior escala, nas regiões servidas por trens de alta velocidade, os pontos de acesso à frota de mobilidade sob demanda localizados nas estações podem resolver o problema do primeiro e do último quilômetro para os usuários dos trens. A figura 8.8 ilustra esse conceito aplicado ao sistema ferroviário de alta velocidade de Taiwan.

Agora, outra estratégia muito simples para a implementação dos sistemas de mobilidade sob demanda consiste em estabelecer os pontos de acesso aos veículos em lugares de alta concentração residencial. Os moradores podem pegar os veículos conforme suas necessidades, para o trabalho ou para algum evento, e então devolvê-los ao voltar para casa. Esse tipo de sistema trata a unidade residencial como "base" de acesso aos recursos dos arredores, mas proporciona aos pedestres muito mais autonomia e capacidade de transporte de bens, como as compras do supermercado, e pode ser particularmente atraente para os construtores imobiliários. Em 2009, por exemplo, a Audi Japan e a

Estações de metrô por km² na cidade de Nova York

Zona	Estações de metrô	Raio (km)	Área (km²)	Estações por km²
1	37	1,6	8,0	4,60
2	66	4,5	65,1	1,00
3	102	8,0	138,3	0,75
4	103	11,2	260,5	0,40
5	92	14,5	398,9	0,20

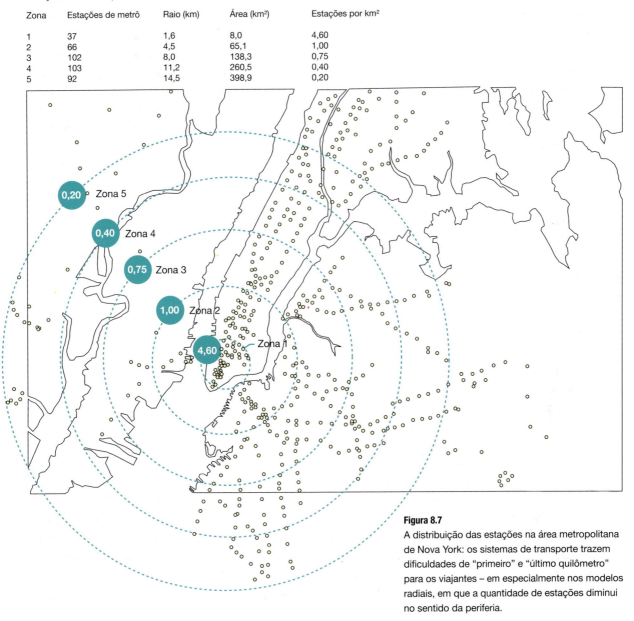

Figura 8.7
A distribuição das estações na área metropolitana de Nova York: os sistemas de transporte trazem dificuldades de "primeiro" e "último quilômetro" para os viajantes – em especialmente nos modelos radiais, em que a quantidade de estações diminui no sentido da periferia.

Novos mercados de mobilidade

Figura 8.8
Estudo de um sistema de mobilidade sob demanda para complementar a linha ferroviária de alta velocidade de Taiwan. Os círculos indicam a cobertura fornecida pelos pontos de acesso à mobilidade sob demanda nas estações.

Sumitomo Realty & Development implantaram esse sistema em um complexo residencial e de escritórios no bairro de Roppongi, em Tóquio. As condições pareciam adequadas: o custo do estacionamento é extremamente alto em Roppongi, e nesse complexo havia muitos novos residentes que não possuíam carro.

A administração da demanda pode ser feita pela variação do valor do aluguel. Se o objetivo for estimular o uso a curto prazo, o preço pode ser muito baixo durante a primeira meia hora, por exemplo, e só depois começar a subir. Para regular a demanda, o valor pode ser alto durante as horas de pico do trânsito e mais baixo o restante do tempo. Para encorajar a utilização do sistema nas cidades-dormitório, pode-se fixar um preço muito baixo durante a madrugada e nas primeiras horas da manhã, quando, de forma geral, poucos usam seus automóveis.

Administração do estoque de veículos e das vagas de estacionamento

Os clientes dos sistemas de mobilidade sob demanda querem encontrar veículos nos pontos de retirada e vagas de estacionamento nos pontos de devolução sempre que precisarem. Para garantir isso, é preciso que o número de veículos e de vagas seja suficiente para atender à demanda, que as vagas estejam distribuídas de forma apropriada por todo o sistema, que os veículos sejam manejados com cuidado e que o número de carros e de vagas nos estacionamentos seja devidamente inventariado.

Contudo, talvez não seja necessário ter veículos e vagas imediatamente disponíveis na chegada do cliente.

Em geral, a operadora do sistema deve manter tempos de espera moderados para a retirada dos veículos, dentro de limites aceitáveis. De forma semelhante, elas precisam controlar a variação do tempo para estacionar os veículos. Se a demora for muito variável, o tempo total do percurso pode ficar inaceitavelmente imprevisível.

Quando há demora, filas se formam – de pedestres à espera dos carros e de carros à espera de uma vaga. As filas de táxi ensinam que, se não forem muito compridas, podem ser facilmente administradas nas calçadas e nas estruturas de estacionamento. Entretanto, as filas de veículos logo se transformam em congestionamentos e portanto devem ser evitadas.

Tarifação dinâmica a serviço do equilíbrio

Já que a demanda por veículos e vagas de estacionamento flutua, sempre haverá uma tendência para o desequilíbrio do sistema, com mais veículos do que o necessário e poucas vagas de estacionamento em alguns locais e poucos veículos e vagas de sobra em outros pontos. Para manter a filas de retirada e devolução dentro de limites aceitáveis, é necessário que haja alguma estratégia.

A figura 8.9 ilustra o desequilíbrio espacial entre oferta e procura. A qualquer momento, haverá algumas áreas da cidade em que a oferta de veículos

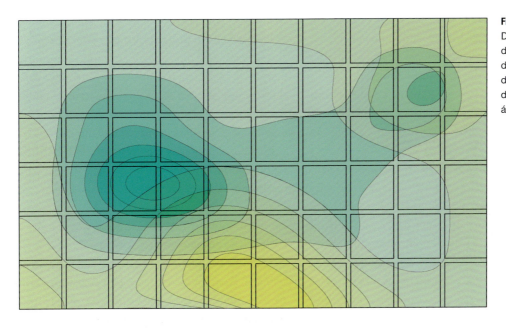

Figura 8.9
Desequilíbrio espacial da oferta e da procura de veículos no sistema de mobilidade sob demanda em uma área urbana.

Demanda não atendida   Oferta e procura equilibradas   Excesso de oferta

Novos mercados de mobilidade   163

excederá a procura, outras em que o número de veículos será insuficiente para atender à demanda e outras ainda onde a oferta e a procura serão bem equilibradas. A operadora do sistema deve minimizar as áreas com excesso de oferta (um desperdício do veículo, que poderia ser utilizado em outro lugar), reduzir as áreas com demanda não atendida (e a frustração dos clientes) e ampliar as áreas de equilíbrio entre oferta e procura.

A figura 8.10 ilustra o desequilíbrio temporal entre oferta e procura. Em todos os pontos de acesso, a oferta e a procura flutuam ao longo do tempo conforme os clientes chegam para retirar ou devolver os veículos. De forma ideal, as curvas da oferta e da procura devem ser equilibradas, mas na prática tendem a se desequilibrar em determinados momentos e a se equilibrar em outros. A operadora do sistema precisa minimizar os períodos de desequilíbrio.

Uma estratégia para equilibrar o sistema consiste simplesmente em fornecer uma margem de segurança ampla – muito mais veículos e vagas do que o necessário – para absorver as oscilações. Se a margem for grande o bastante, o estoque de veículos e vagas nunca chegará a níveis inaceitáveis. Mas o aumento de vagas e veículos tem seu custo, em especial em contextos de grande oscilação. Por isso a meta de gestão deve ser a de controlar as filas de retirada e devolução sem aumentar demais os custos.

Outra estratégia é transferir os veículos dos locais em que não são necessários para os lugares em que são requisitados. Essa prática é comum no sistema de bicicletas compartilhadas, como o Vélib, de Paris, no qual as bicicletas são levadas em caminhões. Ela também é adotada no gerenciamento dos carrinhos de supermercado e dos carrinhos de bagagem dos aeroportos, que são enfileirados e devolvidos aos pontos de distribuição. Às vezes a estratégia é também aplicada a frotas de caminhões e aviões: os veículos vazios são transferidos para locais em que possam ser mais bem utilizados.

Embora esse procedimento sirva também para os minicarros elétricos, ele é muito custoso. A relação custo-eficiência dos sistemas de mobilidade sob demanda depende de se reduzir essa movimentação de veículos para o mínimo possível. Em vez de empregar um motorista para levar cada automóvel, por exemplo, o reboque virtual de veículos vazios poderia gerar uma economia importante. (O reboque virtual é feito pela coordenação dos sistemas de controle eletrônico do veículo: um único motorista é capaz de movimentar diversos carros.) Com a condução autônoma, os automóveis poderão se dirigir automaticamente, de madrugada, para os destinos escolhidos. E técnicas de otimização matemática semelhantes às empregadas na administração de frotas de caminhões e aviões podem ser implantadas para alcançar o equilíbrio do sistema com movimentação mínima possível dos veículos.

A combinação entre flexibilidade dos pontos de partida e de destino das viagens e incentivos de preço permite a implantação de outra estratégia, mais refinada. Nem todas as viagens têm pontos de partida e destino flexíveis. Quem dirige de casa até uma estação de trem para ir ao trabalho, por exemplo, tem poucas opções de onde começar e terminar a viagem. Contudo, em geral terá a possibilidade de

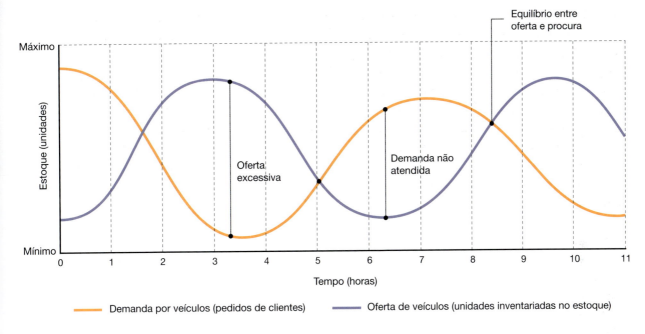

Figura 8.10
Desequilíbrio temporal entre oferta e procura de veículos em pontos de acesso de um sistema de mobilidade sob demanda.

caminhar por um ou dois quarteirões até encontrar um automóvel se não houver nenhum disponível na porta de casa. Da mesma forma, talvez não considere um problema ter de andar um pouco para chegar ao destino. E, se os pontos de partida e de destino um pouco menos práticos resultarem em aluguéis mais baratos, terá um incentivo para utilizá-los mesmo se locais de retirada e devolução mais convenientes estiverem disponíveis.

Então, assim como os incentivos de preço podem suavizar os picos de demanda por eletricidade, por espaço na malha viária (através do pedágio urbano) e por vagas de estacionamento, podem também equalizar de forma mais tranquila a retirada e a devolução de automóveis compartilhados, permitindo um equilíbrio maior da oferta e da procura e simultaneamente minimizando o custo do excesso de veículos e da movimentação de unidades vazias

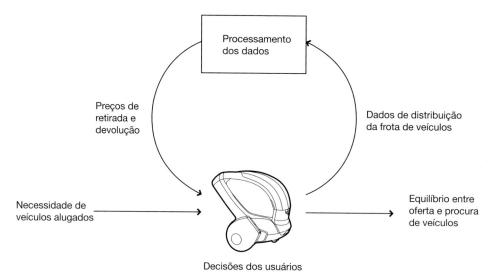

Figura 8.11
A lógica da tarifação dinâmica da mobilidade sob demanda: os indicadores de preço regulam a demanda por veículos e vagas de estacionamento – melhorando a distribuição espacial em toda a área de cobertura e a distribuição temporal em cada ponto de acesso.

(figura 8.11). Em outros termos, a tarifação dinâmica do uso do veículo pode equilibrar a distribuição espacial e temporal de veículos compartilhados e a oferta de vagas de estacionamento com a procura.

Em um sistema de mobilidade sob demanda perfeitamente equilibrado, haveria apenas uma vaga de estacionamento em cada ponto de retirada e devolução. Toda vez que o cliente chegasse ao local para pegar um veículo, este apareceria no mesmo instante. E, ao chegar ao local de devolução, o cliente encontraria uma vaga de estacionamento disponível. Obviamente isso é impossível na prática, de forma que os locais de retirada e devolução têm estoques de veículos e de vagas de estacionamento. Do ponto de vista da operadora do sistema, a meta consiste em minimizar esses estoques (já que veículos e vagas implicam custos para a operadora) e assegurar ao mesmo tempo níveis suficientes de veículos e vagas para que o serviço funcione bem.

Do ponto de vista do cliente, a meta é reduzir o custo da viagem (figura 8.12), o que ele pode conseguir localizando um ponto de retirada relativamente próximo e barato – talvez utilizando um telefone celular ou outro equipamento –, caminhando até

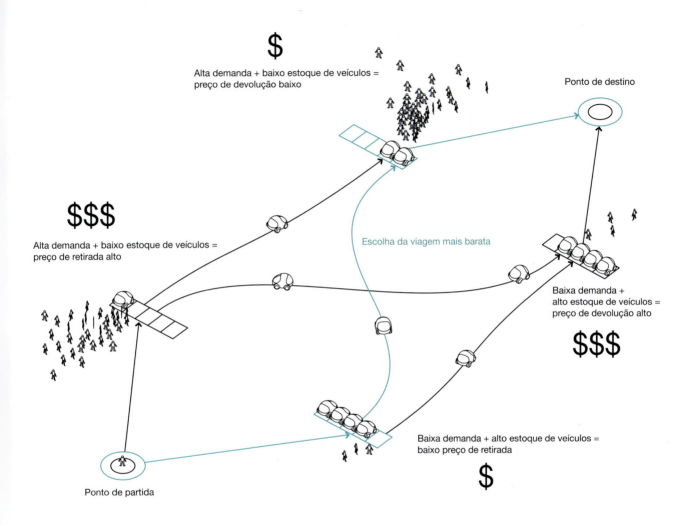

Figura 8.12
Os clientes de um sistema de mobilidade sob demanda procuram minimizar o custo total das viagens.

Novos mercados de mobilidade

lá para pegar o veículo, escolhendo um ponto relativamente barato de devolução, dirigindo até ele e finalmente devolvendo o veículo e caminhando o restante do trajeto, até o destino final.

Tarifação combinada

Com esse tipo de mercado, o custo total do percurso é a soma do custo da eletricidade consumida, do espaço rodoviário, do estacionamento, da utilização do veículo e do seguro.

Mas esses custos não são independentes: existem importantes interações a considerar. Por exemplo, é mais vantajoso permanecer estacionado e comprar eletricidade quando os preços estão baixos e menos vantajoso dirigir com pouca carga na bateria e ser obrigado a recarregar quando os preços estão altos. Manter-se fora das ruas durante os congestionamentos é uma estratégia para economizar dinheiro, e, como a demanda por vagas de estacionamento é mais baixa quando a maior parte dos carros está nas ruas, é bem provável que o estacionamento fique mais barato nesse momento. A procura de vagas em áreas congestionadas, então, deve aumentar não só o custo do estacionamento, mas também o do espaço rodoviário.

Existe ainda a possibilidade de integrar o seguro ao custo global da viagem. Os valores poderiam ser ajustados ao horário do dia e à localização com base em dados atuariais. No final, um software bastante sofisticado – que considere todos os componentes de custo e suas interações – calcularia o custo total de um percurso de automóvel, com a duração e os pontos de partida e destino especificados, expressando-o em um só número. Os motoristas poderiam escolher entre vários destinos de acordo com o preço e ter mais opções, assim como os usuários de companhias aéreas hoje escolhem seu itinerário em função do preço da passagem (figura 8.13).

Atualmente, os motoristas escolhem o horário e a rota da viagem em função de um entendimento rudimentar dos custos. Eles não têm acesso a indicadores úteis de preços e não recebem incentivos efetivos para desenvolver comportamentos de preservação de recursos ou estratégias para agir segundo os incentivos. Esses problemas podem ser resolvidos com a criação de mercados dinâmicos e eletronicamente controlados de eletricidade, espaço rodoviário, vagas de estacionamento e acesso aos veículos. Com comunicação sem fio e computadores de bordo, os motoristas poderiam responder de forma adequada aos indicadores de preço.

Os efeitos da tarifação da viagem vão variar de acordo com o contexto. O fato de a energia ser cara em determinados lugares pode afetar o preço total do percurso. Nas áreas urbanas muito congestionadas, o preço do espaço rodoviário e das vagas de estacionamento pode prevalecer. Às vezes, o custo do veículo terá um peso significativo na composição do custo – embora os minicarros elétricos e o compartilhamento de veículos possam reduzir esse peso a níveis bem mais baixos do que o dos carros atuais. Em geral, as pessoas dão grande valor ao seu tempo e à capacidade de chegar ao destino dentro do tempo previsto e de acordo com o que foi planejado, de forma que é razoável supor que muitas pagarão mais por percur-

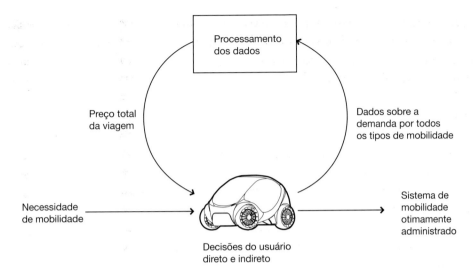

Figura 8.13
Custo total da viagem.

sos com duração curta e previsível e vão querer obter descontos significativos para aceitar viagens com duração maior e menos previsível. Entretanto, essas escolhas irão variar de acordo com a renda; descontos considerados banais pelos mais ricos podem ser decisivos para quem tiver baixa renda. E a competição com outras formas de mobilidade – caminhada, táxi, transporte público, etc. – definirá limites para a variação dos preços.

A operação autônoma pode mudar a regra do jogo ao permitir que o motorista faça uso produtivo do tempo de viagem e aceite mais facilmente seguir rotas mais longas, porém menos custosas. Ela possibilita também que o motorista receba informações de fora, o que normalmente seria considerado uma distração e causa de preocupações com segurança.

Integração da pesquisa e da publicidade

Como já vimos, a capacidade de os motoristas responderem a indicadores de preços depende do que eles precisam fazer. Algumas viagens de carro, como ir até a casa da mãe, têm um único destino. Outras, como chegar ao teatro antes do começo da peça, têm horários rígidos. Algumas juntam as duas características. Mas, em geral, as cidades oferecem outras opções: se alguém quiser ir ao supermercado, por exemplo, provavelmente terá vários momentos razoáveis para se deslocar, ainda mais se puder fazê-lo com rapidez ou se estiver disposto a ir mais longe. O supermercado poderá ser escolhido não apenas segundo a finalidade da compra, mas segundo o custo e o tempo de deslocamento.

A possibilidade de escolher entre destinos e tempos de viagem é uma das razões da flexibilidade da mobilidade sob demanda necessária para manter o equilíbrio entre oferta e procura através da tarifação. Mas ela levanta também uma pergunta: como os moradores de áreas urbanas podem conhecer e avaliar as opções disponíveis?

A resposta tradicional é que as pessoas aprendem a acessar os recursos da cidade com a experiência, que pode ser ampliada com mapas e diretórios, como as *Páginas amarelas*. Mas o GPS pode fornecer uma resposta adicional, integrando os mecanismos urbanos de pesquisa.

Essa capacidade é análoga à dos mecanismos de busca da internet. Eles já estão presentes de forma rudimentar em diversos sistemas de navegação GPS, e há um grande potencial para incrementar sua capacidade. Se o motorista quiser ir ao supermercado, o sistema de navegação do veículo mostrará a loja acessível dentro de um determinado tempo ou custo – e se ela estará ou não aberta. Além disso, a viagem poderá ser evitada se o horário de funcionamento, o estoque disponível, o preço nas gôndolas, etc. forem conhecidos de antemão.

Abre-se, assim, a oportunidade de se criarem anúncios direcionados. Assim como acontece no Google, os anúncios relacionados aos tópicos da pesquisa poderão aparecer junto da lista de resultados. Os anunciantes poderão comprar espaços nesse sistema. E também poderão subsidiar os custos de viagem para a sua sede.

A combinação de sofisticados mercados de espaço rodoviário e vagas de estacionamento com pesquisa urbana e anúncios direcionados cria a possibilidade de novos e interessantes modelos de negócios para a mobilidade urbana pessoal. Hoje a responsabilidade pela identificação de destinos e pelo pagamento do custo da viagem fica basicamente a cargo do motorista. No futuro, os anunciantes poderão assumir uma parte maior dessa responsabilidade.

Resumo: os automóveis como interface com a cidade

Nos sistemas de mobilidade urbana pessoal administrados eletronicamente e tarifados de forma dinâmica, os veículos inteligentes, conectados e capazes de se localizar, servem como interface com a cidade, assim como um navegador e uma ferramenta de busca servem de interface com a internet. Eles ajudam o motorista a localizar os recursos que deseja acessar no tecido urbano, indicando a maneira mais conveniente e eficiente de chegar a eles – tendo em vista o tempo de viagem e o custo da energia, do espaço rodoviário, do estacionamento e do veículo – e guiando-os pela rota escolhida do ponto de partida até o destino.

Isso implica a transferência gradativa das informações do ambiente urbano para o painel do automóvel. Os anúncios ficam muito melhor no painel ou na tela dos telefones celulares do que nos outdoors, visto que assim não sujam a cidade, podem ser dinâmicos e sensíveis à localização e ainda ser integrados a sistemas de pesquisa e navegação, ou até personalizados. A informação sobre o limite de velocidade é mais visível em velocímetros do que em placas de trânsito, de maneira que ela pode ser adaptada à visão e às preferências do motorista e comparada diretamente com a velocidade real do veículo. Por fim, a sinalização das ruas e os semáforos podem ser mais dinâmicos (um veículo não precisará parar em um cruzamento se não houver nenhum veículo vindo de outra direção) e passar a integrar o painel do veículo. E, caso o veículo circule de forma autônoma, tipos totalmente novos de informação poderão ser apresentados no painel para entreter e informar o "motorista".

O resultado final é uma nova utilidade para o painel do veículo e uma experiência radicalmente diferente para o motorista – esteja ele ou não no comando direto do carro. Os primeiros automóveis eram dispositivos temperamentais e pouco confiáveis, de forma que o painel evoluiu para servir de interface com o motor, informando ao motorista os níveis de gasolina, óleo, água e carga da bateria, a velocidade, as rotações por minuto, etc. Nos simples e confiáveis carros elétricos, contudo, isso não será necessário. O painel poderá se tornar o que realmente deve ser: uma interface baseada em mapas – e não em medidores e mostradores –, cujo objetivo é ajudar o motorista a utilizar de forma segura, eficiente e adequada o que a cidade tem para lhe oferecer.

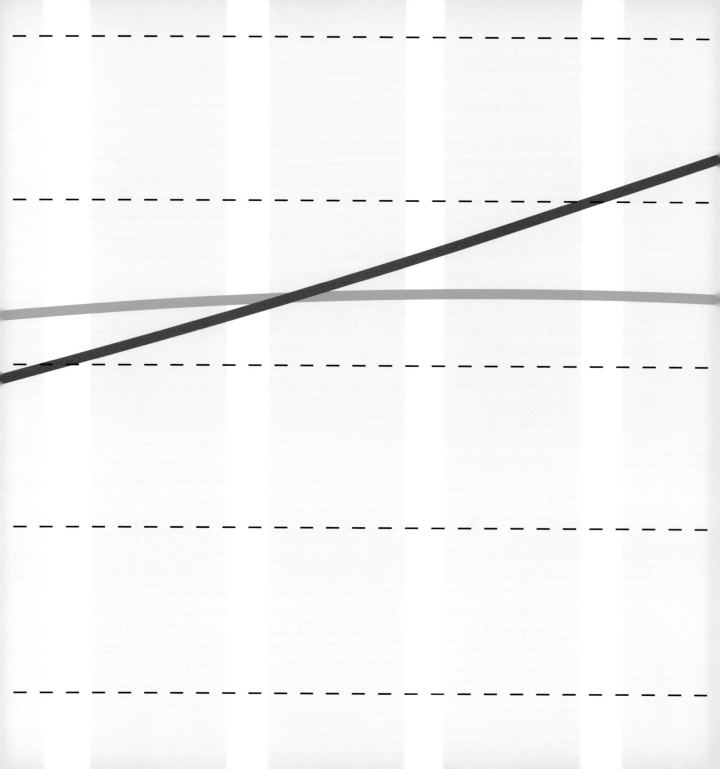

A mobilidade pessoal em um mundo mais urbanizado

No começo do século XX, quando o automóvel substituía as carruagens, os Estados Unidos que saudavam o Modelo T de Henry Ford eram uma nação de fazendeiros e podiam utilizar suas próprias e amplas reservas de petróleo. Existiam então motivos para que os carros fossem projetados de acordo com essas condições.

Hoje, entretanto, a proporção entre a população rural e a urbana se inverteu (figura 9.1), e as exigências em termos de design de automóvel e de sistema de mobilidade mudaram também. O ano de 2007 foi o primeiro da história em que o número de residentes das cidades superou o de moradores do campo. Atualmente as cidades ocupam 2% da área do planeta, mas respondem por 75% do consumo mundial de energia. Projeções norte-americanas indicam que 60% da população do globo viverá em áreas urbanas em 2030 e que 80% da riqueza mundial estará concentrada nas cidades. Essa concentração deverá aumentar, em especial nos países emergentes.

As previsões sobre a demanda futura de energia se baseiam no aumento das vendas de veículos, fenômeno que acontece principalmente nas cidades dos países emergentes. Se considerarmos que a população e a riqueza estarão cada vez mais nas áreas urbanas, fica claro que os quilômetros percorridos pelos veículos vão continuar aumentando nas cidades, como aconteceu nos Estados Unidos durante a segunda metade do século XX (figura 9.2), e os congestionamentos vão agravar os efeitos da quilometragem percorrida sobre o consumo global de energia. Não será possível reduzir o consumo mundial de energia e a emissão de gases estufa de forma eficiente sem repensar a mobilidade urbana.

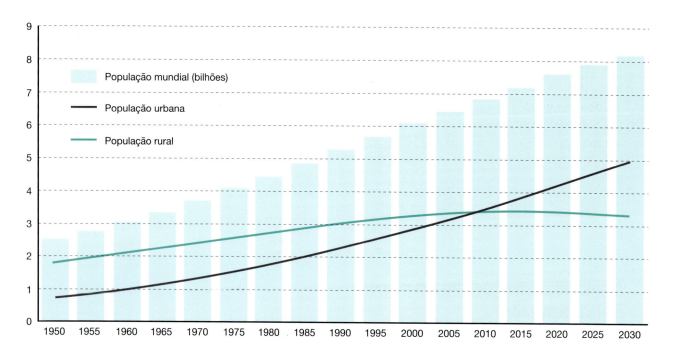

Figura 9.1
População urbana, rural e mundial de 1950 a 2030.

Neste capítulo, mostraremos que os minicarros elétricos podem trazer para as cidades uma mobilidade pessoal melhor, mais limpa e eficiente do que os carros movidos a gasolina. A mudança para esses veículos produzirá importantes melhorias de sustentabilidade urbana e segurança energética e criará um mercado novo e atraente para a indústria automotiva, baseado em tecnologia verde. Novas possibilidades e melhor desempenho resultarão do uso desses veículos em sistemas de tarifação dinâmica e de gerenciamento eletrônico da rede elétrica, do espaço rodoviário e das frotas de veículos, conforme mostramos nos capítulos anteriores.

Nas cidades dos países mais desenvolvidos, onde há uma intensa concentração de automóveis, já existe a possibilidade de substituir progressivamente os veículos movidos a gasolina por veículos elétricos. A situação é diferente nas cidades dos países emergentes, que crescem rapidamente. Nelas será particularmente importante responder de forma nova ao aumento da demanda por mobilidade pessoal e à capacidade de pagar por ela. A China, por exemplo, vem mostrando o caminho ao produzir e utilizar bicicletas e motonetas elétricas, dando sinais de que pretende seguir o mesmo caminho com os automóveis elétricos.[1]

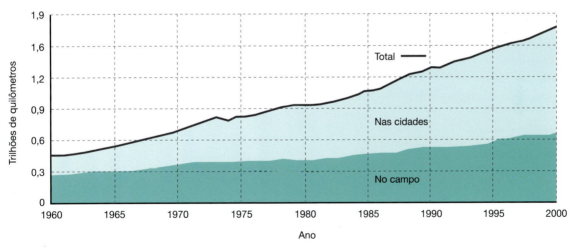

Figura 9.2
O trânsito das cidades vem aumentando: quilômetros percorridos por veículo de 1960 a 2000.

Propriedade do veículo, riqueza pessoal e densidade populacional

Os dados apresentados mostram que a quantidade de proprietários de veículos cresce de acordo com a renda pessoal em âmbito nacional (figura 9.3) e com o PIB *per capita* (figura 9.4). E diminui junto com a densidade populacional urbana (figura 9.5). Contudo, em cidades densamente povoadas, como Nova York ou Cingapura, o número de proprietários de veículos às vezes é bastante baixo devido aos congestionamentos, ao custo do estacionamento, ao valor dos impostos e à impossibilidade de prever a duração das viagens.

Além do mais, com o aumento da densidade populacional, fica mais fácil justificar investimentos em sistemas de transporte público, o que ajuda a reduzir o uso do automóvel, como se vê

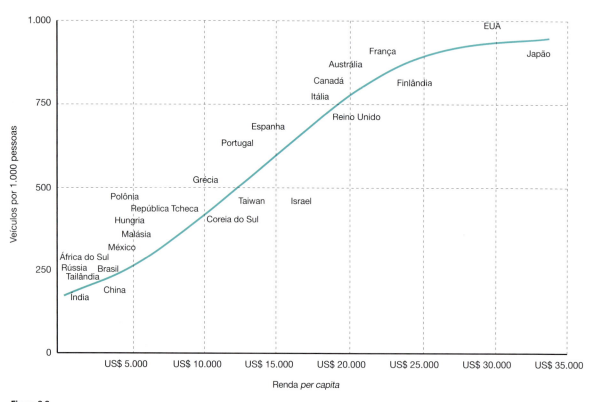

Figura 9.3
A propriedade de veículos aumenta segundo a renda *per capita*.

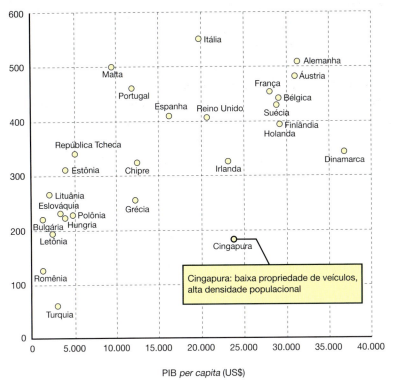

Figura 9.4
A propriedade de veículos aumenta de acordo com o PIB *per capita*.

Área metropolitana	Densidade populacional	Veículos/família
Atlanta		1,66
Dallas		1,59
Detroit		1,57
Washington D.C.		1,56
Los Angeles		1,54
Houston		1,53
Chicago		1,45
Boston		1,42
Filadélfia		1,36
Nova York		0,7

- Densidade baixa
- Densidade média
- Densidade alta

Figura 9.5
A propriedade de veículos diminui à medida que aumenta a densidade populacional.

A mobilidade pessoal em um mundo mais urbanizado   177

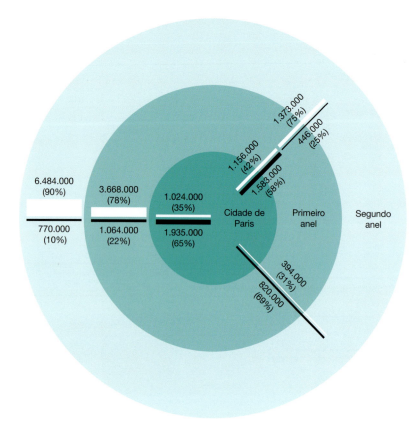

Figura 9.6
Percursos diários de carro e de transporte público no centro e na região metropolitana de Paris. A alta densidade populacional e a baixa utilização do automóvel no centro se reverte na periferia.

no caso de Paris (figura 9.6), que tem alta densidade populacional e baixa utilização de automóveis no centro, embora essa situação se inverta na periferia. Cingapura, cidade-estado com densidade populacional excepcionalmente alta, fez uma opção clara pelo transporte público. Ao formular um conjunto de fatores atrativos (sistema de transporte público conveniente, seguro, confortável e barato) e outros desestimulantes (imposto sobre a propriedade de veículos, pedágio urbano), a quantidade de proprietários de veículos se mantém muito abaixo do que a renda *per capita* permitiria.

Nos países emergentes, a densidade populacional das maiores cidades é consideravelmente mais alta do que a das cidades europeias e norte-americanas (figura 9.7). Se as tendências passadas puderem ser tomadas como indicadores, é alta a probabilidade de baixa venda de automóveis convencionais nos mercados de maior crescimento (onde a riqueza se concentra nas cidades grandes). De qualquer modo, uma grande quantidade de veículos convencionais nessas cidades traria enormes problemas energéticos e ambientais.

A questão crucial, então, consiste em saber como levar mobilidade pessoal aos habitantes das

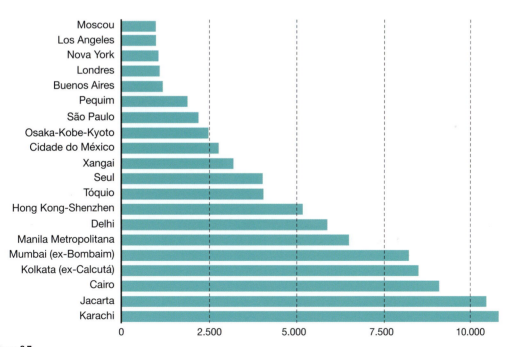

Figura 9.7
Densidade populacional das vinte maiores cidades do mundo.

cidades no futuro. A solução está em responder de forma eficaz aos desafios urbanos (energia, meio ambiente, segurança, congestionamento, estacionamento) e acolher o desejo dos consumidores de possuir um carro ou ter acesso a ele (em função de critérios como preço, prazer ao dirigir, estilo, personalização, conforto, privacidade, utilidade, etc.).

Para vencer o desafio, é fundamental reconhecer os variados fatores que caracterizam a mobilidade urbana pessoal: nas cidades, os percursos são curtos; a velocidade é baixa; os congestionamentos diminuem o fluxo dos veículos e sua eficiência energética; os estacionamentos disputam o espaço urbano; o automóvel apresenta uma série de fatores externos negativos; a pressão para restringir ou eliminar a utilização dos automóveis é cada vez maior. No próximo tópico, vamos analisar e quantificar esses fatores.

Os percursos urbanos são curtos

Historicamente, as pessoas dedicam de 60 a 90 minutos por dia à mobilidade (figura 9.8). Por essa razão, séculos atrás as cidades tinham de 5 km a 6 km de diâmetro (ou seja, a distância que podia ser percorrida em cerca de uma hora). Com o surgimento de formas mais rápidas de mobilidade,

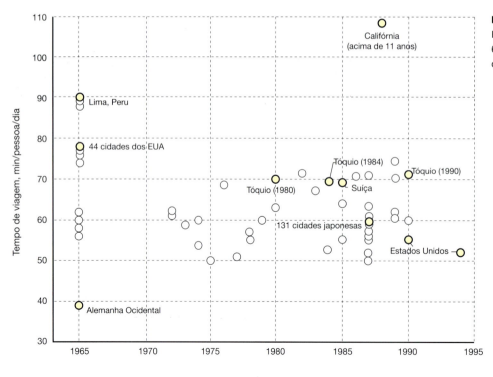

Figura 9.8
Estimativa de percurso diário de 60 a 90 minutos ilustrado por dados de diferentes contextos.

as cidades cresceram demais para manter essa regra informal. Muitas grandes cidades modernas têm de 30 km a 50 km de diâmetro, o que representa mais ou menos a distância que pode ser percorrida de carro em uma hora. Contudo, por causa dos congestionamentos, é muito difícil alcançar essa velocidade, exceto nos subúrbios.

Os percursos urbanos de carro são curtos se comparados àqueles entre cidades ou em áreas rurais. A crescente concentração da população nas cidades, então, traduz-se em viagens de automóvel em geral mais curtas e com velocidade mais baixa em relação às do passado, em que a infraestrutura habitacional era mais dispersa. A figura 9.9, por exemplo, ilustra a extensão das distâncias percorridas diariamente nos Estados Unidos. Ela indica que mais da metade dos norte-americanos percorre menos de 30 km por dia – sugerindo que um veículo elétrico com autonomia de 40 km, recarregado no local de trabalho para ter autonomia diária de 80 km, seria suficiente para 75% dos norte-americanos (os habitantes de outros países tendem a percorrer menos quilômetros). Mesmo quando se incluem percursos mais longos, de ida e volta ao trabalho, 94% dos norte-americanos viajam menos de 130 km por dia, e 98% percorrem menos de 177 km. Dessa forma, a

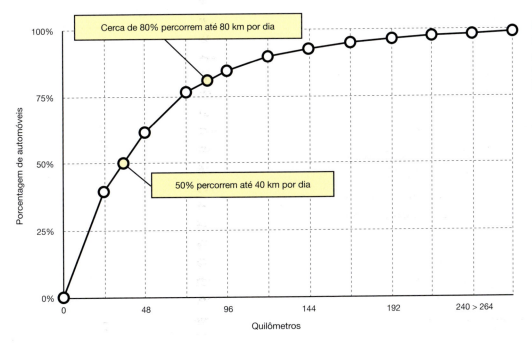

Figura 9.9
Distâncias médias aproximadas percorridas diariamente nos Estados Unidos.

A mobilidade pessoal em um mundo mais urbanizado

autonomia de cerca de 480 km proporcionada pelos automóveis atuais raramente é necessária.

A velocidade é baixa nas cidades

A figura 9.10 ilustra a relação amplamente observada entre densidade populacional e velocidade média. Em áreas urbanas densamente povoadas, a velocidade do trânsito pode ser inferior a 16 km/h, e na maior parte das cidades permanece entre 25 km/h e 40 km/h. Nessas condições, a velocidade máxima dos carros atuais – 160 km/h – tem pouca utilidade.

Além do mais, o número de passageiros transportados durante uma hora – seu fluxo – depende da velocidade e do espaçamento *médios* dos veículos, e não de sua velocidade máxima. Como mostraremos adiante, até mesmo velocidades médias muito baixas podem permitir um fluxo melhor do que o alcançado atualmente nas áreas urbanas. Quando o fluxo se torna a meta em um contexto de alta demanda de mobilidade, é mais importante projetar veículos e infraestrutura para velocidades moderadas, porém constantes, do que para altas velocidades.

Os automóveis com velocidade máxima limitada, apropriados para as condições urbanas, não precisam ser tediosos. Os veículos elétricos leves têm motor com grande torque e menos massa para movimentar. Podem ser projetados para dar arrancadas fortes e oferecerem direção dinâmica a velocidades baixas ou moderadas – sem gerar os custos e a ine-

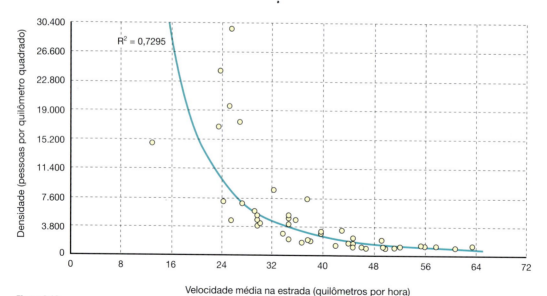

Figura 9.10
A velocidade média cai à medida que a densidade populacional aumenta.

ficiência dos motores a gasolina de 250 cv. Além do mais, a tão prezada manobrabilidade, possível graças às rodas-robô, também tornará o minicarro elétrico agradável de dirigir.

Os congestionamentos afetam o fluxo e a eficiência energética dos veículos

Todas as cidades dos Estados Unidos sofreram aumento nos congestionamentos nas últimas décadas, ao mesmo tempo em que a quilometragem percorrida pelos veículos aumentou em uma proporção maior do que a construção de novas vias. Os engarrafamentos recorrentes (em geral associados aos horários de pico) constituem cerca de 40% dos congestionamentos medidos nos Estados Unidos (figura 9.11). Os 60% restantes são decorrentes de acidentes de trânsito, obras nas pistas e intempéries. A figura 9.12 mostra que nos últimos anos houve um aumento lento, porém constante, do tempo que os motoristas perdem nos engarrafamentos.

Nos últimos anos, os congestionamentos diminuíram apenas durante a crise econômica de 2008-2009. A diminuição foi de 30% nos Estados Unidos, com apenas 3% de redução na quilometragem dos veículos em comparação com anos anteriores. Esses dados ilustram dois pontos importantes: os engarrafamentos oscilam conforme o nível de atividade econômica, não são nem um pouco lineares e podem tornar-se críticos conforme o acréscimo ou a subtração de um número relativamente pequeno de veículos. As iniciativas para melhorar o trânsito – pela abertura de novas vias,

Figura 9.11
Razões dos congestionamentos nos Estados Unidos.

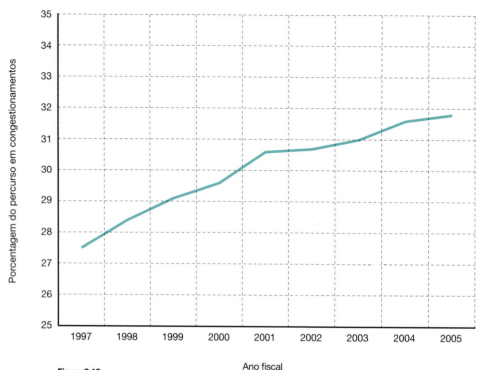

Figura 9.12
Os congestionamentos vêm aumentando nos Estados Unidos.

por exemplo – reduzem os congestionamentos temporariamente, embora aumente a quantidade de carros nas ruas. Em geral, em poucos meses haverá um novo aumento de demanda, e o trânsito voltará ao nível anterior de congestionamento.

Em diversas outras partes do mundo, os congestionamento são ainda piores, em parte por causa do espaço territorial limitado. Cidades como Bangcoc ou Mumbai, e até alguns trechos de Manhattan, são conhecidas pelo fato de os carros mal ultrapassarem a velocidade de uma caminhada.

Assim, é urgente implementar as medidas de redução de congestionamentos que apresentamos: reduzir o tamanho dos veículos, melhorar o fluxo do trânsito, criar um sistema de tarifação dinâmica do espaço rodoviário de acordo com o nível dos congestionamentos e providenciar sistemas de mobilidade sob demanda como alternativa à propriedade particular dos veículos. Essas medidas podem ser aplicadas individualmente e segundo várias combinações.

Os estacionamentos disputam o espaço urbano

A figura 9.13 ilustra, com o exemplo da cidade de Albuquerque, no estado norte-americano do Novo México, a imensa quantidade de espaço no centro da cidade que pode ser utilizado para vagas de estacionamento. Por outro lado, como no caso do distrito de Manhattan, na cidade de Nova York, a existência de pequenos espaços para vagas de estacionamento as torna caras e raras. A disputa pelo espaço urbano é grande, e isso torna necessário criar vagas menores para carros menores, que estas tenham uma configuração mais eficiente e sejam gerenciadas pelo monitoramento da taxa de ocupação e pela tarifação dinâmica.

O crescimento da demanda por vagas de estacionamento é proporcional à quantidade de veículos vendidos. E a criação de grandes áreas de estacionamento para atender a essa demanda esvazia a cidade, tornando-a menos atraente para seus moradores. Por outro lado, se a demanda por vagas for reduzida, o espaço que antes era ocupado por um estacionamento pode ser utilizado de outra maneira.

O automóvel tem fatores externos negativos

Os fatores negativos do automóvel são os custos com os quais a sociedade deve arcar. Os custos humano e financeiro dos acidentes de trânsito cons-

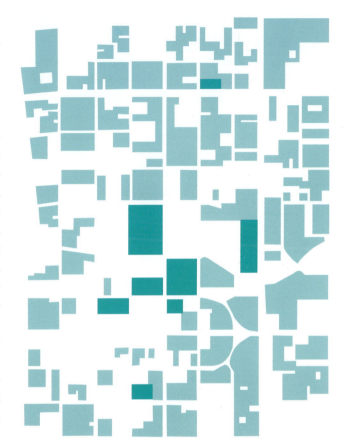

Figura 9.13
Relação entre as áreas de estacionamento e os espaços ocupados por prédios e pedestres no centro de Albuquerque, nos Estados Unidos. As áreas em branco representam as ruas e os prédios; as áreas verde-claras indicam os estacionamentos a céu aberto; e as áreas mais escuras, os estacionamentos com vários andares.

tituem um dos mais significativos fatores negativos da utilização dos automóveis. Quando o assunto é segurança no trânsito, costuma-se pensar apenas na proteção dos passageiros dos veículos, mas é preciso reduzir também os acidentes com os usuários mais vulneráveis da malha viária, como ciclistas e pedestres, já que eles são as principais vítimas dos acidentes de trânsito nas áreas urbanas dos países emergentes. Veículos mais leves e menos velozes, com sofisticados sistemas de prevenção de acidentes, são parte da solução do problema.

As características dos automóveis movidos a gasolina resultam em mais aspectos negativos. A baixa velocidade do trânsito nas cidades é causada por uma série de fatores, como a limitação do espaço rodoviário e das vagas de estacionamento e os altos índices de acidente. Elas contribuem para o alto consumo energético porque os automóveis convencionais são menos econômicos em baixa velocidade. Mesmo no nível mínimo de velocidade, ou seja, quando o veículo está em ponto morto, ele continua consumindo energia (com o motor e o ar-condicionado ligados, por exemplo), ainda que faça zero quilômetro por litro.

A figura 9.14 ilustra essa questão. A velocidade média no Federal Test Procedure (utilizado para regular a economia de combustível dos automóveis norte-americanos) é 31,5 km/h. A economia de combustível medida nesse ciclo será muito menor do que seria se o veículo rodasse à mesma velocidade média, mas em "controle de cruzeiro". A perda se deve à natureza transitória do ciclo de direção (parada, partida e tempo ocioso), que pretende reproduzir as condições reais e que pode ser solucionada apenas parcialmente por meio da frenagem regenerativa dos veículos híbridos movidos a gasolina e a eletricidade. (A frenagem regenerativa transforma a energia cinética da freada em energia elétrica, que é armazenada na bateria, contribuindo para otimizar a economia de combustível.)

Conforme mostram os capítulos 3 e 8, a melhoria do fluxo de veículos é uma das vantagens oferecidas pela internet da mobilidade: podendo comunicar-se entre si, os veículos serão capazes de coordenar-se e organizar-se para evitar acidentes e engarrafamentos. A internet da mobilidade tem ótimo potencial para melhorar a eficiência energética de todos os veículos em meio ao trânsito (potencialmente, apresenta um efeito multiplicador muito maior do que o da melhoria da eficiência de um único veículo).

A elevação da velocidade média de 16 km/h para 24 km/h, por exemplo, aumentaria a economia de combustível de cada veículo em cerca de 20%. O trânsito mais fluido e o aumento da velocidade média também fariam decrescer a emissão de gases, que contribuem para as nuvens de fumaça e são um dos principais problemas de saúde das cidades.

Com certeza, os veículos elétricos não vão produzir gases estufa. Contudo, à semelhança dos automóveis convencionais, eles são energeticamente mais eficientes quando circulam com fluidez e a velocidades favoráveis.

A poluição sonora é outro fator negativo dos automóveis convencionais. O barulho torna desagradáveis as ruas de maior movimento, e por sua causa criam-se áreas abandonadas e de valor imobiliário reduzido no perímetro urbano de rodovias e autoes-

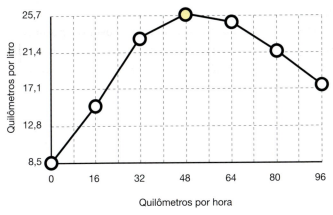

Figura 9.14
Há uma velocidade ideal para a eficiência energética.

tradas. Em geral, a população reage à poluição sonora com janelas antirruído, que por sua vez levam à instalação de ar-condicionado até em lugares em que a ventilação natural seria mais agradável e energeticamente eficiente. Mas os motores elétricos são quase silenciosos, e por isso a introdução em larga escala de minicarros elétricos permitirá reverter essa tendência.

As cidades começam a restringir a circulação do automóvel

Considerando os fatores negativos e outros desafios, não é de surpreender que as cidades de todo o mundo venham tentando encontrar alternativas mais atraentes para o automóvel e dissuadindo a população de querer dirigir. Uma ideia nessa linha é criar impostos sobre determinados fatores, ou seja, aumentar o custo das viagens. Outra seria combinar as restrições diretas ao uso do automóvel com a criação de alternativas a ele.

Para reduzir o uso do automóvel podem-se instalar pistas específicas para ônibus e bicicletas – os deslocamentos de bicicleta se tornariam mais seguros e os de ônibus, mais rápidos. A cidade de Curitiba, no Paraná, é pioneira na utilização do BRT, sistema no qual os ônibus trafegam em corredores próprios e têm prioridade nos semáforos. Outra opção consiste em promover esquemas originais de compartilhamento de bicicletas e carros, como em Paris. Ou estabelecer que dirigir em determinadas áreas pode ser mais caro e implementar pedágios urbanos. Em geral, as cidades reconhecem que, para competir internacionalmente, precisam proporcionar ótima qualidade de vida, o que pode torná-las mais ativas do que os estados na regulação dos veículos.

Motivadas por preocupações cada vez mais urgentes em relação à emissão de gases estufa, à poluição sonora e aos congestionamentos, muitas grandes cidades logo podem passar a permitir a circulação apenas de veículos não poluentes, como os minicarros elétricos, ou simplesmente banir os automóveis de suas ruas. A hipótese formulada por muitas prefeituras é a de que o automóvel, tal como o conhecemos hoje, não é compatível com sua visão de sustentabilidade, que inclui um alto padrão de qualidade de vida graças a ruas mais seguras, mais limpas e mais tranquilas, e também a um sistema de transporte público acessível a todos e com um custo razoável.

A título de exemplo, podemos citar a cidade de Nova York, onde a compra de carros está diminuindo. Em 2006, havia 200.000 proprietários de carros a menos do que nos cinco anos anteriores, o que representa uma queda de 10%. Em Nova York, a proporção entre o número de proprietários e o número total de veículos é a metade da encontrada nos Estados Unidos como um todo. Dessa forma, não surpreende que quem mora em áreas de alta densidade populacional não deseje tanto adquirir um veículo; apenas 1 em 7 moradores de Manhattan tem carro, proporção que chega quase à metade entre os habitantes de Staten Island (o bairro nova-iorquino com a menor densidade populacional). Em Manhattan, apenas 2% dos proprietários de imóveis têm mais de um veículo, 20% têm um veículo e os 78% restantes não têm automóvel.

Segundo a National Household Travel Survey de 2001, dois terços de todos os percursos de carro duram até meia hora ou menos, e a taxa de ocupação dos veículos está em 1,81. A velocidade média em Manhattan fica abaixo de 16 km/h, mas, como podemos ver na figura 9.15, a velocidade média dos carros em Nova York (média de todos os bairros e durante o dia inteiro) era de 30,2 km/h em 2001, valor abaixo dos 39,1 km/h de 1995. No mesmo período, o número médio diário de quilômetros rodados por carro diminuiu de 19,6 km para 15,9 km. Mesmo assim, os automóveis ainda andam mais e são mais velozes do que o transporte público.

Os veículos motorizados respondem por 83% de toda a energia consumida pelos transportes em Nova York (os trens elétricos representam quase todo o restante) e 100% do petróleo, cujo consumo chegou a 2,8 bilhões de litros em 2005.

No próximo tópico, vamos ilustrar e quantificar algumas maneiras de as cidades fornecerem níveis melhores de mobilidade pessoal e ao mesmo tempo minimizar os efeitos negativos da utilização do automóvel com os minicarros elétricos e a coordenação eletrônica do tráfego.

Melhorias na segurança com os minicarros elétricos

Uma das principais metas na implantação de um novo sistema de mobilidade urbana é a melhoria da segurança geral da cidade, que se traduz em dois objetivos: proporcionar um nível adequado de segurança aos ocupantes dos veículos e aumentar a segurança dos usuários mais vulneráveis das ruas (pedestres, ciclistas, motociclistas, etc.).

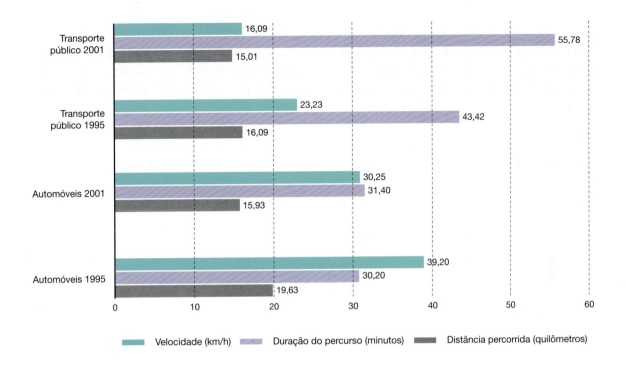

Figura 9.15
Evolução da mobilidade em Nova York.

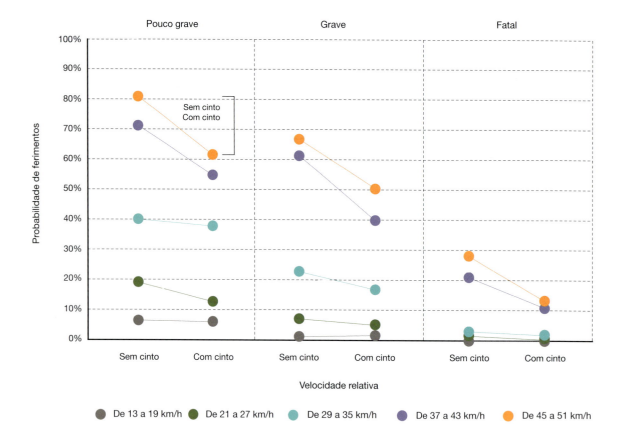

Figura 9.16
As estatísticas de acidentes entre veículos mostram que, com o uso do cinto de segurança, há grande probabilidade de se sobreviver a uma colisão a velocidades abaixo de 24 km/h.

Com um minicarro (mais dois ocupantes) de cerca de 450 kg que rode a uma velocidade média inferior a 40 km/h há uma redução significativa da energia cinética em comparação a um veículo convencional, que chega a pesar cinco vezes mais e roda (por breves momentos) a uma velocidade mais alta até mesmo em áreas urbanizadas.

A solução para melhorar a segurança dos ocupantes dos minicarros, além da adoção de pistas exclusivas, é a instalação de sensores e de comunicação sem fio para evitar ou reduzir as colisões com outros veículos. Se uma colisão for iminente à velocidade de 40 km/h, haverá tempo hábil para desacelerar, de forma que a velocidade de impacto seja sempre inferior a 24 km/h. Segundo os dados disponíveis, a velocidades inferiores a 24 km/h, quando os passageiros usam cinto de segurança, quase nenhuma colisão é fatal (figura 9.16).

As estatísticas também mostram que, em caso de acidente entre pedestres e veículos da frota atual, os ferimentos podem ser muito menos graves quando o veículo consegue desacelerar para menos de 24 km/h (figura 9.17). Se a velocidade inicial do veículo estiver próxima de 40 km/h, essa redução pode ser alcançada hoje através da combinação de sensores com sistemas de freios de ação rápida. Contudo, o sistema será mais resistente e menos caro num futuro próximo, em que os veículos também poderão se comunicar sem fio com as pessoas. Como mencionamos no capítulo 2, a General Motors já criou o protótipo de um transponder sem fio portátil capaz de avisar motoristas e pedestres (ou ciclistas) da presença um do outro, mesmo que estejam ocultos ou distraídos.

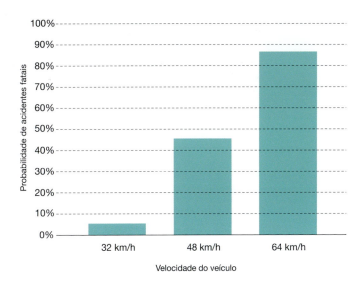

Figura 9.17
Probabilidade de acidentes fatais entre veículos e pedestres.

Metas de eficiência energética ao alcance dos minicarros

Os minicarros elétricos podem ser comparados com os ônibus, com o sistema BRT, com os automóveis convencionais e com os veículos elétricos de bairro. Não é de surpreender que, sendo mais leves, os minicarros apresentem mais eficiência energética do que as demais opções de mobilidade pessoal; surpreendente é compará-los com o transporte público, especialmente se considerarmos a taxa de ocupação real ou média dos assentos (figura 9.18). Um ônibus padrão precisa de 44 ocupantes para utilizar mais ou menos a mesma quantidade de energia por passageiro que 22 minicarros elétricos com dois ocupantes em cada veículo. A emissão de gases estufa e outros poluentes e a importação de petróleo não são idênticas nem mesmo nesse caso, já que o ônibus costuma ser alimentado com diesel, enquanto a eletricidade utilizada pelos minicarros pode vir de uma grande variedade de fontes de energia. Além disso, como vimos, a porcentagem de eletricidade gerada a partir de fontes renováveis poderia até ser estimulada pela comercialização de veículos elétricos.

Do ponto de vista financeiro, um ônibus pode custar até US$ 400.000. Por outro lado, os minicarros poderiam custar menos de US$ 10.000, acomodando em média 1,8 pessoa. Pelo preço de um ônibus seria possível adquirir mais de 40 minicarros, que acomodariam até 80 pessoas. Embora o BRT ofereça fluxo e taxa de ocupação maiores do que os ônibus comuns, seus ônibus são bem mais caros e têm eficiência energética ligeiramente inferior por passageiro por quilômetro do que os ônibus comuns.

Uma frota de 20 a 40 minicarros também pode prover muito mais flexibilidade do que um ônibus, que tem percurso fixo e programado. Então, como vimos no capítulo 8, nos sistemas de mobilidade sob demanda os minicarros podem prestar serviço onde e quando necessário.

Melhoria do número de passageiros transportados

O BRT vem sendo implementado em várias cidades do mundo como alternativa de menor custo ao metrô subterrâneo e aos trens de superfície, pois transporta uma quantidade equivalente de passageiros. A cidade de Nova York conta com o sistema BRT do Lincoln Tunnel, com capacidade para 25.000 pessoas por hora durante o horário de pico. Um ônibus sai a cada cinco segundos, mas há sempre ônibus em número suficiente no terminal para que os passageiros possam embarcar e desembarcar em três ou quatro minutos.

Se dois minicarros forem colocados lado a lado com um intervalo de 50 cm, a largura da pista precisará ser aumentada para 3,6 m (a pista padrão dos ônibus têm 3 m). Atualmente, com os sistemas de comunicação de curta distância, é possível aos carros manter entre si uma distância de 6,7 m na frente e atrás; com a comunicação V2V, essa distância logo poderá ser reduzida para 4,4 m e, num segundo momento, para 2,2 m (figura 9.19). A 40 km/h e com distância entre veículos de 2,2 m, os minicarros podem transportar mais passageiros do que o BRT do Lincoln Tunnel, considerando que os veículos serão dispostos lado a lado e ocupados por dois passageiros cada um.

Eficiência energética e emissões	Dimensões em m (C x L x A)	Peso total (kg)	Preço (US$)	Capacidade (nº de passageiros)	Taxa média de ocupação	Economia de combustível equivalente à gasolina (km/l)	Consumo de energia do poço à roda (megajoules/ passageiro/km)	Emissão de CO_2 (gramas/ passageiro/km)
Ônibus comum	12,20 x 2,60 x 3,43	14.000	400.000	44 sentados + 34 em pé (total 78)	24	1,70	0,96	63
Ônibus articulado BRT	18,30 x 2,55 x 3,40	21.500	980.000	27 sentados + 90 em pé (total 117)	35	1	1,11	72
Prius	4,45 x 1,72 x 1,50	1.330	22.000	5 assentos, EE= 2,70	2	20	1	74
Smart 4 two	2,70 x 1,55 x 1,55	820	13.990	2 assentos, EE= 1,86	2	14	1,45	105
Chevrolet Malibu	4,90 x 1,80 x 1,45	1.550	19.900	5 assentos, EE= 2,85	2	9	2,14	175
Chevrolet Malibu híbrido	4,90 x 1,80 x 1,45	1.630	23.900	5 assentos, EE= 2,85	2	11	1,82	146
GEM-e2	2,50 x 1,40 x 1,78	517	7.395	2 assentos, EE= 1,82	2	98	0,62	40
Zenn	3,00 x 1,50 x 1,40	636	12.000	2 assentos, EE= 2,08	2	95	0,64	40
Minicarro 300 kg	1,50 x 1,30 x 1,70	300		2 assentos	2	157	0,39	25
Minicarro 450 kg	1,50 x 1,30 x 1,70	450		2 assentos	2	112	0,54	34

 Ônibus comum   Ônibus articulado BRT   Chevrolet Malibu   Zenn

Figura 9.18
Comparação entre vários modelos de transporte urbano.

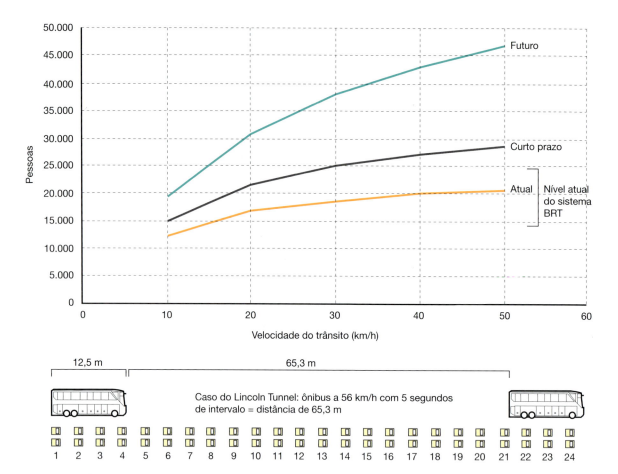

Na hipótese de minicarros elétricos

Pista exclusiva, 2 ocupantes por veículo e 2 veículos lado a lado
Comprimento do veículo = 1,5 m, distância entre veículos = 2,2 m, 40 km/h e 2 veículos lado a lado
Distância entre ônibus BRT = 77,8 m (intervalo + comprimento do ônibus) transportando 36 passageiros a cada 5 segundos
Tamanho equivalente do pelotão de minicarros = 30 veículos (15 x 2 / pista) transportando 60 passageiros a cada 5 segundos depois de corrigir as diferenças de velocidade

A capacidade de transporte dos minicarros elétricos é 67% maior do que a do BRT do Lincoln Tunnel durante as horas de pico

Figura 9.19
Comparação entre a capacidade de transporte pelo BRT e pelos minicarros elétricos.

Redução das vagas de estacionamento

A redução drástica do tamanho dos veículos talvez não seja tão importante nos subúrbios pouco povoados e nas áreas rurais, mas traz muitos benefícios para as áreas urbanas densamente povoadas, nas quais o espaço potencial de estacionamento é escasso e caro. Como Don Shoup, professor da Universidade da Califórnia, mostrou no livro *The High Cost of Free Parking*, as cidades gastam muito mais do que se imagina para fornecer vagas de estacionamento nas ruas.[2] O custo dos incorporadores imobiliários para criar estacionamentos abertos ou fechados também é muito alto. Reduzir a exigência de espaço para estacionar nas áreas urbanas pode ajudar a diminuir os congestionamentos e o custo financeiro para os municípios, além de liberar terrenos valiosos para usos mais produtivos. Nas áreas com muitas construções que não têm vagas em número suficiente a única maneira de estacionar mais carros consiste em adensar os estacionamentos.

Em um típico quarteirão de Manhattan (se ignorarmos as zonas de carga e descarga, os hidrantes, etc.), é possível acomodar cerca de 80 carros. O minicarro é muito menor que um carro comum, de forma que esse número poderia subir para perto de 250 (figura 9.20). Além disso, os ocupantes do minicarro poderiam sair diretamente na calçada, já que o carro pararia de frente para a guia.

Nos estacionamentos, em geral apenas um terço de sua área é de fato ocupada por carros; o restante do espaço serve para que os veículos possam manobrar (corredores) ou para que as pessoas possam entrar e sair dos veículos. Com manobrabilidade (capacidade de "girar rapidamente") maior e estacionamento automatizado, a exigência de espaço pode ser reduzida. (Seria possível até o veículo girar sobre si mesmo, de forma que o motorista estivesse sempre olhando para frente, embora isso não seja nem mesmo necessário com o estacionamento automatizado.) Graças a essas três características dos minicarros elétricos, um estacionamento com capacidade para cem unidades poderá ser três ou quatro vezes menor do que os estacionamentos convencionais (figura 9.21). As cidades vão agradecer os terrenos liberados graças aos minicarros, e os motoristas poderão se beneficiar da redução do custo de estacionar seu veículo.

Efeitos globais sobre o espaço e a infraestrutura urbanas

Como demonstramos, vários fatores contribuem para que os minicarros elétricos possam reduzir de forma significativa a exigência de vagas de estacionamento em prédios e áreas urbanas. Essa redução se deverá em parte ao menor tamanho dos veículos à necessidade mínima de distância entre cada um e espaço para corredores de acesso; e à localização eletrônica das vagas de estacionamento disponíveis, que permitirá adequar a oferta à demanda e reduzir o desperdício de vagas. Finalmente, nos lugares em que forem utilizados sistemas de mobilidade sob demanda, o nível de utilização dos veículos será mais alto e os veículos ficarão mais nas ruas do que nos estacionamentos.

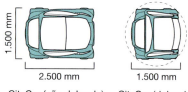

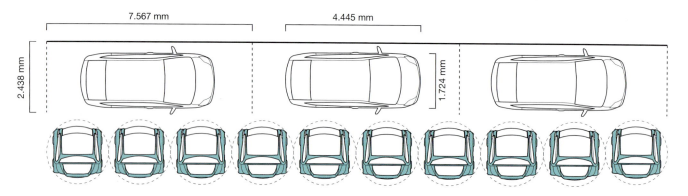

CityCar dobrado comparado com um sedã convencional de quatro portas
Coeficiente de estacionamento = 3,3 : 1

Figura 9.20
Comparação do tamanho das vagas de rua para minicarros elétricos e carros convencionais.

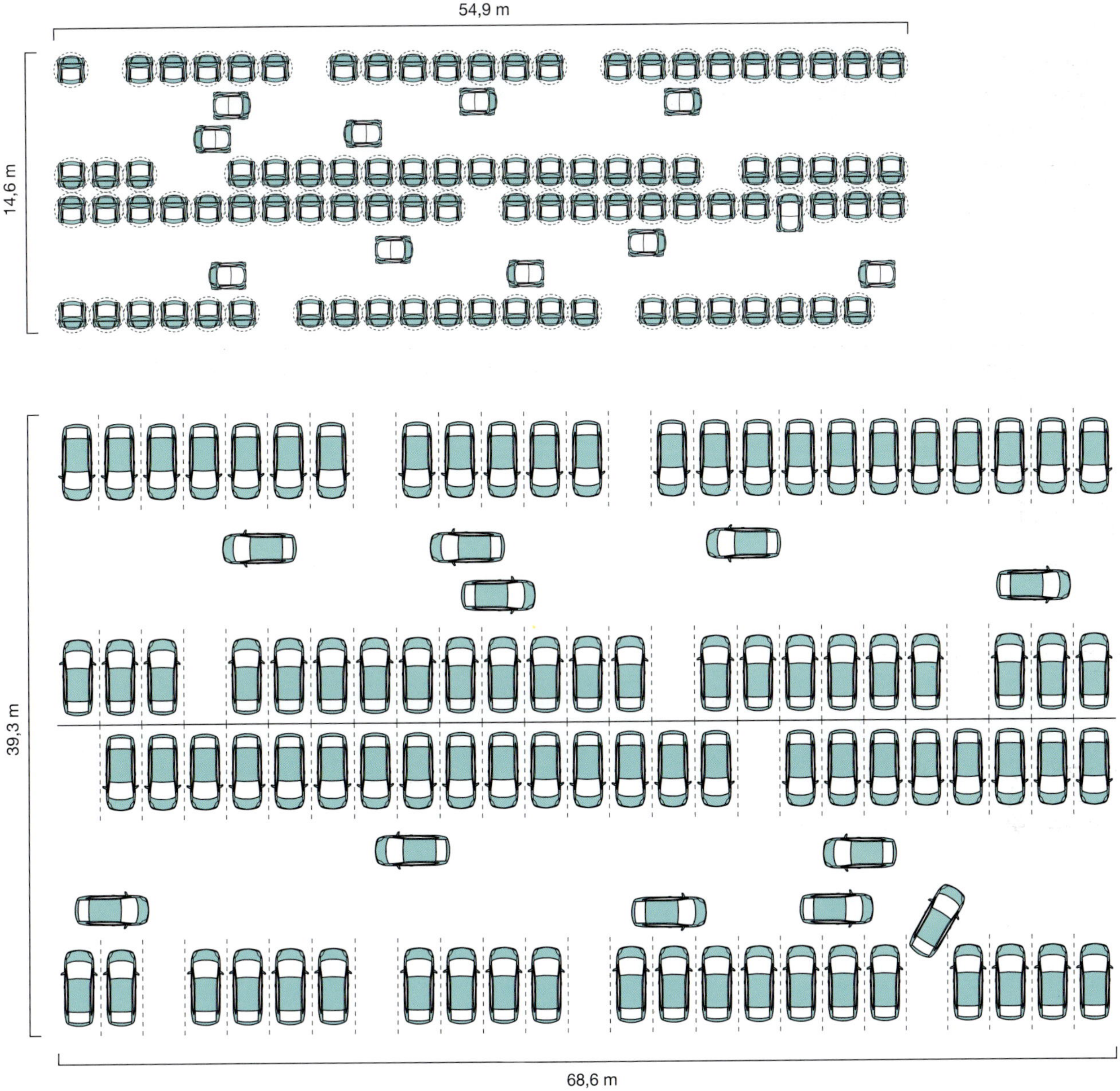

Cem CityCars (dobrados) comparados com cem carros convencionais
Coeficiente de estacionamento = 3,4 : 1

Figura 9.21
Comparação entre o espaço de estacionamento de minicarros elétricos e carros convencionais.

A redução concreta dependerá dos padrões de utilização e das possibilidades de configuração dos estacionamentos de acordo com cada local e contexto urbano. Todavia, alguns cálculos rápidos podem indicar o tamanho dos possíveis ganhos. Como vimos, pelo menos três vezes mais minicarros elétricos do que automóveis convencionais (e às vezes mais) podem ser estacionados em uma determinada área. Se os sistemas de mobilidade sob demanda reduzirem o tempo em que um veículo fica estacionado de 80% para 20%, a necessidade de vagas de estacionamento também será reduzida para um quarto. (Na prática, esse coeficiente poderá ser um pouco menor, já que a demanda de veículos será desigualmente distribuída durante o dia e o tamanho dos estacionamentos deve ser projetado para atender os horários de maior demanda. Entretanto, os veículos de frotas de mobilidade sob demanda poderão ser "armazenados" em locais periféricos, mais baratos, quando a demanda estiver baixa.) O efeito consequente é a redução da exigência de vagas de estacionamento pelo menos em termos de tamanho.

Essa redução não é significativa nos subúrbios pouco povoados, onde o número de vagas de rua e de garagens particulares excede facilmente a demanda. Mas em áreas urbanas muito povoadas e que dependem das vagas de rua, a capacidade de receber mais veículos na mesma extensão de rua, para atender a uma demanda não prevista ou (de acordo com as prioridades do projeto urbano) reduzir o percentual das vias que devem dispor de vagas, faz toda a diferença. Assim, o espaço tirado das vagas poderia, por exemplo, ser ocupado por árvores, cafés, etc. (figura 9.22).

Existem oportunidades semelhantes nos shopping centers, nos *campi* das universidades e em outros locais que dependem de vagas de estacionamento fora das ruas. A capacidade dessas estruturas pode ser aumentada ou parcialmente alocada para outros usos. O valor dos imóveis assim liberados pode ser significativo e ajudar a cobrir o custo da transformação dos sistemas de mobilidade urbana com a construção de infraestruturas adequadas e a ampliação do espaço público. A figura 9.23, por exemplo, ilustra a proposta para a cidade de Florença. O trânsito dos automóveis convencionais para nos muros da cidade velha, no centro histórico, e estacionamentos subterrâneos são implantados nos portões. Assim, a fila de ônibus estacionados que desfigura a maior parte das praças deixa de existir, e esses espaços podem ser devolvidos à população. Dentro dos muros da cidade há um sistema de mobilidade sob demanda que utiliza vários tipos de veículos – minicarros elétricos, motonetas elétricas e bicicletas. Esses veículos não apenas proporcionam mobilidade pessoal limpa e silenciosa dentro da cidade histórica, como também são suficientes para conectar essa parte do município à área metropolitana ao redor, onde as ofertas de emprego, os shopping centers e outras instalações podem ser encontradas.

A transformação de vagas de estacionamento em espaço para as atividades das pessoas modifica a textura das cidades, pois elimina diversos "pontos mortos" e cria um *continuum* de atividade. Associada à redução do ruído do trânsito, da poluição do ar e do perigo gerado pelos automóveis, essa transformação facilita a devolução das ruas

Figura 9.22
Melhoria da configuração das ruas obtida com a redução do espaço reservado a estacionamento.

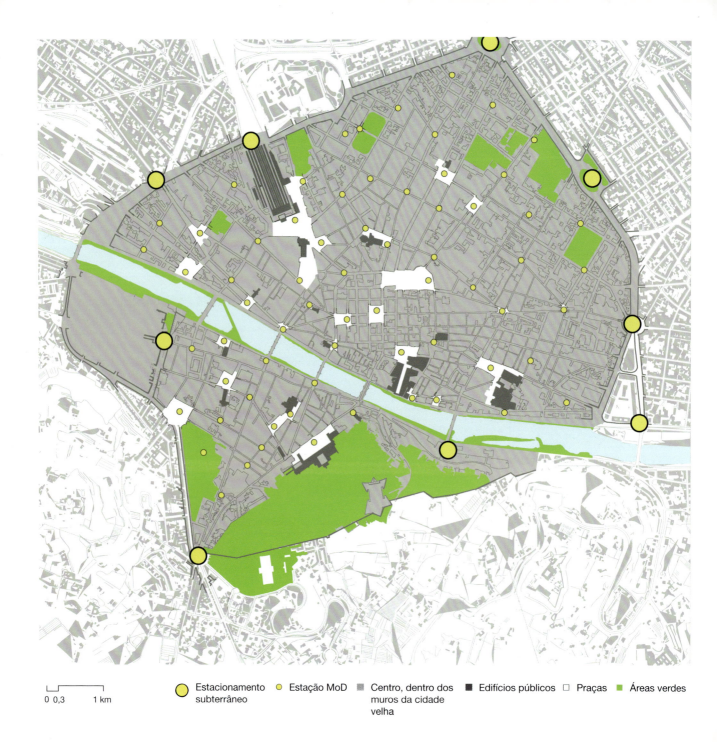

ao seu papel tradicional: atraentes e animados espaços públicos para pedestres.

Finalmente, o sistema de mobilidade sob demanda promete transformar nossa maneira de entrar nos prédios e reformular a relação entre prédios e ruas. Nas áreas em que ele existe há pouca demanda de áreas de estacionamento. Os veículos podem ser entregues e devolvidos na porta dos edifícios.

Resumo: cidades habitáveis e sustentáveis

Através da história, as cidades e os automóveis evoluíram em conjunto. Cada um se adaptou às formas e às exigências do outro. A reinvenção do automóvel traz agora uma oportunidade para que as cidades sigam diferentes e desejáveis direções. E esse novo caminho evolucionário é essencial para a habitabilidade e a sustentabilidade a longo prazo.

Muitas das mais antigas cidades do mundo, como aquelas do Oriente Médio e da África do Norte em que, na Idade Média, se usavam camelos, faziam pouco ou nenhum uso do transporte sobre rodas.[3] Nessas cidades costumava haver boa adequação entre a estabilidade e a agilidade dos animais de duas e de quatro pernas e as ruas estreitas e sinuosas, repletas de escadas e ladeiras. Como os volumes transportados e a velocidade eram muito baixos, não havia tanta preocupação com segurança. As estradas romanas, por outro lado, ofereciam superfícies amplas, duras e planas, perfeitamente adequadas aos veículos de rodas com tração animal. (E podia-se até ser derrubado por uma biga em alta velocidade.) Em geral, nos lugares em que a estabilidade e a agilidade são preocupações essenciais, as pernas têm certa vantagem, mas onde a eficiência mecânica e a velocidade são mais importantes e existe um grande investimento em superfícies planas, as rodas passam a dominar.

Quando, no início da Revolução Industrial, a tração a vapor começou a substituir a tração animal nos veículos com rodas, os trens a vapor motivaram investimentos em resistentes ferrovias de aço, enquanto o desenvolvimento de redes de ferrovias cada vez maiores decuplicou a utilidade e a demanda de locomotivas e vagões. Isso, por sua vez, encorajou o desenvolvimento de um padrão de concentração populacional e de infraestrutura em torno das estações e das paradas do trem.

As rodas com molas dos primeiros automóveis permitiram sua circulação em estradas e ruas – em geral acidentadas e não pavimentadas – que

Figura 9.23
Proposta para a utilização de minicarros elétricos, motonertas elétricas e bicicletas em um sistema de mobilidade sob demanda no centro histórico de Florença.

haviam sido criadas para pedestres, cavalos e veículos lentos de tração animal. Mas, à medida que os automóveis ficaram mais potentes e rápidos, geraram a demanda por ruas melhores, cuja utilização seria mais segura e eficiente, enquanto a crescente implementação dessas ruas favoreceu a utilização dos automóveis.[4] O resultado a longo prazo foi a evolução para cidades dominadas por sistemas de ruas e estradas adaptadas à exigências do trânsito automotivo.

Simultaneamente, a criação de vagas de estacionamento tornou-se um problema crucial no projeto das cidades. Em geral, as ruas ficam entupidas de carros estacionados, e os estacionamentos e as garagens particulares consomem grande quantidade de espaço urbano que poderia ser destinado a outro uso.

Além do mais, a necessidade de ruas e vagas de estacionamento estimulou a ampla pavimentação da paisagem urbana, reduzindo as possibilidades de drenagem ecológica e natural e aumentando o efeito ilha urbana de calor. As ruas tornaram-se tão perigosas, barulhentas e poluídas que seu papel tradicional de espaço de socialização diminuiu, e os prédios, que em outras circunstâncias poderiam se aproveitar da ventilação natural, vivem com as janelas fechadas e o ar-condicionado ligado.

Em maior escala, a ampla utilização de automóveis movidos a gasolina estimulou formas inconvenientes e inadequadas de utilização da terra. Muitas cidades desenvolveram periferias pouco povoadas e bastante ineficientes em termos de utilização do solo e da energia, economicamente vulneráveis, e com poucos aparelhos sociais e culturais.

Todas essas condições são bem conhecidas e frequentemente vistas como inevitáveis – ou, pelo menos, inseparáveis da mobilidade urbana pessoal. E seu caráter permanente e onipresente gera ceticismo em relação à possibilidade de uma mudança drástica. Mas tal ceticismo ignora as lições da história e os princípios da transformação urbana. Os minicarros elétricos oferecem vantagens incontestáveis. Como uma espécie invasiva, eles começarão a criar raízes, competindo com os automóveis convencionais em contextos urbanos que lhes são especialmente favoráveis, nos quais essas vantagens são mais apropriadas, levando ao conhecido processo de coevolução, em que veículos e formas urbanas se adaptam uns aos outros. No decorrer do tempo, quando esse processo ganhar fôlego, veremos cada vez mais cidades com boa mobilidade pessoal, seguras, tranquilas, limpas, habitáveis, energeticamente eficientes e sustentáveis. As cidades que não se adaptarem rapidamente serão menos competitivas.

Você consegue imaginar as ruas de Manhattan repletas de minicarros elétricos limpos e silenciosos? Pode imaginá-las tomadas por infraestruturas ecológicas para pedestres e cercadas de prédios com ventilação natural? Talvez isso ainda seja difícil, mas não se esqueça de que já houve um tempo em que essas mesmas ruas eram tomadas por cavalos.

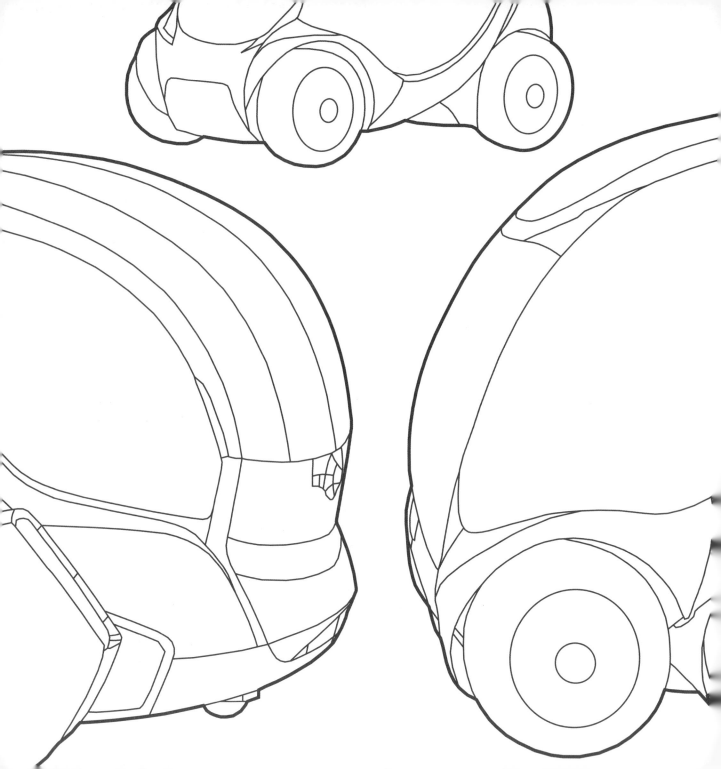

10

A concretização da proposta

Ao longo deste livro foram propostas maneiras de as pessoas se locomoverem nas cidades livremente, com segurança e de forma conveniente, em veículos limpos e passíveis de personalização, agradáveis de dirigir, e que as mantêm constantemente conectadas às suas redes sociais, à família e ao trabalho. A figura 10.1 resume a essência de nossa proposta para a reinvenção do automóvel. Três pontos principais – o crescimento urbano, a eletrificação dos sistemas de mobilidade e a revolução digital das telecomunicações e do processamento de informações – estão convergindo e abrindo espaço para a reinvenção radical da mobilidade urbana pessoal. Mais especificamente, a eletrificação e a conectividade onipresente tornam possíveis os minicarros elétricos, muito adequados às necessidades e às restrições da vida urbana. Para recarregar os minicarros, será preciso criar uma infraestrutura baseada em redes elétricas inteligentes, que, por meio da tarifação dinâmica, permitirá aos motoristas comprar e vender eletricidade de forma eficiente. A possibilidade de coletar dados da infraestrutura ao redor, por meio de computadores de bordo, também possibilitará o gerenciamento mais eficaz do espaço rodoviário e das vagas de estacionamento. Estão colocados, assim, os componentes não apenas da reinvenção do automóvel, mas também dos sistemas de mobilidade urbana pessoal e dos padrões urbanísticos.

Acreditamos que essa proposta seja factível e que possa ser implementada com menos de um quarto do valor de custo e manutenção de um automóvel convencional. Mas como podemos concretizá-la?

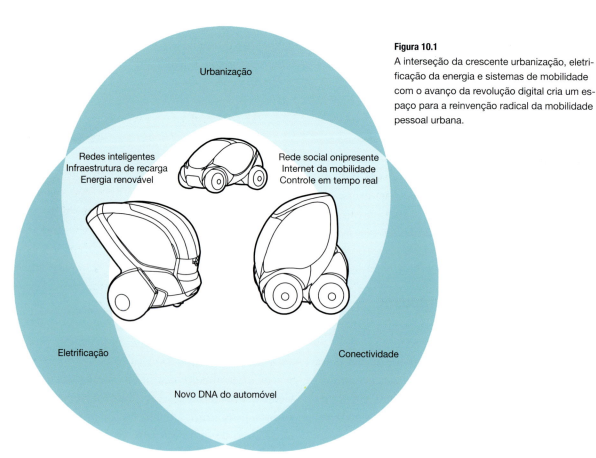

Figura 10.1
A interseção da crescente urbanização, eletrificação da energia e sistemas de mobilidade com o avanço da revolução digital cria um espaço para a reinvenção radical da mobilidade pessoal urbana.

As lições da internet

Em primeiro lugar, é preciso aprender com a invenção, o desenvolvimento e a ampla aceitação dos sistemas baseados em redes para definir o tamanho e o escopo do sistema de mobilidade urbana pessoal. A rápida aceitação e a evolução contínua da internet, em especial, oferecem várias lições importantes.

Primeiro, é claro que as grandes redes dependem de equipamentos baratos e atraentes, que forneçam amplo acesso e sirvam de nós da rede. No caso da internet, o surgimento dos computadores pessoais baratos, no começo dos anos 1980, seguidos pelos laptops e pelos smartphones, fomentou mais de duas décadas de crescimento rápido, que tornaram a internet onipresente. Por sua vez, o crescimento do mercado desses equipamentos possibilitou investimentos em inovações tecnológicas e a realização de grandes economias, que mais tarde fizeram baixar o custo de acesso.

No caso das redes de mobilidade urbana pessoal, os equipamentos de acesso são os automóveis elétricos inteligentes e conectados – a contrapartida dos computadores pessoais. Assim como os PCs são menores que os computadores de grande porte, os minicarros são menores, mais leves e mais baratos que seus predecessores. Além disso, são essencialmente bens de consumo eletrônicos – computadores em rede sobre rodas –, cuja funcionalidade depende muito menos de componentes mecânicos e estruturais e mais de softwares e componentes eletrônicos. Dessa forma, seu custo pode ser continuamente reduzido e seu desempenho melhorado, assim como o custo e o desempenho dos computadores.

Em segundo lugar, esses equipamentos deverão fornecer acesso a novos e atraentes serviços. Conectados à internet, os computadores pessoais dão acesso a e-mails, páginas da web, comércio eletrônico e redes sociais. Com o iPod e o iTunes, a Apple revolucionou a distribuição de música. O leitor digital Kindle, da Amazon, permite ao usuário fazer o download de livros. Quanto mais equipamentos estiverem em uso, maior será o mercado desses serviços, e, simultaneamente, quanto mais serviços estiverem disponíveis, maior será a motivação para adquirir um desses equipamentos.

Da mesma forma, nas redes de mobilidade urbana pessoal, os automóveis inteligentes e conectados não são apenas meios de transporte. Eles também fornecem informações sobre os outros veículos e o ambiente em torno, para garantir uma viagem mais segura e eficiente. E também coletam dados sobre o preço da eletricidade, dos espaços rodoviários e das vagas de estacionamento, permitindo, em alguns casos, o uso compartilhado dos veículos e a capacidade de utilizar esses recursos de forma otimizada para alcançar as metas da mobilidade.

Em terceiro lugar, padrões abertos como o protocolo TCP/IP (Transmission Control Protocol) e o HTTP (Hypertext Transfer Protocol) possibilitaram o incrível crescimento da internet e da web. Eles não são sistemas fechados e proprietários, submetidos às estratégias e à capacidade de investimento de uma determinada empresa. Qualquer pessoa que seguir os protocolos poderá se tornar parte deles e interagir com outras partes. Dessa forma, a internet e a web não cresceram em uma estrutura planejada de cima para baixo, mas como resultado de esforços dispersos e amplamente descoordenados. Como uma bola de neve, elas cresceram quando indivíduos e pequenas redes se conectaram e começaram a interagir.

O sistema de mobilidade pessoal urbana também vai exigir: padrões abertos e amplamente aceitos; estímulo ao desenvolvimento de baixo para cima e ao esforço de distribuição; proibição dos sistemas de propriedade fechados; e interoperabilidade de veículos produzidos por diferentes companhias e de sistemas administrados por diversas operadoras. Em particular, será necessário implementar padrões eficazes de telecomunicação, de conexão com a infraestrutura de recarregamento e as redes elétricas, e (assim como as chaves e as portas USB dos computadores) interfaces com o hardware.

Finalmente, o crescimento da internet aconteceu por meio de uma associação complexa de iniciativas e incentivos públicos e privados. Nos Estados Unidos, a pesquisa e o desenvolvimento iniciais, ainda na primeira fase, foram financiados pelo governo por meio da ARPA (Agência de Projetos de Pesquisa Avançada) e da NSF (Fundação Nacional da Ciência). Ao alcançar determinado tamanho, o sistema começou a atrair investimentos de companhias de infraestrutura, equipamentos e softwares, gerando novas empresas, que procuravam se beneficiar das oportunidades que o novo negócio trazia.

A crescente penetração foi amplamente motivada por fatores externos positivos das redes – a utilidade cada vez maior de uma rede com cada novo nó. A utilidade de um e-mail que apenas uma pessoa conhece é reduzida; se dez pessoas o conhecerem, será bem mais útil; se todos o conhecerem, ele se torna indispensável. Quanto maior for a rede, mais atraente ela se torna para novos contribuidores, e assim por diante. Com padrões abertos e interoperabilidade, fica muito mais fácil explorar o efeito bola de neve.

A mesma coisa acontecerá com as redes de mobilidade pessoal urbana. Será necessário fazer grandes investimentos no início, que poderão vir de fontes públicas e/ou privadas. A partir daí, quanto mais automóveis inteligentes e conectados houver nas ruas, maior será a possibilidade de cooperação em prol da segurança e da eficiência. Quanto maior a demanda por esses veículos, mais atrativo será o investimento em infraestruturas de recarga. Quanto mais ampla for a infraestrutura de recarregamento, mais atrativas serão a aquisição e a utilização de um veículo. Quanto maior o número de veículos conectados a redes inteligentes, mais forte será a sinergia entre eles. De forma geral, quanto maior for a rede de veículos e pontos de recarregamento e estacionamento, mais atraente será juntar-se a ela. A meta, já no início do investimento e do desenvolvimento, é pôr para funcionar o efeito bola de neve.

A internet e a web começaram modestas, mas continham as sementes para crescer rapidamente e, finalmente, tornar-se onipresentes. O sistema de mobilidade pessoal urbana tem propriedades semelhantes e pode crescer da mesma maneira.

O desafio da codependência em grande escala

Entretanto, ao aplicar as lições da internet a um sistema de mobilidade pessoal urbana, deve-se identificar e desenvolver estratégias efetivas para superar a enorme inércia do atual sistema de transporte automotivo. Essa inércia é fruto de seu tamanho e sua codependência.

Como já dissemos, apenas nos Estados Unidos existem cerca de 250 milhões de carros e caminhões, 203 milhões de motoristas registrados, 6,43 milhões de km de estradas e 170.000 postos de gasolina. Além disso, 14 milhões de pessoas vivem da produção, da venda e de serviços vinculados ao automóvel, produzindo e distribuindo combustível, construindo, mantendo e controlando as ruas e estradas. O mínimo que se pode dizer é que a transformação de um sistema desse tamanho é uma tarefa bastante intimidadora.

A codependência do sistema só aumenta o desafio. Os automóveis dependem de ruas e de combustível barato e adequadamente distribuído. Em geral, a malha viária é financiada pelos impostos sobre combustível. Um número maior de carros significa mais viagens, mais combustível consumido e mais impostos, o que resulta em mais e melhores ruas e estradas. Quanto melhor a malha viária, mais valiosa se torna a mobilidade, que, por sua vez, faz aumentar o número de veículos. Além disso, o desenho das vias depende dos atributos dos veículos, e estes são desenhados para responder aos padrões das vias; as especificações do combustível devem estar alinhadas com as exigências dos motores, que estão vinculados às regras para a emissão de gases poluentes e para a economia de combustível. Finalmente, como os veículos convencionais são controlados pelo homem, mudar a maneira de dirigir representa um grande desafio, exigindo que centenas de milhões de motoristas recebam novo treinamento. De forma clara – desanimadora, até, se pensarmos nessas primeiras considerações –, todos os componentes do sistema estão fortemente ligados entre si.

Considerando a inércia atual do sistema de transporte automotivo, não é de surpreender que os automóveis, a malha viária e a infraestrutura energética codependentes tenham melhorado no decorrer do tempo graças a progressos evolucionários em vez de transformações radicais. Mas, como é característico de sistemas altamente desenvolvidos e integrados, ele alcançou um ponto em que toda evolução futura terá efeitos cada vez mais marginais.

Trata-se de uma situação semelhante à da indústria das telecomunicações nos anos 1960, 1970 e 1980, quando a internet e o PC apareceram. O telefone, o rádio, a televisão, o meio editorial de jornais e livros e as fábricas de computadores de grande porte eram todos grandes negócios, altamente desenvolvidos, em vários casos muito regulados, e presos em complexas teias de codependência. Então seu modelo tecnológico e comercial foi desafiado por uma série de inovações – comutação de pacotes e redes digitais, semicondutores baratos, computadores pessoais, IP, e-mail, sites e navegadores, mecanismos de busca, etc. A partir dessa ruptura, apareceram produtos e sistemas, modelos comerciais e negócios radicalmente diferentes. O resultado foi uma grande melhoria das comunicações e o surgimento de novos negócios, em uma época de extraordinário crescimento econômico. As ideias apresentadas neste livro são o ponto de partida para uma ruptura criativa muito semelhante, agora na mobilidade urbana pessoal.

Resolução de um problema perverso [1]

A transformação em grande escala do sistema de mobilidade urbana pessoal por meio de inovações tecnológicas, comerciais e de design é um exemplo clássico do que Horst Rittel e Melvin Webber definiram há mais de trinta anos como o "problema perverso",[1] um esquema de sistemas bastante interdependentes, com a característica de que as ações tomadas para melhorar um dos aspectos do sistema podem produzir reações inesperadas e indesejáveis efeitos colaterais. Trata-se de algo complexo, ambíguo e que desafia qualquer progresso direto – desde a definição das metas, por meio de soluções de projeto ou de engenharia, até a fabricação de produtos e a integração e o desenvolvimento de sistemas. Não é como levar o homem à Lua. Requer especulações criativas sobre as possibilidades, uma discussão crítica permanente a respeito dos princípios e das opções, o envolvimento de investidores com interesses distintos e, às vezes, conflitantes, a elaboração de consenso e flexibilidade para responder às inesperadas reviravoltas que ocorrem ao longo do caminho que leva à solução.

Os urbanistas conhecem muito bem os problemas perversos e as estratégias para lidar com eles. Os projetistas e engenheiros de produtos, talvez menos. Mas importantes autores de economia abraçam cada vez mais a ideia – especialmente em busca de uma transformação – e apresentam sugestões úteis. Estes são alguns desses autores e suas ideias:

- **Russel Ackoff** O "design idealizado" propõe começar pela meta desejada (uma solução ideal) e trabalhar de trás para a frente a partir do ponto em que se encontra a fim de desenvolver um mapa até o destino final. A estratégia foca a necessidade de uma transformação. O design idealizado ajuda a eliminar os obstáculos à mudança e os problemas por meio do design de sistemas que já evitem o seu surgimento.
- **Roger Martin** A estratégia do "negócio do design" sugere que as soluções tradicionais para os problemas tendem a seguir um modelo linear baseado na compilação de dados para compreender o problema, a análise desses dados, a formulação de uma solução e a implementação da solução. Já os projetistas costumam seguir um modelo menos linear. Eles começam tentando entender o problema, formulam soluções potenciais e voltam ao início para apurar seu entendimento do problema. Os projetistas sabem que a compreensão de um problema pode surgir apenas a partir de possíveis soluções criativas, e que ela continua evoluindo junto com soluções cada vez melhores.
- **Anita McGahan** Por meio do estudo de vários casos, McGahan demonstra que os temas mais críticos deste século (entre os quais a fome, as doenças, o terrorismo, as mudanças climáticas, o crescimento econômico sustentável e a mobilidade sustentável) tendem a ser problemas perversos, com soluções que ao mesmo tempo requerem inovação técnica (nos produtos, processos e serviços), inovação organizacional (com novas maneiras de organizar a colaboração entre empresas, governos, ONGs e agências internacionais multilaterais) e reestruturação dos contratos sociais.
- **Clayton Christensen** O "dilema do inovador" propõe princípios de inovação revolucionária que possam efetivamente contrabalançar a inércia criada por soluções de produtos e serviços existentes para os "serviços" que os consumidores querem ver realizados. Em geral, as soluções existentes são excessivamente detalhadas e permitem aos inovadores "atacá-las sem serem vistos", com projetos mais simples, de baixo custo e mais adequados às necessidades dos consumidores. Os minicarros elétricos apresentados no capítulo 4 se encaixam nessa descrição. Christensen também enfatiza a importância de se focar em propostas de valor, em bases seguras do mercado e no entendimento rápido dos ciclos para realizar a transformação.
- **Malcolm Gladwell** A abordagem do "ponto de desequilíbrio" mostra como ideias, tendências e comportamentos sociais podem surgir, desequilibrar o sistema e se espalhar de forma extremamente rápida. O

desequilíbrio se torna possível pelo fato de os homens serem profundamente sociais, influenciando e sendo influenciados por outros. Diante de uma inércia profunda, a transformação exige que se identifique e busque os pontos de desequilíbrio.

Podemos começar a seguir em frente juntando algumas das lições de Ackoff, Martin, McGahan, Christensen e Gladwell – iniciando uma viagem rumo a um destino obrigatório, mesmo que acabemos por chegar a um lugar diferente daquele inicialmente almejado. A inovação revolucionária focada em problemas perversos pode ser um trunfo contra a inércia se o desejarmos realmente, se soubermos improvisar ao longo do caminho traçado com a meta final em mente, enquanto primeiro somos eficiente, rápida e às vezes furtivamente levados a alcançar pontos de desequilíbrio.

A partir de uma perspectiva de design ideal, o objetivo último é permitir às pessoas movimentar-se e interagir com maior liberdade e mais prazer do que hoje sem nenhum efeito colateral (isto é, sem a poluição do ar, sem o consumo de fontes de energia não renováveis, sem a morte, sem ferimentos e danos materiais, sem perda de tempo e sem desigualdade de acesso). As linhas gerais de nossa solução foram apresentadas no capítulo 9, e elas integram os quatro pilares apresentados do capítulo 2 ao capítulo 8. Para implementar essa solução, Ackoff nos aconselharia a trabalhar de trás para a frente e criar uma lista de ações que permitissem amadurecer, sincronizar e fazer convergir os meios necessários.

Da perspectiva do dilema do inovador, nossos "meios" já passaram por provas e testes de mercado:

- Veículos elétricos a bateria, veículos elétricos a célula de combustível e veículos elétricos com autonomia estendida estão sendo desenvolvidos e comercializados.
- Diversas empresas (Chevrolet Sequel, CityCar, Segway PT, etc.) já demonstraram o uso de motores nas rodas.
- Os serviços de telemática estão se difundindo. (A OnStar, por exemplo, já tem cerca de 6 milhões de clientes.)
- Mapas digitais detalhados e sistemas de navegação GPS são amplamente disponíveis e cada vez mais precisos.
- Já existem automóveis e caminhões com controles de cruzeiro adaptáveis e alertas de manutenção e de mudança de faixa.
- A GM apresentou sistemas de comunicação veículo a veículo ou veículo a pedestre/ciclista e patenteou o transponder portátil para implementar esses sistemas.
- A condução autônoma foi bem-sucedida no Desafio Urbano DARPA, e a cidade de Abu Dabi é pioneira no Transporte Rápido Pessoal (PRT), com pequenos veículos automatizados.
- O pedágio urbano vem sendo utilizado para administrar os congestionamentos e reduzir o uso do automóvel em Londres e Cingapura.
- Em Nova York e Amsterdam foram criadas zonas em que a circulação de carros é proibida.
- O compartilhamento de bicicletas e carros (ZipCar e I-GO) já existe.
- As possibilidades oferecidas pelo sistema de mobilidade sob demanda, com a retirada e a devolução do veículo em pontos diferentes, já foram demonstradas com o sistema de compartilhamento de bicicletas.

O importante agora é aprender rapidamente com as bases lançadas, focando principalmente os consumidores (isto é, os indivíduos à procura de mobilidade pessoal e a sociedade em busca da eliminação dos fatores externos negativos) e incluindo essas iniciativas no plano estratégico.

Da perspectiva do ponto de desequilíbrio, é preciso definir o plano estratégico, modificá-lo continuamente (com base no que formos aprendendo) e direcioná-lo de forma que os meios para a concretização de nossa proposta possam alcançar de forma rápida e eficaz os pontos de desequilíbrio do mercado (seja individualmente ou em grupo). Essa estratégia é compatível com a maneira pela qual os designers criam soluções iniciais para redefinir problemas e aprimorar as soluções e o entendimento dos problemas. No início, o design deve estar focado em alcançar os pontos de desequilíbrio para dar início a uma dinâmica de crescimento autossustentável que leve à sua utilização em grande escala.

Finalmente, para administrar os "efeitos perversos" do desafio da mobilidade sustentável, é preciso perseguir a inovação organizacional e novos contratos sociais. A codependência que fundamenta as atuais soluções de mobilidade pessoal mostra sem sombra de dúvida que ninguém, seja empresa, indústria ou governo, é capaz de realizar sozinho uma transformação. Precisamos colaborar e encontrar novas maneiras de estabelecer parcerias para concretizar nossa solução ideal.

Resumo: os passos essenciais

Segue-se um amplo esboço do que deve acontecer para que a ideia de mobilidade pessoal sustentável se torne realidade:

1. *É preciso estabelecer o mais amplo consenso entre todos os envolvidos com a mobilidade urbana pessoal em torno dos elementos e das prioridades a longo prazo.* Entre os interessados estão as companhias automobilísticas e empresas coligadas, as empresas de transporte, as companhias de tecnologia da informação, as companhias públicas de energia, as construtoras, os urbanistas, os órgãos de regulamentação e os vários níveis de autoridade política. O consenso não deverá ser completo, mas, se houver adesão suficiente, existirá uma base para seguir em frente. Para chegar a esse resultado é preciso reconhecer os interesses – diferentes e às vezes conflitantes – dos vários envolvidos, levar em conta as complexas codependências em questão, encontrar maneiras criativas de alinhar interesses e metas e desestimular a subutilização de cada elemento. Assim, chegaremos a um entendimento, a uma motivação e a um desejo necessariamente comuns.

2. *É preciso desenvolver um amplo plano estratégico de transformações para concretizar a proposta.* Isso requer liderança para levar os principais interessados à mesa de negociação, fóruns para detalhar o plano e inovação organizacional – em especial na parceria entre os setores público e privado. É preciso definir maneiras de dividir os riscos e o retorno público e privado inerentes à transformação.

3. *O plano estratégico precisa conectar entre si as "bases" atuais e futuras para testar e melhorar os "meios" de nossa proposta, com o objetivo de atingir rapidamente os pontos de desequilíbrio do mercado ao menor custo possível.* Finalmente, o mercado deve direcionar a grande demanda por novas formas de mobilidade. Os consumidores não vão comprar muito se os preços excederem

o valor do produto. As companhias não podem correr o risco de subestimar a quantidade. É preciso considerar essas realidades e aceitar que a tecnologia amadureça até chegar ao seu valor final e ao custo potencial mediante uma série de melhorias. Cada geração tecnológica traz ciclos essenciais de aprendizagem do consumidor, do produto e do fornecedor, enquanto o sistema progride rumo aos desejáveis pontos de desequilíbrio. A transição precisa ser administrada, e todos os interessados devem ter confiança mútua e coragem para trabalhar em conjunto para a sua realização.

4. *O plano estratégico deve incluir um conjunto de alternativas para se alcançar o fim desejado.* É uma insensatez apostar em apenas uma tecnologia, numa única direção. Um conjunto de alternativas equilibra os riscos e o retorno. Acreditamos que a mobilidade pessoal sustentável proposta neste livro é muito abrangente e promissora, mas, como a maioria das visões de futuro, está repleta de incertezas. Deveríamos desenvolver uma série de opções e refiná-las à medida que adquirimos conhecimento. Os investimentos são altos demais para se apostar tudo numa única jogada.

5. *É preciso desenvolver padrões de acesso aos fatores externos positivas da rede e maneiras de explorá-los.* Os protocolos TCP/IP e HTTP abriram caminho para o rápido crescimento da internet e da web e podem fazer o mesmo pelos sistemas de mobilidade urbana pessoal. Os sistemas proprietários e fechados podem oferecer vantagens a curto prazo, mas, a longo prazo, são totalmente ultrapassados pelos benefícios da interoperabilidade entre subsistemas. As redes crescem rapidamente quando novas peças podem ser acrescentadas a elas, sem dificuldade, por qualquer

pessoa, e quando a cada acréscimo seu valor aumenta para todos os usuários.

6. *Precisamos despertar a imaginação e o desejo.* Nenhum sistema novo dessa natureza pode ter êxito sem que seus usuários potenciais o entendam e desejem. E é muito difícil entender – e ainda mais desejar – abstrações e assuntos técnicos. Serão necessários diversos projetos cheios de imaginação, narrativas atraentes e protótipos convincentes, além de projetos-piloto.

A mobilidade pessoal sustentável é ao mesmo tempo uma necessidade, uma extraordinária oportunidade e um problema perverso. Como disse Roger Martin: "Os problemas perversos nos impelem a explorar toda a criatividade e o conhecimento ao nosso dispor. Trabalhando para conseguir entendimento e compromisso, temos o poder coletivo de mudar o mundo para melhor. Ou escolhemos lutar uns contra os outros ou trabalhamos juntos para enfrentar oportunidades e medos, pois nosso destino e nossa riqueza estão em nossas mãos".[2]

Temos então a oportunidade de reinventar o automóvel, criar sistemas de mobilidade urbana pessoal mais eficientes e funcionais, redirecionar a evolução de nossas cidades para um caminho mais sustentável e construir um crescimento econômico limpo e ecológico. Essa oportunidade exige a redefinição do DNA do automóvel, a criação da internet da mobilidade, a busca de uma rede elétrica limpa e inteligente e o desenvolvimento de mercados dinamicamente tarifados e eletronicamente administrados para a eletricidade, o espaço rodoviário, as vagas de estacionamentos e os veículos.

Notas

Capítulo 1

1. Thomas Brinkhoff, "The Principal Agglomerations of the World", http://www.citypopulation.de/world/Agglomerations.html.

2. Departamento de Transportes dos EUA, Secretaria de Estatísticas sobre Transportes, *National Transportation Statistics 2008*, http://www.bts.gov/publications/national_transportation_statistics/2008/index.html; Departamento de Energia dos EUA, Secretaria da Informação sobre Energia, http://www.eia.doe.gov/.

3. Global Market and Industry Analysis, da General Motors.

4. Agência Internacional de Energia, http://www.iea.org/; World Energy Outlook, 2008 http://www.worldenergyoutlook.org/; GM Global Energy Systems Intelligence Center.

5. Organização Mundial da Saúde/Banco Mundial. *The World Report on Road Traffic Injury Prevention.* Genebra: Organização Mundial da Saúde, 2004.

6. Jeffrey R. Kenworthy e Felix B. Laube, *An International Sourcebook of Automobile Dependence in Cities: 1960-1990.* Boulder: University Press of Colorado, 2000.

7. A internet das coisas se funda na ideia de que cada objeto físico pode ser eletronicamente marcado, lido, receber um endereço IP e ser conectado à internet. Para mais informações, ver Sean Dodson, "The Net Shapes Up to Get Physical", *Guardian*, 16 de outubro de 2008.

Capítulo 2

1. O carro a vapor mais conhecido nos Estados Unidos foi o Stanley Steamer, produzido de 1896 a 1924.

2. No começo do século XX foram vendidos carros elétricos nos Estados Unidos pelas empresas Detroit Electric, Edison e Studebaker.

3. Charles e Frank Duryea deram início à indústria automotiva norte-americana, em 1893, ao "produzir em massa" treze carros movidos a gasolina.

4. O arranque elétrico automático foi utilizado pela primeira vez em um Cadillac de 1912.

5. Olds patenteou o conceito de linha de montagem em 1901. Henry Ford aumentou amplamente suas estruturas em 1913, com a linha de montagem móvel.

6. Fonte: Edmunds Inc. *True Cost to Own* (TCO), ferramenta de avaliação de custos que inclui depreciação, juros sobre empréstimos, impostos e honorários, prêmios de seguros, custos de combustível, de manutenção e consertos em cinco anos, para uma distância de 15.000 milhas (24.140 quilômetros) por ano. Ver http://www.edmunds.com/apps/cto/CTOintroController.

Capítulo 3

1. Jacob Eriksson, Hari Balakrishnan e Samuel Madden, "Cabernet: Vehicular Content Delivery Using WiFi", 14º ACM MOBICOM, São Francisco, setembro de 2008.

2. Veículos de Alta Ocupação: faixas exclusivas para veículos com mais de um ocupante, nas quais não é cobrado pedágio. Também são chamadas de faixas solidárias. (N.T.)

3. Tarifa de Alta Ocupação: sistema de pedágio que dá aos veículos com apenas um ocupante, por uma tarifa mais alta, acesso às faixas HOV, ou solidárias. (N.T.)

4. Transporte Rápido de Ônibus: sistema com pistas exclusivas, estações de fácil acesso e cobrança na estação, e não na roleta, o que o torna bem mais rápido que as faixas exclusivas comuns. Já existe em Curitiba, no Paraná; começou a ser implantado em 2007 na cidade de São Paulo; e deve ser iniciado em outras capitais brasileiras até a Copa do Mundo de 2014. (N.T.)

5. Transporte Rápido Pessoal: conceito de transporte público em que pequenos veículos automatizados circulam em uma rede de faixas exclusivas. (N.T.)

6. Para mais informações sobre o assunto, ver Donald Shoup, *The High Cost of Free Parking* (Chicago: American Planning Association, 2005).

Capítulo 4

1. Julia King, *The King Review of Low-Carbon Cars*, Part 1: The Potential for CO_2 Reduction (Londres: HMSO, 2007).

2. Neighborhood Electric Vehicle, ou "veículos elétricos de bairro": são equipados com bateria elétrica e classificados como de baixa velocidade pelo Departamento de Transportes norte-americano. (N. T.)

3. O P.U.M.A. foi um programa de desenvolvimento realizado com a Segway e financiado pela GM. Ver http://www.segway.com/puma.

4. Desenvolvidas por Franco Vairani e documentadas em sua tese de doutorado no MIT em 2009.

5. Veículos elétricos de duas ou três rodas, como bicicletas, motonetas, motocicletas e triciclos. (N. T.)

6. "Your Driving Costs", http://www.aaa.com/public_affairs.

7. Colliers International 2008 Parking Rate Survey, http://www.colliersmn.com.

Capítulo 5

1. Jago Dodson e Neil Sipe, *Shocking the Suburb: Oil Vulnerability in the Australian City* (Sydney: University of New South Wales Press, 2008).

Capítulo 6

1. As pessoas esquecem que houve uma época em que os postos de gasolina também eram uma inovação. John D. Rockefeller constituiu parte de sua fortuna ao prever e viabilizar um sistema de postos de abastecimento para responder à proliferação dos automóveis. E isso ajudou a fortalecer a opção pelos carros movidos a gasolina em detrimento dos movidos a vapor ou elétricos.

2. Thomas P. Hughes, *Networks of Power: Electrification in Western Society, 1880-1930* (Baltimore: Johns Hopkins, University Press, 1983); David E. Nye, *Electrifying America: Social Meanings of a New Technology* (Cambridge, MA: MIT Press, 1990).

3. Ryan Randazzo, "Valley plans to set up charging stations for electric cars", *Arizona Republic*, 16 de abril de 2009.

4. Jonathan Soble, "Japan fuels electric car revolution", *Financial Times*, 25 de agosto de 2008.

5. Apesar desse inconveniente, alguns dos primeiros ônibus elétricos usavam a troca de bateria, e os carros elétricos Better Place há pouco tempo voltaram a essa opção.
Ver htt://www.betterplace.com.

6. Byoungwoo Kang e Gerbrand Ceder, "Battery materials for ultrafast charging and discharging", *Nature* 458, pp. 190-3, 12 de março de 2009.

7. Nome não oficial de um túnel de 5,6 km de comprimento construído sob a cidade de Boston. (N. T.)

8. *Alimentation par sol*, ou "alimentação pelo chão". O sistema foi desenvolvido pela Innorail, do grupo Alstom.

9. Aristeidis Karalis, J. D. Joannopoulos e Marin Soljačić, "Efficient wireless non-radiative mid-range energy transfer", *Annals of Physics* 323, pp. 34-48, 2008; André Kurs, Aristeidis Karalis, Robert Moffatt, J. D. Joannopoulos, Peter Fisher e Marin Soljačić, "Wireless power transfer via strongly coupled magnetic resonances", *Science* 317, pp. 83-6, 6 de julho de 2007.

Capítulo 7

1. A cogeração é a utilização de uma única fonte de calor primária (usualmente carvão, petróleo ou gás natural) para produzir simultaneamente eletricidade e calor. Se a cogeração for feita dentro ou perto de prédios, o calor pode ser usado para aquecer ambientes e água. Em geral, a cogeração poupa de 10 a 30% do combustível que seria utilizado para a produção independente de eletricidade e calor. Ver Neil Petchers, *Combined Heating, Cooling, and Power Handbook: Technologies and Applications: An Integrated Approach to Energy Resource Optimization* (Lilburn, Georgia: Fairmont Press, 2002).

2. O conceito de sustentabilidade inteligente foi apresentado por William J. Mitchell, em "Lean and Green", capítulo 10 de *E-topia* (Cambridge, MA: MIT Press, 1999), pp. 146-55.

Capítulo 8

1. Uma técnica para realizar isso é descrita por Raluca Ada Popa, Hari Balakrishnan e Andrew J. Blumberg, "VPriv: protecting privacy in location-based vehicular services", *18th USENIX Security Symposium*, Montreal, agosto de 2009.

Capítulo 9

1. Keith Bradsher, "China Vies to Be World's Leader in Electric Cars", *New York Times*, 2 de abril de 2009.

2. Don Shoup, *The High Cost of Free Parking* (Chicago: American Planning Association, 2005).

3. Richard W. Bulliet, *The Camel and the Wheel* (Nova York: Columbia University Press, 1975).

4. Peter D. Norton, *Fighting Traffic: The Dawn of the Motor Age in the American City* (Cambridge, MA: MIT Press, 2008).

Capítulo 10

1. Horst Rittel e Melvin Webber, "Dilemmas of a general theory of planning", *Policy Sciences*, v. 4, n. 2, pp. 155-69, 1973.

2. Roger Martin, "Introduction", *Rotman: The Magazine of the Rotman School of Management*, University of Toronto, Publicação Especial sobre Problemas Perversos, inverno de 2009, p. 3.

Agradecimentos

Nós, os autores, gostaríamos de agradecer principalmente a Ryan Chin por sua administração extremamente eficiente do projeto CityCar, no grupo Smart Cities do Laboratório de Mídia do MIT; e pela supervisão e produção das ilustrações deste livro.

Também somos especialmente gratos a William Lark Jr. por atuar como designer-chefe no desenvolvimento da versão do City-Car, do grupo de pesquisas Smart Cities, apresentado neste livro.

Muitas ideias e projetos apresentados no livro vêm do grupo de pesquisa Smart Cities do Laboratório de Mídia do MIT, patrocinado pela GM. Durante vários anos, esse trabalho envolveu inúmeros assistentes de pesquisa diplomados e outros, não diplomados, que participam do UROP (Undergraduate Research Opportunities Program) do MIT, participantes de cursos associados, membros da faculdade, e, pesquisadores de outras áreas do MIT e visitantes. Segue-se uma lista de colaboradores. Pedimos sinceras desculpas a quem tivermos porventura esquecido.

Smart Cities

Ryan Chin
Chih-Chao Chuang
Wayne Higgins
Mitchell Joachim
Axel Kilian
Patrik Künzler
William Lark, Jr.
Philip Liang
Michael Chia-Liang Lin
Neri Oxman
Dimitris Papanikolaou
Arthur Petron
Raul-David "Retro" Poblano
Somnath Ray
Peter Schmitt
Susanne Seitinger
Andres Sevtsuk
Franco Vairani

General Motors

David Cameron
Wayne Cherry
Gary Cowger
Roy Mathieu
Mike Peterson

MIT

Julius Akinyemi
Stephen Benton
Mike Bove
Federico Casalegno
John Difrancesco
Ed Fredkin
Dennis Frenchmen
Ralph Gakenheimer
Neil Gershenfeld
Daniel Greenwood
John Hansman
John Heywood
Kent Larson
John Maeda
Betty Lou McClanahan
Marvin Minsky
Frank Moss
Joseph Paradiso
Donald Sadoway
Michael Schrage
Glen Urban
Chris Zegras

Produção das ilustrações

Ryan Chin
Chih-Chao Chuang
William Lark, Jr.
Dimitris Papanikolaou
Ruifeng Tian

UROP

Abdulaziz Albahar
Josh Bails
Pablo Bello
Tom Brown
Nathaniel Forbes
Charles Guan
Robert Han
Itaru Hiromi
Brian Hong
Deke Hu
Cathie Kim
Pall Kornmayer
Andrew Leone
Jeanna Liu
Daniel Lopuch
Jason Martinez
Nicholas Pennycooke
Marcus Parton
Adam Paxson
Brad Schiller
Laura Schuhrke
Patrick Shannon
Laurie Stach
Edgar Torres
John Williams
Alison Wong
Allen Yin

Fora do MIT

Guilia Biamino
Bono
Topper Carew
Cristiano Ceccato
Edge
Alex Fiechter
Frank O. Gehry
James Gips
James Glymph
Ralph Hulseman
Mel King
Roberto Montanari
Laura Noren
Don Rembowski
Moshe Safdie
Dennis Sheldon
Dan Williams

Participantes de cursos do MIT

Claire Abrahamse
Anas Alfaris
Robyn Allen
Laura Aust
Marcel Botha
Louis Basel
Mike Beaser
Luis Berrios-Negron
Marcel Botha
Christine Canabou
Brian Chan
Darren Chang
Young Joong Chang
Mark Cote
Omari Akil Davis
Sloan Dawson
Chad Dyner
Alexis Fiechter
Kweku Fleming
Victor Gane
Enrique Garcia
Lorene Gates-Spears
David Jason Gerber
Jonathan Gips
Joshua Goldwitz
Yehuda Greenfield
Onur Yuce Gun
Ziga Ivanic
Carrie Huang
Huiying Ke
Jae Kyung Kim
Cha-Ly Koh
Sotirios Kotsopoulos
Inna Koyrakh
Ashwani Kumar
Shelley Lau
August Liau
Johan Lofstrom
Daniel Lopuch
Yanni Loukissas

Anmol Madan
Arthur Mak
Daniel McLaughlin
Esmeralda Megally
Bryan Morrissey
Olumuyiwa Oni
Christine Outram
Michael Pierce
Pam Rae Pitchot
Timocin Pervane
Randolph Punter
Christianna Raber
Kalin A. Rahnev
Daniel Rosenberg
Yang Ruan
Costantino Sambuy
Jota Samper
David Spectre
Kate Tan
Christopher Taylor
James Chao-Ming Teng
Bo Stjerne Thomsen
Ruifeng Tian
Zenovia Toloudi
Matt Trimble
Isabella Tsao
Maya Turre
Lars Wagner
Conor Walsh
Eric Weber
Andrew John Wit
Chee Qi Xu
Polychronis Ypodimatopoulos
Giampaolo Zen
Hong Bae

General Motors

Além do programa Smart Cities, os autores querem agradecer às seguintes pessoas por sua colaboração para o desenvolvimento, na General Motors, de veículos que incorporam a reinvenção do automóvel e a mobilidade pessoal urbana, a eletrificação dos veículos e a conectividade, e a autonomia veicular. Os autores são particularmente gratos a Lerinda Frost, por seu amplo apoio na divulgação deste livro.

Chaminda Basnayake
Jon Bereisa
Bob Boniface
Matthias Bork
Nady Boules
Norm Brinkman
Tom Brown
Michelle Burrows
Al Butlin
Greg Cesiel
Adrian Chernoff
David Connor
Dan Demitrish
Tom DeMurry
Kevin Deng
Don Dibble
Scott Fosgard
Matt Fronk
Lerinda Frost
Susan Garavaglia
Omar Garcia
Chuck Green
Randy Greenwell
Don Grimm
Britta Gross
Rajiv Gupta
Rick Holman
Young Sun Kim
Hariharan Krishnan
Bob Lange
Jin-Woo Lee

Bakhtiar Litkouhi
Anthony Lo
Sean Lo
Tom Lobkovich
Joe Lograsso
Mike Losh
Kathy Marra
Lothar Matajcek
Renee McClelland
Byron McCormick
Dick McGinnis
Joe Mercurio
Mike Milani
Mike Miller
Pri Mudalige
Bernhard Mueller
Jim Nagashima
Sanjeev Naik
Jim Nickolaou
Alan Nicol
Markus Noll
Dan O'Connell
Massimo Osella
Larry Peruski
Mike Pevovar
Clay Phillips
Jeff Pleune
Patrick Popp
Tony Posawatz
Nick Pudar
David Rand

Tom Read
Dan Roesch
Varsha Sadekar
Jeremy Salinger
Cem Saraydar
Frank Saucedo
Christof Scherl
Mohsen Shabana
Robert Shafto
Angele Shaw
Todd Shupe
Jim Tarchinski
Alan Taub
Jussi Timonen
Hong Tran
David Tulauskas
Justin Twitchell
Ramasamy Uthurusamy
Robert Vitale
Terry Ward
Ed Welburn
Johan Willems
Chet Wisniewski
Ray Wokdacki
Jeff Wolak
David Young
Shuqing Zeng
Wende Zhang
Nick Zielinski

Bibliografia

É ampla a literatura sobre forma e função urbana, tecnologias e sistemas de transporte, automóveis, trânsito, sistemas energéticos e redes. Esta bibliografia fornece uma introdução altamente seletiva, com ênfase nos trabalhos especialmente relevantes para os temas e as discussões levantadas neste livro.

Ackoff, Russell L., Jason Magidson, e Herbert J. Addison. *Idealized Design: How to Dissolve Tomorrow's Crisis Today*. Upper Saddle River, N.J.: Wharton School Publishing, 2006.

Adams, Ronald, e Terry Brewer. "A Plan for 21st Century Land Transport." *International Journal of Vehicle Design* 35 (1/2) (2004): pp. 137-50.

Ausubel, Jesse H., Cesare Marchetti, e Perrin Meyer. "Toward Green Mobility: The Evolution of Transport." *European Review* 6 (2) (1998): pp. 137-56.

Bacon, Edmund N. *The Design of Cities*. Nova York: Penguin, 1974.

Banco Mundial. *Cities on the Move: A World Bank Urban Transportation Strategy Review*. Washington, D.C.: Publicações do Banco Mundial, 2003.

Banister, David. *Unsustainable Transport: City Transport in the New Century*. Nova York: Routledge, 2005.

Barabási, Albert-László. *Linked: The New Science of Networks*. Cambridge, Mass.: Perseus Publishing, 2002.

Batty, Michael. *Cities and Complexity: Understanding Cities with Cellular Automata, Agent-Based Models, and Fractals*. Cambridge, Mass.: MIT Press, 2005.

Batty, Michael. "The Size, Scale, and Shape of Cities." *Science* 319 (5864) (2008): pp. 769-71.

Ben-Joseph, Eran. *The Code of the City: Standards and the Hidden Language of Place Making*. Cambridge, Mass.: MIT Press, 2005.

Black, William A. *Transportation: A Geographical Analysis*. Nova York: The Guilford Press, 2003.

Blainey, Geoffrey. *The Tyranny of Distance: How Distance Shaped Australia's History*. Melbourne: Sun Books, 1966.

Boyle, Godfrey, ed. *Renewable Energy*. Oxford: Oxford University Press, 2004.

Boyle, Godfrey, ed. *Renewable Energy and the Grid: The Challenge of Variability*. Londres: Earthscan Publications, 2007.

Boyle, Godfrey, Bob Everett, e Janet Ramage. *Energy Systems and Sustainability*. Oxford: Oxford University Press, 2003.

Brandon, Ruth. *Auto Mobile: How the Car Changed Life*. Londres: Macmillan, 2002.

Bruegmann, Robert. *Sprawl: A Compact History*. Chicago: University of Chicago Press, 2005.

Bryant, Bob. "Actual Hands-off Steering and Other Wonders of the Modern World." *Public Roads* 61 (3) (1997).

Buchanan, Colin. *Traffic in Towns*. Harmondsworth: Penguin, 1963.

Bulliet, Richard W. *The Camel and the Wheel*. Nova York: Columbia University Press, 1975.

Burns, Lawrence D., Byron McCormick, e Christopher E. Borroni-Bird. "Vehicle of Change." *Scientific American* 287 (2002): pp. 64-73.

Burns, Lee. *Busy Bodies: Why Our Time-Obsessed Society Keeps Us Running in Place*. Nova York: Norton, 1993.

Castells, Manuel. *A galáxia da internet: reflexões sobre a internet, os negócios e a sociedade*. Rio de Janeiro: Jorge Zahar, 2003.

Christenson, Clayton M. *The Innovator's Dilemma: When New Technologies Cause Great Firms to Fail*. Cambridge, Mass.: Harvard Business School Press, 1997.

DARPA. *DARPA Urban Challenge*. www.darpa.mil/GRANDCHALLENGE/overview.asp (consultado em 13 de janeiro de 2009).

Dodson, Jago, e Neil Sipe. *Shocking the Suburbs: Oil Vulnerability in the Australian City*. Sydney: University of New South Wales Press, 2008.

Dodson, Sean. "The Net Shapes Up to Get Physical." *Guardian*, 16 de outubro de 2008.

Downs, Anthony. *Still Stuck in Traffic: Coping with Peak-Hour Traffic Congestion*. Washington, D.C.: Brookings Institution Press, 1992.

Droege, Peter. *The Renewable City: A Comprehensive Guide to an Urban Revolution*. Chichester: Wiley, 2006.

Droege, Peter. *Urban Energy Transition: From Fossil Fuels to Renewable Power*. Oxford: Elsevier Science, 2008.

Flink, James J. *The Automobile Age*. Cambridge, Mass.: MIT Press, 1990.

Frenchman, Dennis, Giandomenico Amendola, Anne Beamish, e William J. Mitchell. *Technological Imagination and the Historic City: Florence*. Naples: Liguori Editore, 2009.

Friedman, Thomas L. *Quente, plano e lotado: os desafios e oportunidades de um novo mundo*. Rio de Janeiro: Objetiva, 2010.

Galvin, Robert, e Kurt Yeager. *Perfect Power: How the Microgrid Revolution Will Unleash Cleaner, Greener, and More Abundant Power*. Nova York: McGraw-Hill, 2009.

Gladwell, Malcolm. *O ponto da virada: como pequenas coisas podem fazer uma grande diferença*. Rio de Janeiro: Sextante, 2009.

González, Marta C., César A. Hidalgo, e Albert-László Barabási. "Understanding Individual Human Mobility Patterns." *Nature* 453 (2008): pp. 779-82.

Graham, Stephen, e Simon Marvin. *Splintering Urbanism: Networked Infrastructures, Technological Mobilities and the Urban Condition*. Nova York: Routledge, 2001.

Grava, Sigurd. *Urban Transportation Systems*. Nova York: McGraw-Hill, 2003.

Hall, Peter. *Cities in Civilization*. Nova York: Pantheon, 1998.

Henley, Simon. *The Architecture of Parking*. Nova York: Thames and Hudson, 2007.

Hoffert, Martin I., Ken Caldeira, Gregory Benford, David R. Criswell, Christopher Green, Howard Herzog, Atul K. Jain, Haroon S. Kheshgi, Klaus S. Lackner, John S. Lewis, H. Douglas Lightfoot, Wallace Manheimer, John C. Mankins, Michael E. Mauel, L. John Perkins, Michael E. Schlesinger, Tyler Volk, e Tom M. L. Wigley. "Advanced Technology Paths to Global Climate Stability: Energy for a Greenhouse Planet." *Science* 298 (5595) (2002): pp. 981-7.

Holding, Erling. *Achieving Sustainable Mobility: Everyday and Leisure-Time Mobility in the EU*. Aldershot: Ashgate, 2007.

Hughes, Thomas P. *Networks of Power: Electrification in Western Society*, 1880-1930. Baltimore: Johns Hopkins University Press, 1983.

International Energy Agency (IEA). *World Energy Outlook 2008*. Paris: International Energy Agency, 2008.

Jacobs, Allan B. *Great Streets*. Cambridge, Mass.: MIT Press, 1995.

Jakle, John A., e Keith A. Sculle. *Lots of Parking: Land Use in a Car Culture*. Charlottesville: University of Virginia Press, 2005.

Kenworthy, Jeffrey R., Felix B. Laube, Tamim Raad, Chamlong Poboon, e Benedicto Guia. *An International Sourcebook of Automobile Dependence in Cities*, 1960-1990. Boulder: University Press of Colorado, 2000.

King, Julia. *The King Review of Low-Carbon Cars, Part 1: The Potential for CO_2 Reduction*. Londres: HMSO, 2007.

King, Julia. *The King Review of Low-Carbon Cars. Part 2: Recommendations for Action*. Londres: HMSO, 2008.

Kirsch, David A. *The Electric Vehicle and the Burden of History*. New Brunswick, N.J.: Rutgers University Press, 2000.

Klare, Michael T. *Rising Powers, Shrinking Planet: The New Geopolitics of Energy*. Nova York: Metropolitan Books, 2008.

Kostof, Spiro. *The City Shaped: Urban Patterns and Meanings Through History*. Boston: Bulfinch, 1993.

Ladd, Brian. *Autophobia: Love and Hate in the Automobile Age*. Chicago: University of Chicago Press, 2008.

Lovins, Amory, e D. R. Cramer. "Hypercars, Hydrogen, and the Automotive Transition." *International Journal of Vehicle Design* 35 (1/2) (2004): pp. 50-85.

Lynch, Kevin. *Good City Form*. Cambridge, Mass.: MIT Press, 1984.

MacKay, David J. C. *Sustainable Energy – Without the Hot Air*. Cambridge: UIT, 2009.

Martin, Roger. "Introduction." *Rotman: Magazine of the Rotman School of Management, University of Toronto*, Special Issue on Wicked Problems (inverno de 2009).

Martin, Roger. *The Opposable Mind: How Successful Leaders Win Through Integrative Thinking*. Cambridge, Mass.: Harvard Business School Press, 2009.

Metz, David. *The Limits to Travel*. Londres: Earthscan, 2008.

Mitchell, William J. *City of Bits: Space, Place, and the Infobahn*. Cambridge, Mass.: MIT Press, 1994.

Mitchell, William J. *E-topia*. Cambridge, Mass.: MIT Press, 1999.

Mitchell, William J. *Me++: The Cyborg Self and the Networked City*. Cambridge, Mass.: MIT Press, 2004.

Mohan, Dinesh. *Mythologies, Metros, and Future Urban Transport*. TRIPP Report 08-01. Nova Delhi: Transportation Research and Injury Prevention Program, Indian Institute of Technology Delhi, 2008.

Mokhtarian, Patricia L., e Cynthia Chen. "TTB or not TTB, That Is the Question: A Review and Analysis of the Empirical Literature on Travel Time (and Money) Budgets." *Transportation Research Part A, Policy and Practice* 38 (9-10) (2004): pp. 643-75.

Mom, Gijs. *The Electric Vehicle: Technology and Expectations in the Automobile Age*. Baltimore: Johns Hopkins University Press, 2004.

Moriarty, Patrick. "Environmental and Resource Constraints on Asian Urban Travel." *International Journal of Environment and Pollution* 30 (1) (2007): pp. 8-26.

Mumford, Lewis. "The Highway and the City." In *The Highway and the City*, pp. 244-56. Nova York: Mentor, 1964.

Mumford, Lewis. *The City in History: Its Origins, Its Transformations, and Its Prospects*. Nova York: Harvest Books, 1968.

National Research Council. *The Hydrogen Economy: Opportunities, Costs, Barriers, and R&D Needs*. Washington, D.C.: National Academies Press, 2004.

Newman, Jeffrey R., e Felix B. Laube. *An International Sourcebook of Automobile Dependence in Cities: 1960-1990*. Boulder: University Press of Colorado, 2000.

Norton, Peter D. *Fighting Traffic: The Dawn of the Motor Age in the American City*. Cambridge, Mass.: MIT Press, 2008.

Nye, David E. *Electrifying America: Social Meanings of a New Technology*. Cambridge, Mass.: MIT Press, 1990.

Pacala, Stephen, e Robert Socolow. "Stabilization Wedges: Solving the Climate Problem for the Next 50 Years with Current Technologies." *Science* 305 (13 de agosto de 2004): pp. 968-76.

Pentland, Alex (Sandy). *Honest Signals: How They Shape Our World*. Cambridge, Mass.: MIT Press, 2008.

Peters, Peter Frank. *Time Innovation and Mobilities*. Londres: Routledge, 2006.

Popa, Raluca Ada, Hari Balakrishnan, e Andrew J. Blumberg. "VPriv: Protecting Privacy in Location-Based Vehicle Services." Apresentado no 18º Simpósio sobre Segurança USENIX. Montreal, agosto de 2009.

Puentes, Robert, e Adie Tomer. *The Road... Less Traveled: An Analysis of Vehicle Miles Traveled Trends in the US*. Metropolitan Infrastructure Series, Metropolitan Policy Program at Brookings. Washington, D.C.: Brookings Institution, 2008.

Resnick, Mitchel. *Turtles, Termites, and Traffic Jams: Explorations in Massively Parallel Microworlds*. Cambridge, Mass.: MIT Press, 1997.

Rodrigue, Jean-Paul, Claude Comtois, e Brian Slack. *The Geography of Transport Systems*. Londres: Routledge, 2006.

Safdie, Moshe, com Wendy Kohn. *The City After the Automobile: An Architect's Vision*. Boulder, Colo.: Westview Press, 1998.

Schäfer, Andreas, John B. Heywood, Henry D. Jacoby, e Ian A. Waitz. 2008. *Transportation in a Climate-Constrained World*. Cambridge, Mass.: MIT Press.

Schewe, Phillip F. *The Grid: A Journey through the Heart of Our Electrified World*. Washington, D.C.: Joseph Henry Press, 2007.

Schiffer, Michael Brian. *Taking Charge: The Electric Automobile in America*. Washington, D.C.: Smithsonian Books, 1994.

Schrank, David, e Tim Lomax. *The 2007 Urban Mobility Report*. Texas Transportation Institute, the Texas A&M University System, 2007. http://mobility.tamu.edu.

Seiler, Cotton. *Republic of Drivers: A Cultural History of Automobility in America*. Chicago: University of Chicago Press, 2008.

Shoup, Donald C. *The High Cost of Free Parking*. Chicago: American Planning Association, 2005.

Smil, Vaclav. *Energy: A Beginner's Guide*. Oxford: Oneworld, 2006.

Smil, Vaclav. *Energy in Nature and Society: General Energetics of Complex Systems*. Cambridge, Mass.: MIT Press, 2008.

Southworth, Michael, e Eran Ben-Joseph. *Streets and the Shaping of Towns and Cities*. Washington, D.C.: Island Press, 2003.

Sperling, Daniel, e Deborah Gordon. *Two Billion Cars: Driving toward Sustainability*. Nova York: Oxford University Press, 2009.

Stern, Nicholas. *Stern Review on the Economics of Climate Change*. Londres: HMSO, 2006.

Strzelecki, Ryszard, e Grzegorz Benysek, eds. *Power Electronics in Smart Electrical Energy Networks*. Londres: Springer, 2008.

ULI – the Urban Land Institute and NPA – the National Parking Association. *The Dimensions of Parking*. 4th ed. Washington, D.C.: Urban Land Institute, 2000.

Urry, John. *Mobilities*. Cambridge: Polity, 2007.

Vairani, Franco. *BitCar: Design Concept for a Collapsible, Stackable City Car*. Tese de doutorado, Departamento de Arquitetura, MIT, junho de 2009.

Vaitheeswaran, Vijay, e Iain Carson. *Zoom: The Global Race to Fuel the Car of the Future*. Nova York: Twelve, 2007.

Vanderbilt, Tom. *Traffic: Why We Drive the Way We Do (and What It Says about Us)*. Nova York: Knopf, 2008.

Weinert, Jonathan, Chaktan Ma, e Christopher Cherry. "The Transition to Electric Bikes in China and Key Reasons for Rapid Growth." *Transportation* 34 (2007): pp. 301-18.

Weiss, Malcolm A., John B. Heywood, Elisabeth M. Drake, Andreas Schafer, e Felix F. AuYeung. *On the Road in 2020: A Life-Cycle Analysis of New Automobile Technologies*. Energy Laboratory Report MIT EL 00-003. Energy Laboratory, MIT. Outubro de 2000.

Zahavi, Yacov, e Antii Talvitie. "Regularities in Travel Time and Money Expenditures." *Transportation Research Journal* 750 (1980): pp. 13-9.

Crédito das imagens

1.1, 1.2 General Motors

2.1 General Motors

2.2 AAA: "Your Driving Costs," 2008

2.3 Em sentido horário, do alto à esquerda, a partir de informações publicadas – Honda FCX Clarity, Tesla roadster, Fiat Phylla, BYD F3DM, Chevrolet Volt, Great Wall Smart EV

2.4-2.6 General Motors

2.7 Carnegie Mellon University, www.tartanracing.org

2.8-2.11 General Motors

2.12 Smart Cities

2.13 General Motors

2.14 Smart Cities

2.15 Divisão da população dos Estados Unidos, Departamento de Assuntos Econômicos e Sociais

3.1 Relatório de congestionamento urbano: resumo nacional executivo, Administração Federal das Autoestradas, abril de 2007

3.2 Smart Cities

3.3 General Motors

3.4 Conselho Empresarial Mundial para o Desenvolvimento Sustentável: Mobilidade 2030

3.5 Dinesh Mohan, *Mythologies, Metros, and Future Urban Transport*, Instituto Indiano de Tecnologia, janeiro de 2008

3.6 General Motors

4.1 General Motors

4.2 No sentido horário, do alto à esquerda, a partir de informações publicadas – Toyota i-REAL, Suzuki PIXY+SSC, Nissan PIVO-2, Honda PUYO

4.3-4.12 Smart Cities

4.13 Segway

4.14-4.17 General Motors

4.18-4.19 Franco Vairani

4.20-4.22 General Motors

5.1 General Motors

5.2 Argonne National Labs, "The Greenhouse Gases, Regulated Emissions, and Energy Use in Transportation (GREET) Model v. 1.8b," http://www.transportation.anl.gov/modeling_simulation/GREET/

5.3 Administração da Informação Energética

5.4-5.6 General Motors

6.1 Smart Cities

6.2 McKinsey & Co.

6.3 Smart Cities

6.4 Smart Cities, a partir de informações publicadas por Coulomb

6.5, 6.6 Smart Cities

6.7 Smart Cities, a partir de informações publicadas por KAIST

6.8 Smart Cities

7.1 VENcorp

7.2-7.6 Smart Cities

7.7 John Williams e Smart Cities

8.1 M. D. Meyer, *A Toolbox for Alleviating Traffic Congestion and Enhancing Mobility*, Institute of Transportation Engineers

8.2-8.9 Smart Cities

9.1 Divisão da população dos Estados Unidos, Departamento dos Assuntos Econômicos e Sociais, *World Urbanization Prospects: The 2005 Revision*

9.2 Administração Federal das Autoestradas

9.3 General Motors

9.4 Renault

9.5 Dados dos EUA coletados a partir de várias fontes; UNECE 2001 (carros da União Europeia e dos países emergentes, população dos países emergentes), Eurostat 2001 (população da União Europeia) e Banco Mundial 2002 (PIB em US$ e preços de 1995 dos países emergentes e da União Europeia)

9.6 Fonte dos dados de R. L. Forstall, R. P. Greene, e J. B. Pick, "Which Are the Largest? Why Published Populations for Major World Urban Areas Vary so Greatly," City Futures Conference, University of Illinois em Chicago, julho de 2004

9.7 Jesse H. Ausubel, Cesare Marchetti e Perrin Meyer: "Toward Green Mobility: The Evolution of Transport," *European Review*, v. 6, nº 2 (1998), pp. 137-56

9.8 Administração Federal das Autoestradas

9.9 Dados de Jeffrey R. Newman, Felix B. Laube (eds.), *An International Sourcebook of Automobile Dependence in Cities: 1960-1990* (2002)

9.10 Administração Federal das Autoestradas

9.11 General Motors

9.12 Smart Cities, segundo Don Shoup

9.13 Administração Federal das Autoestradas

9.14 "New York Household Travel Patterns: A Comparison Analysis," baseado no National Household Travel Survey de 2001, por Pat S. Hu e Tim R. Reuscher, Relatório preparado para o Escritório de Política e Estratégia do Transporte no Departamento Estadual de Transportes de Nova York, Albany, Nova York 12232. Preparado por Oak Ridge National Laboratory, Oak Ridge, Tennessee, 37831-6285. Report ORNL-TM-2006/624

9.15, 9.16 General Motors

9.17 Smart Cities

9.18 General Motors

9.19, 9.20 Smart Cities

9. 21 General Motors

9.22, 9.23 Smart Cities

10.1 General Motors e Smart Cities

Índice remissivo

Acesso aos prédios, 198-201
Acidentes com pedestre, 191
Ackoff, Russell, 210-1
Alertas para motoristas e pedestres, 60
Anderson, Robert, 27
Anúncios locais, 169-70
Ar-condicionado, 48
Áreas que mesclam moradia e comércio com redes de transporte público, 116
Áreas residenciais, sistema de mobilidade sob demanda para, 162
Arranjo de quatro braços, 83
Arranque automático, 27
Atração do consumidor, 18, 43
Automóvel
    aquisição, 28
    arquitetura tradicional, 44
    efeitos colaterais, 18-9
    elétrico, 20, 27, 30-5
    fabricação em massa, 18
    indústria, 28
    movido a vapor, 26-7
    números, 18-9, 69
    taxa de ocupação, 72
    uso, limitações, 187-8
Autonomia, P.U.M.A., 88
AUTOnomy, 44-5
Auto-organização do sistema de mobilidade urbana, 148

Bangcoc, 184
Bases de dados, 55
Bases seguras de mercado, 23, 211-2, 213
Bateria, 21, 27, 31, 33, 44
    acondicionamento, 73-4, 109
    chumbo-ácido, 109-11
    CityCar, 84-5
    conjunto, 109
    íons-lítio, 30-1, 110-1, 117-8, 120
    localização, 44
    massa, 109
    níquel-hidreto metálico, 110-1
    níveis de carga, 120
    P.U.M.A., 88
    reciclagem, 138
    tecnologia, evolução, 110-1
    troca, 118
    vida útil, 114
    volume, 109
Becker, Christopher, 27
Benefícios da reinvenção do automóvel, 22
Benz, Karl, 20, 27
Bicicleta elétrica, 96, 175
Bicicleta, 71-2
Biomassa, 137
Bixi, 157
Bordeaux, 126-7
Borroni-Bird, Christopher, 30
Boston, 128
BRT (Bus Rapid Transit), 57, 62, 187, 192-4
Burns, Lawrence, 30

Cabine dos passageiros
    CityCar, 84
    Hy-wire, 47
Cadeias de fornecimento, 75
Caminho mais curto, 153
Caminhos alternativos, 213
Capacidade
    prever situações, 41
    rede, 117
Car2go, 157
Carga rápida, 117-8, 120
Carregadores inteligentes nas calçadas, 84, 123-5
Carregamento
    automático, 120-1
    calçadas, 125
    indutivo, 119
    plataformas, 124-5
    por contato, 119
Carros tradicionais, 73
Carruagem sem cavalos, 26-7, 44, 173

Cavalo e carruagem, 25-6
Célula a combustível, 30, 33, 44, 105-6
Chassi eletrônico, 34
Chassi-skate elétrico, 25-6, 35, 44-8
Chevrolet
    Sequel, 34-5
    Tahoe "Boss", 37
    Volt, 31-2, 109
China, 19, 110, 175
Christensen, Clayton, 210
Ciclos de viagem, 186
Cidades, 17-9, 21, 22
    Cidades-dormitórios, 160
    em desenvolvimento, 175, 179
    mobilidade pessoal em, 173-202
    sustentáveis, 22, 201-2
Cingapura, 156, 176-9
Cintos de segurança, 190-1
CityCar, 12, 46, 72, 78-88
Cobrança
    eletrônica, 157
    pedágio, 97-8
Codependência, 69-70, 208-09, 212
Codificação de dados de localização e hora, 150
Coevolução das cidades e dos sistemas de mobilidade, 17, 69, 201-2
Cogeração, 135-6
Colisões, 19, 190
    evitar, 37-8, 42, 191
Coluna de direção, 45
Combustíveis fósseis
    abandono progressivo, 134-6
    uso eficiente, 134-6
Companhias elétricas, 117
Comparação entre modelos de transporte, 193
Compartilhamento de veículos, 155-6
Compartimento
    bagagem, CityCar, 84-5
    motor, eliminação do, 47
Competição pelo espaço urbano, 185
Comunicação
    entre infraestrutura e veículo (I2V), 60
    sem fio, 20

V2X (inclui V2l, V2P e V2V), 39
veículo a infraestrutura (V2I), 39
veículo a pedestre e ciclista (V2P), 39
veículo a veículo (V2V), 36-7
Condições climáticas controladas, 122
Condução
    autônoma, 20, 36-9, 62, 65-6, 91, 158, 164, 168-71
    cooperativa, 37-9
Conectividade, 36-43, 53-67, 205-6
    P.U.M.A., 91
Configuração
    assentos, 70-2
    ruas, 199
Conforto dos passageiros, 45
Congestionamentos, 55-7, 156, 183-5
    aumento, 183-4
    causas, 183
    não recorrente, 183
    previsão, 153
    recorrente, 183
    tarifação, 150-2
Consenso, elaboração 210, 212-3
Construção de estradas, 27-8
Controle de torque, 74
    P.U.M.A., 93
Controle digital, 75, 81, 83-4
Controle e distribuição computadorizada de dados, 55
Controle em tempo real, 14, 55
    espaço rodoviário, 153
    mobilidade sob demanda, 166
    redes elétricas, 141, 143-4
    sistema de mobilidade urbana, 169
    vagas de estacionamento, 155
Controles
    eletrônicos, 19-20
    mecânicos, 19
Convergência tecnológica, 18, 19, 21-2, 27, 51, 73
Coulomb Technologies, 123
Cugnot, Nicolas-Joseph, 26
Curitiba, 187
Custo
    da energia contínua, 96-7
    de aquisição de veículo, 96-7

de dirigir, 28
de recarga, 31-2, 97, 133
do tempo de caminhada, 158
para o motorista, 72
Custo de viagem, 150-2
    custo do veículo como componente de, 155
Customização, 34, 45, 64-5
    do CityCar, 86-8

Dados do National Household Travel Survey, 114-5
da Vinci, Leonardo, 25
Demanda, aumento da, 183
Densidade populacional, 176-80
Desafio Urbano DARPA, 36-7
Desempenho do motorista, 41
Desenvolvimento
    de padrões, 213
    de tecnologias, 21-2, 211-2
Design
    carroceria, 47-8
    dilemas, 70, 81, 88
    idealizado, 210-1
Destinos
    escolha, 169-70
    pesquisa, 170
Detector de objetos, 36-7
Diâmetro urbano, 180-1
Diferencial, 74
Dificuldades
    de primeiro quilômetro, 160-1
    de último quilômetro, 160-1
Dilema do inovador, 211
Dimensionamento da rede, 54-5
Direção
    eficiente, informações ao motoristas sobre, 41-2
    eletrônica, 83-4
Distâncias percorridas, 181
    a pé, 180-1
    diariamente, 181
    em área urbana, 181
Distribuição dos pontos de acesso aos veículos, 158
DNA automotivo, 19-20, 22, 25-51
    evolução, 25-8

Economia
    combustível e velocidade, 186-7
    tempo, 67
Ecotality, 118
Efeito multiplicador, 186
Efeitos colaterais, 211
Eficiência energética do
    poço ao tanque, 104-5
    poço às rodas, 104-5
    tanque às rodas, 104-5
Eletricidade
    comercialização, 117, 133-4, 137
    distribuição, 114
    fontes primárias de, 107
    preços, 133-4
Eletrificação, 20, 21, 30-5, 40-3, 205-6
    vantagens, 106-7
Eletrólise, 32, 105
Emissão de carbono, 19, 102
    do poço ao tanque, 104-5
    do poço às rodas, 104-5
    do tanque às rodas, 104-5
Emissão de gases de escapamento, 186
Energia
    abastecimento, 101-11
    cadeias de abastecimento, 102-5
    capacidade de armazenamento, 131, 137, 138
    cinética em acidentes, 191
    custos, 101, 106
    densidade, 107-9
    diversidade, 21, 106-7
    eficiência, 18, 42, 183-5, 192-3
    eólica, 136-8
    específica, 108
    fontes renováveis, 18, 103, 136-8
    infraestrutura de distribuição, 105
    níveis de transferência, 114
    projeções da demanda, 173
    recursos, 103
    segurança, 102, 175
    sistemas de conversão, integração de, 143
    solar, 136-8
    vetores, 103-5

Entrada e saída do veículo, 48-51, 82-3
Entrada pela frente
   CityCar, 82-3
   P.U.M.A., 91
Envelhecimento da população mundial, 50-1
Enxames, 40, 57
Equipamentos
   autônomos, 19-20, 67
   de carregamento, custo, 116
   de mobilidade pessoal, 76-7
   de proteção contra colisões, 40
   de segurança, 48
Escolha de trajetos mais econômicos, 153
Espaços públicos para pedestres, 198
Estabilização dinâmica controlada eletronicamente, 80
   P.U.M.A., 88-91, 93-5
Estacionamento
   a céu aberto, 195-9
   administração de estoque, 162-3
   ajuste de preço, 154
   aumento do número de vagas, 195-9
   custos, 98
   demanda, 149, 156
   demanda imprevista, 198
   de rua, eletrificado, 122-3
   dimensões, 122
   disponibilidade, 154
   ecológico, 121
   espaço liberado, 198-200
   leilões, 154
   localização, 115
   mercado, 154
   na rua, 195-9
   procura, 61-2, 154, 163
   redução da demanda, 148-9
   redução de espaço, 48, 95, 195-201
   regulamento, 154
   utilização de espaço, 185
   vagas, 120-2, 197
Estatísticas de acidentes entre veículos, 190
Estoques de veículos, administração, 162-3
Estrutura do "sistema dos sistemas", 23
Estruturas que utilizam menos energia, 21
Evitar acidentes, 20, 42

Evolução, 29, 43, 209
Excedente
   Ver Redundância/excedente
Experiência de direção, 65, 171
   P.U.M.A., 93-5

Faixas reservadas
   à mobilidade, 57, 60
   aos veículos inteligentes, 57-60
Fatores externos
   negativos do uso do automóvel, 185-6
   positivos da rede, 23, 129, 208, 213
Faure, Camille, 27
Ferimentos, redução dos riscos, 188-201
Filas, 163
Flexibilidade
   da demanda de eletricidade, 140
   do comportamento nas viagens, 148-9, 152, 164-5, 169
Florença, 198, 200
Fluxo de
   dados, 54-5
   eletricidade nos dois sentidos, 138-40, 143
Fontes renováveis de energia, 102, 136-8
Ford, Henry, 20, 27, 173
Formação em pelotão, 41-2, 66
Freio, Segway, 88
Frenagem regenerativa, 74-5, 120, 186

Gases estufa, 17, 19, 102
Gasolina
   armazenamento e distribuição, 113-4
   inconvenientes, 101-2
General Motors, 21, 32, 39, 44, 88, 106
Gladwell, Malcolm, 210-1
GPS
   navegação, 36, 54, 170
   rastreamento de localização, 150

Hidrogênio, 20, 21, 105-6
   armazenamento, 138
   infraestrutura, 32, 40, 106
   produção, 105-6
High Cost of Free Parking, The, 195
High Occupancy Toll (HOT), 57

High Occupancy Vehicle (HOV), 57
Hy-wire, 47

Identificação e autenticação, 60, 154, 157
Implementação, 23, 205-13
Índia, 19, 81
Indicadores de preço, 143, 168
Infraestrutura de carregamento, 113-29
    geografia, 127-9
    implementação, 127-9
    investidores, 127-9
Instalações urbanas, 195-201
Inteligência a bordo, 54, 143
Interdependências, 17, 23, 210
Interface de direção
    CityCar, 83-4
    Hy-wire, 47
Interfaces com a cidade, 170-1
Internet da mobilidade, 20, 22, 53-67
Internet, lições, 23, 30-6, 43, 51, 207-9
Interoperabilidade, 208, 213
ITRI LEV (Veículo Elétrico Leve), 81

Jornadas de trabalho, 116, 160, 181
Joystick, 83-4

KAIST, 126
Kettering, Charles, 27

Laços indutivos, 150
Liberdade de movimento, 17, 18, 22, 29
Localizar-se, capacidade de, 20

Malhas de redes, 54
Manhattan, 185, 202
    quarteirão, 195, 199
Manobrabilidade, 74, 81
Martin, Roger, 210-1, 213
Masdar, 57
Massa não suspensa, 74
McCormick, J. Byron, 30
McGahan, Anita, 210-1
Mecanismos dobráveis, 45-6, 83
Medidores elétricos inteligentes, 141-2

Mercados de mobilidade, 147-71
Mercados dinamicamente tarifados, 21, 22, 140-1, 147-71
Minicarros elétricos, 70-99
    benefícios, 99
    melhoria na segurança, 188-91
    dobráveis, 94-5
MIT, 21
    Laboratório de Mídia, 72, 80
Mobilidade pessoal urbana, 29, 43, 173-202
    sistemas, 18, 20
Modelo T, 173
Modularidade, 41, 66, 75
    CityCar, 84-7
Montreal, 157
Motoneta, 71-2
Motor
    central, 33
    de combustão interna, 19, 27-8
Movimento coordenado dos automóveis, 83
Mumbai (Bombaim), 184

Negócio do design, 210
Nível de ansiedade, 116-7, 120
Nova York, 161, 176, 188-9, 192-4

Oferta e procura de veículo, equilíbrio espacial, 163-4
Olds, Ransom, 20, 27
Onidirecional, 74, 81, 93
OnStar, 36, 54
Opções
    mobilidade urbana, 70-1
    utilização do tempo, 65
Otimização do percurso, 153-4

Padrões abertos, 129, 207-8
Padrões de utilização do solo, 116
Painéis de policarbonato, 84-5
Painel, 84, 170-1
Países emergentes, demanda de mobilidade, 175, 179
Parcerias públicas e privadas, 208, 213
Paris, 157, 164, 178-9, 187
Pedágio urbano de Londres, 150-1
Pegada
    de carbono, 20

Perdas durante a transmissão de energia, 138
Personalização, 34, 45, 64-5
    CityCar, 86-8
Petróleo, 19
    consumo, 19
    fornecimento, 27
Pistas eletrificadas, 126-7
Planejamento do percurso, 62
Planos estratégicos de design, 212-3
Plante, Gaston, 27
Poluição do ar, 102
Ponto de carga das baterias, CityCar, 84
Pontos de desequilíbrio, 210-1, 212
População mundial, 174
População urbana, 173-4
Porsche, Ferdinand, 74
Postos de recarregamento
    de rua, 123
    de tipo coluna, 123
    distância entre os, 114
    localização, 114-6, 127-8
    rápido, 118
Prédios inteligentes, 137
Previsibilidade do horário de chegada, 153-4, 162, 168
Privacidade, 55
Problemas de escala, 209-10
Problemas perversos, 210-2, 213
Processamento de dados, 21, 144
Processos de montagem, 74-5
Projetos-piloto, 23
Propriedade de veículo, 176-80
PRT (Personal Rapid Transit, ou Sistema de Transporte Rápido Pessoal), 57
Publicidade, 153-4
P.U.M.A., 46, 72, 80, 88-95
    autonomia, 88
    controle de torque, 93
    estilo, 91-3
    protótipo, 90
    velocidade, 88

Qualidade do abastecimento de eletricidade, 117
Quilômetros percorridos pelos veículos, 173-5, 183

Raio de rotação, 74
Rastreamento de veículos, 160
Reboque virtual, 164
Recarregamento
    em horário de pico, 132, 148-9
    fora do horário de pico, 133
    noturno, 116
    sem fio, 127
Rede de controle e processamento de dados, 54-5
Rede elétrica, 113, 117
    curvas de carga, 132
    nivelamento de carga, 117, 131-4
Redes de telefonia celular, 53-4
Redes elétricas inteligentes, 21, 22, 131-45
    implantação-piloto, 143
Rede sem fio, 36
Redes sociais, 66-7
Redução
    da complexidade, 72-3, 75
    da demanda por espaço rodoviário, 148-9
    de custo, 40-1
    de volume, 40-3, 46
    do número de peças, 51, 75
        CityCar, 84-5
    no tempo de estacionamento, 156
Redundância/excedente
    dos sistemas de segurança, 83
    nos sistemas de estacionamento, 148-9
    nos sistemas de rua, 148, 152
Regulagens do veículo, 64-5
Renascimento do design, 43-4
Renda pessoal, 176-80
Renovação da infraestrutura, 67
Reparos e manutenção, 75
Reserva de emergência, 133
Reserva operatória, 136-8
Revolução da mobilidade pessoal, 44
Riqueza urbana, 173
Rittel, Horst, 209
RoboScooter, 80
Rodas, 18
    configuração, 44-5, 80-1
    independentes, 81
    motores, 33, 73-4

Rodas-robô, 74-5
Roppongi, 162
Ruas inteligentes, 122-3

Segurança no trânsito, 39, 185-6, 188-91
Seguro, 61, 97-8, 168
Sensores, 21, 36-8, 55
Série de melhorias, 213
Serviços básicos de mobilidade, 67
Serviços locais, 61-2
Shopping centers, 116
Shoup, Don, 195
Simplicidade, 72-3, 107
    CityCar, 84-5
Sinais de trânsito, 154
Sinergia (eletrificação e conectividade), 40-3
Sistema de aluguel sem retorno, 157
Sistema de bondes APS, 126
Sistema de certificação de edifícios ecológicos LEED, 121
Sistema de compartilhamento de bicicleta, 157
Sistema de desaceleração em caso de acidente, CityCar, 86
Sistema de mobilidade sob demanda, 155-67, 198-201
    balanço provisório, 164-5
    cotação dinâmica, 163-7
    custos de viagem, 166-7
    custos operacionais, 166-7
    equilíbrio, 163-7
    fornecimento e demanda, 162-7
    intermediação, 164
    manutenção, 158-60
    níveis de aluguel, 162
    pontos de acesso, 158-9
    tempos de espera, 162-3
    vandalismo, 158-60
Sistema de roda ativo da Michelin, 74
Sistema de segurança, CityCar, 84-6
Sistema de transporte, 178-9
Sistema eletrônico de chassi, 91
Sistemas de aluguel sem retorno, 155-67
Sistemas de atividade urbana, 115-6
Sistemas de cogeração de calor e energia (CHP)
    Ver Cogeração
Sistemas de direção eletrônica, 34

Sistemas de freio, 45
    eletrônicos, 34
Sistemas de recarregamento nas pistas, 125-6
Sistemas eletrônicos, 34-5, 45, 47
Sistemas telemáticos, 36
Sistemas urbanos de distribuição de energia, 138-40
Sistemas urbanos de energia, 102
SmartGridCity, 143
Stratingh, Sibrandus, 27
Subúrbio, 28
Supercapacitores, 111
Superchaveiro, 64-5
Superdimensionamento, 29, 69
Sustentabilidade inteligente, 145
Sustentabilidade urbana, 175

Taipé, 158-9
Taiwan, 158-9, 160, 162
Tarifação de congestionamento, 150
Tarifação dinâmica, 168-9
    da eletricidade, 140-1
    das vagas de estacionamento, 154-5
    do espaço rodoviário, 153
    do sistema de mobilidade sob demanda, 163-8
    dos veículos, 163-7
Tarifação do percurso, 168-9
Telefone celular
    Ver Redes de telefonia celular
Tempo de carregamento, efeitos, 116
Tempo de percurso de porta a porta, 62-3, 156, 158, 162
Tempo de viagem, 41, 55-7
    extra, 56-7
Teoria da localização, 158
Tepco, 118
Tráfego
    acidentes, 186
    aplicação de multas, 62
    fluxo, 55-7
    monitoramento, 61-2, 150
    mortes, 61
    redução de fluxo, 40-2, 55
    ruído, 186-7
    velocidade, 182

Trânsito
    estações, 160-2
    paradas, número de, 161
    redes, 160-1
Transponder, 39, 54, 60, 150, 191
Transportador pessoal (TP) da Segway, 80, 88-9
Trens de alta velocidade, 160-2

Urbanização, 18-9, 205-6
Uso compartilhado de automóveis, 116, 155-67
Uso misto das áreas urbanas, 160

Variação de direção e velocidade, 81
Veículos elétricos
    a bateria (VEB), 20, 30-3, 72-3, 110
    a célula de combustível, 20, 21-3
    com autonomia estendida (VEAE), 20, 30-3
    de bairro (NEV), 70-1, 192-3
    EV1, 44, 119
    híbridos, 20, 44, 73
    híbridos plug-in (VEHP), 30
Veículos movidos de modo autônomo, 25-6
Veículos urbanos, 72
Vélib, 157, 164
Velocidade, 19, 182
    otimizada, 186-7
Velocidade, P.U.M.A., 88

Webber, Melvin, 209
Witricidade, 127

ZipCar, 155
Zonas de impacto, 86